Franz M. Wuketits
Warum uns das Böse fasziniert

Meinen Schwiegereltern gewidmet.
Ihnen ist alles Böse fremd

* * *

Franz M. Wuketits

Warum uns das Böse fasziniert

Die Natur des Bösen
und die Illusionen der Moral

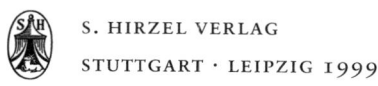

S. HIRZEL VERLAG
STUTTGART · LEIPZIG 1999

Die Deutsche Bibliothek - CIP-Einheitsaufnahme

Wuketits, Franz M.:

Warum uns das Böse fasziniert : die Natur des Bösen
und die Illusionen der Moral / Franz M. Wuketits. -
Stuttgart ; Leipzig : Hirzel, 1999
isbn 3-7776-0938-2

© 1999 S. Hirzel Verlag
Birkenwaldstraße 44, 70191 Stuttgart
Printed in Germany
Einbandgestaltung und Innentypografie: de'blik, berlin
Druck: Gulde, Tübingen

Inhalt

Nachwort:

Einleitung: Wozu soll Ethik gut sein?

Die Menschen gleichen darin den Kindern, daß sie unartig werden, wenn man sie verzieht; daher man gegen keinen zu nachgiebig und liebreich sein darf.

ARTHUR SCHOPENHAUER

Von Kindheit an bekommen wir zu hören, daß wir dieses tun und jenes unterlassen sollen, daß wir manches tun *müssen*, anderes nicht tun *dürfen*. Wir gewinnen Vorstellungen davon, was *gut* und was *böse* ist, welche Handlungen also erwünscht sind und welche nicht. Jeder Mensch, der seine fünf Sinne beisammen hat, weiß, wann er etwas Falsches oder etwas Richtiges getan hat – was selbstverständlich nicht bedeuten kann, daß er sich stets bemüht, nur das Richtige zu tun. So wird mancher zum Räuber, Erpresser oder Mörder. Und der, der sich des Raubs, der Erpressung oder des Mordes nicht schuldig macht, braucht derartige Verbrechen keineswegs auch grundsätzlich zu verurteilen, obwohl er weiß, daß es sich um grobe Verstöße gegen gesellschaftliche Normen handelt. Vielmehr geht vom Verbrechen und vom Verbrecher oft sogar eine gewisse Faszination aus, der wir uns schwer entziehen können. „Das Böse", schreibt Watson (1997, S. 21), „genießt einen Bonus. Es fesselt unsere Aufmerksamkeit. Schurken bemächtigen sich unserer Phantasie mit einer Kraft, mit der kein Tugendheld jemals mithalten kann." Wie kommt das? Sind wir vielleicht alle von Natur aus böse? Unterlassen wir viele verwerfliche Handlungen nur deshalb, weil wir uns vor Strafen fürchten?

Diese Fragen sind zwar nicht neu, haben aber in letzter Zeit an Brisanz gewonnen. Will man manchen Hütern der öffentlichen Moral Glauben schenken, dann steht uns – wieder einmal – ein allgemeiner Sittenverfall bevor. So machte in Österreich der Generaldirektor für öffentliche Sicherheit kürzlich in einigen Medien seinen Sorgen Luft: Die Schaffung von Wohlstand gehe auf Kosten des Anstandes, und in einer Gesellschaft, in der Eltern nicht einmal mehr Zeit haben zu bemerken, daß ihre Kinder harte Drogen nehmen, könne etwas nicht stimmen. Der Mann hat ja recht. Die Frage ist nur, ob die „moralischen Defizite" der Gegenwart tatsächlich neu sind oder bloß neue Akzente einer in uns allen tiefsitzenden Neigung zu unmoralischem Verhalten. Wobei zunächst einmal offen bleibt, was denn unter Moral und Unmoral – moralisch und unmoralisch – konkret überhaupt verstanden wird oder verstanden werden kann. Es handelt sich um strapazierte Begriffe, über die sich trefflich streiten läßt (vgl. z.B. Stäblein 1993).

Auf Streitigkeiten über Begriffe möchte ich mich aber erst gar nicht einlassen, weil sie zu nichts führen. Ich verstehe unter *Moral* generell die Summe der Regeln oder Normen, die von den Individuen einer Gesellschaft zu befolgen sind, damit diese funktionsfähig bleibt und überleben kann. Dabei handelt es sich um Regeln des Zusammenlebens, denen vielfach bestimmte Wertvorstellungen zugrunde liegen. Diese funktionelle Definition von Moral postuliert keine idealistische oder idealisierende Vorstellung vom Menschen. Sie läßt auch offen, was unter spezifischen Bedingungen in einzelnen Gesellschaften als „moralisch" oder „unmoralisch" gelten kann und impliziert nicht die *objektive* Existenz von Werten und Normen.

Ethik oder *Moralphilosophie* ist jene philosophische Disziplin, die sich unter anderem mit der Begründung von Werten und Normen beschäftigt, mit den Fragen, was normative Aussagen bedeuten, was unter Gut und Böse verstanden werden kann und welche Prinzipien der Mensch zu verfolgen hat, wenn er moralisch richtig handeln will. Auf diese und ähnliche Fragen sind in der Philosophiegeschichte jedoch unterschiedliche Antworten gefunden worden, und auch heute stellt sich die Ethik keineswegs als homogene Disziplin dar (vgl. z.B. Hastedt und Martens 1994, Mackie 1981, Pieper 1997). Natürlich basiert jede ethische Position auf einem bestimmten *Menschenbild*. Daher wird jemand, der den Menschen als Ebenbild Gottes sieht, ethische Fragen anders beantworten als jemand, der – so wie ich – in der Konsequenz des Evolutionsdenkens im Menschen einen arrivierten Affen erblickt. Aber das Dilemma einer Ethik, die im Abstrakten verhaftet bleibt und deren Vertreter zu wissen glauben, wie der Mensch handeln *soll* – ohne zu berücksichtigen, wie er seiner Natur nach überhaupt handeln *kann* – besteht darin, daß sie zwar manchen Idealisten zu befriedigen vermag, ansonsten aber wirkungslos bleibt. Ich sprach bereits an anderer Stelle (Wuketits 1993a) vom „Elend der idealistischen Ethik", weil tatsächlich keines der idealistisch begründeten Moralsysteme zu überzeugen vermochte. Um es zunächst sehr salopp zu formulieren: Die meisten Menschen sind nun einmal nicht in der Lage oder willens, abstrakte Normen, Gebote und Verbote zu befolgen.

Die Erfahrung zeigt, daß die Akzeptanz moralischer Prinzipien genau dann ermöglicht wird, wenn diese mit biologisch bestimmten menschlichen Verhaltensweisen übereinstimmen (Ayala 1987). Daher auch die Schwierigkeiten der Sexualethik, wie sie von der (katholischen) Kirche seit fast zwei Jahrtausenden verfochten wird (vgl. Denzler 1998) und mit der selbst manche kirchliche Würdenträger „naturgemäß" schon ihre Probleme hatten – und in neuerer Zeit der Regenbogenpresse willkommene Schlagzeilen lieferten. Aber wir müssen uns von vornherein darüber klar werden, daß Ethik als philosophische

Disziplin mit *Moralismus* nicht verwechselt werden darf. Ein Ethiker, der den Menschen und seine Institutionen nicht verherrlicht und sozusagen nüchtern bleibt, kann beispielsweise herausfinden, warum es so vielen Menschen schwerfällt, die kirchliche Sexualmoral zu leben. Meine Antwort, die Antwort aus der Sicht einer *evolutionären Ethik*, ist, daß diese Moral eben nicht *lebbar* sei. Auf die evolutionäre Ethik wird noch ausführlich zurückzukommen sein. Ich will hier nur festhalten, daß der, der sich mit Ethik beschäftigt, keineswegs jemand sein muß, der den Leuten vorschreiben will, wie sie zu leben haben. Im Gegenteil, erst daraus, wie die Menschen wirklich leben, was sie tun und unterlassen, kann der Ethiker lernen, welche moralischen Prinzipien tatsächlich Erfolg haben können und welche nicht. Ethik kann als angewandte Wissenschaft betrieben werden (Ruse und Wilson 1986), indem sie also nicht an abstrakten (idealistischen) Menschenbildern festhält, sondern die Erkenntnisse über den Menschen, seine Natur, seine Entwicklungswege, sein Verhalten unter bestimmten sozialen Konstellationen ernst nimmt.

Das vorliegende Buch ist eine Abhandlung über Ethik in genau diesem Sinn. Weder werde ich moralisierend den Zeigefinger erheben (wie Lehrer Lämpel bei Wilhelm Busch), noch habe ich das Bestreben, ein allgemein verbindliches Moralsystem darzulegen. Vielmehr geht es mir darum, einige Mechanismen des menschlichen Sozialverhaltens aufzuzeigen, die zu dem geführt haben, was wir heute als moralisch bzw. unmoralisch bezeichnen, und jene dunklen Seiten unseres Lebens auszuleuchten, welche die vom Bösen ausgehende Faszination begründen. Wir Menschen sind keine Engel, und es wäre an der Zeit, diesen Umstand zur Kenntnis zu nehmen. Um hier keine Mißverständnisse zu erzeugen, möchte ich betonen, daß die Ethik

heute die wichtigste philosophische Disziplin ist, vorausgesetzt,
– sie wird nicht als Idealisierung des Menschen und seines Verhaltens fehlgedeutet oder mit Moralismus gleichgesetzt, sondern
– mit Rücksicht darauf betrieben, was der Mensch als biosoziales Wesen mit einer langen und wechselvollen Natur- und Kulturgeschichte ist und zu sein vermag.

Dieser einigermaßen bescheidene Anspruch an die Ethik wird zwar, wie zu befürchten steht, manche Idealisten enttäuschen, um so mehr aber, wie zu hoffen bleibt, all jene hellhörig machen, die sich für die Tatsachen des menschlichen Lebens interessieren und sich ernsthaft fragen, warum sie bestimmte Werte und Normen befolgen sollen, zumal tatsächlich viele davon mit unserem Leben nicht konform gehen.

Wozu also Ethik gut sein soll, ist unter diesen Voraussetzungen leicht zu beantworten. Als philosophische Reflexion über Normen und Werte und deren Begründung kann sie uns viel an Einsichten über unser eigenes Leben vermitteln. Indem er sich auf die Erkenntnisse der einzelnen Wissenschaften vom Menschen bezieht, kann ein Ethiker zu *praktischen* Resultaten gelangen, die zeigen, welches Verhalten der Mensch von seinen Mitmenschen tatsächlich erwartet und wie der einzelne in seiner jeweiligen Gesellschaft zu einem befriedigenden sozialen Leben findet. Ich stimme daher mit Leinfellner (1993) darin überein, daß die Ethik umgekehrt genau dann wirkungslos bleibt, wenn sie sich selbst als eine reine *Sollensethik* versteht, als ein gleichsam autoritäres System von Vorschriften, die der einzelne einfach zu befolgen hat. Machen wir uns nichts vor, wir mögen zwar bereit sein, uns in Tugenden zu üben, aber kaum jemals ohne die Aussicht auf irgendeine Belohnung – und sei es erst im Himmel, den Religionen den Gläubigen versprechen.

Im vorliegenden Buch wird in erster Linie vom Bösen die Rede sein. Dabei werde ich natürlich nicht über Horrorgestalten in Sagen und Märchen berichten, und die satanischen Mächte, die seit alters in den Köpfen religiöser Menschen herumspuken, werde ich nur insoweit berücksichtigen, als sie Ausgeburten jener Phantasie darstellen, die viele Menschen benötigen, um sich aus ihrem eigenen und dem Verhalten anderer Menschen einen Reim zu machen. Gegenstand dieses Buches sind jene konkreten Aspekte des menschlichen Verhaltens und Handelns, die wir – vor dem Hintergrund mehr oder weniger akzeptierter Werte und Normen – als *böse* apostrophieren und die sich unserem jeweiligen Verständnis von Moral widersetzen. Aber auch das Gute wird nicht zu kurz kommen. Im einzelnen werde ich folgendermaßen vorgehen.

In Kapitel 1 möchte ich einige grundsätzliche Probleme aufzeigen, die sich daraus ergeben, daß der Mensch ein „wertendes Lebewesen" ist, ausgestattet mit der Neigung, nicht nur sein eigenes Verhalten, sondern auch die Natur um ihn herum nach moralischen Kriterien zu beurteilen. Kapitel 2 soll verdeutlichen, warum uns – allen moralischen Bemühungen zum Trotz – das Böse fasziniert und in welchen Formen „bösartiges" Verhalten in Erscheinung tritt. Diejenigen Mechanismen, die zu diesem Verhalten führen und tief in der Evolution des Lebenden verwurzelt sind, werde ich in den Kapiteln 3 und 4 aus evolutionstheoretischer und soziobiologischer Sicht darlegen. Kapitel 5 ist der Versuch, den biologischen Beitrag zum Verständnis moralischen und unmoralischen Verhaltens insgesamt darzustellen und so eine evolutionäre Ethik zu entwerfen. In Kapitel 6 geht es um die Konsequenzen dieses Entwurfs. Sie sind schwerwiegend. Viele Moralvorschriften, so meine Behauptung, stützen sich auf Illusionen, von denen wir uns endgültig verabschieden müssen. Im Nachwort ziehe ich dann die Bilanz – manche moralische Forderung ist sozusagen kontraproduktiv, ich plädiere daher für eine „realistische" und „illusionslose" Ethik.

Es ist mir bewußt, daß ich mit diesem Buch einigen Leuten Ärger bereiten werde. Während ich dieses Einleitungskapitel schrieb, erschien ein langer Zeitungsartikel, in dem der Autor – ein Wiener Sozialphilosoph – ausgehend von meinem Buch *Naturkatastrophe Mensch* (Wuketits 1998a) das evolutionäre Denken grundsätzlich verdammte und sich unter Berufung auf die philosophische Tradition zu der Behauptung verstieg, daß Bewußtsein, Erkenntnis und Vernunft am Anfang (und sogar vor dem Anfang!) stehen. So gesehen wäre es hoffnungslos, den Menschen und sein Verhalten, einschließlich des Moralverhaltens, „historisch", also evolutionsgeschichtlich erklären zu wollen. Denn „im Anfang war das Wort" – und dieses war bei Gott. Ich wurde aufgefordert, mich in Demut zu üben ...

Ich kann verstehen, warum Hans Mohr in der „Retrospektive eines Grenzgängers" beinahe resignierend feststellt, daß in der deutschsprachigen Philosophie keine der bedeutenden Entwicklungen der modernen Biologie aufgenommen und mitgeformt wurde (Mohr 1992a). Doch ist, wie wir in Österreich zu sagen geneigt sind, die Lage zwar hoffnungslos, aber nicht ernst. Verschiedene Entwicklungen der Philosophie auf internationaler Ebene machen deutlich, daß der biologische Beitrag zur Kenntnis der „Menschennatur" unverzichtbar ist. Auch in den Sozialwissenschaften hat man die Bedeutung dieses Beitrags inzwischen vielerorts erkannt, obwohl diese Erkenntnis im deutschen Sprachraum bisher freilich nur vereinzelt Fuß fassen konnte. Hier wird die Anwendung der Evolutionstheorie auf das Studium sozialer Phänomene immer noch gern mit einem kruden *Sozialdarwinismus* verwechselt und das „Soziale" dem „Biologischen" entgegengestellt. Man sollte aber doch langsam erkennen, daß die Dichotomie „biologisch" und „sozial" nicht existiert. Der Mensch ist *von Natur aus* ein soziales Lebewesen und umgekehrt kann sein soziales Verhalten daher nicht von seiner Natur losgelöst betrachtet werden.

Schon Charles Darwin, dem wir wichtige Beiträge zum evolutionären Ansatz in der Ethik verdanken, schrieb dazu folgendes: *Um sozial zu werden, mußten die Urmenschen oder die affenähnlichen Vorfahren des Menschen dieselben instinktiven Gefühle erwerben, die auch andere Tiere zu einem gemeinsamen Leben veranlassen; ohne Zweifel wiesen sie dieselbe allgemeine Disposition dazu auf. Sie müssen sich ungemütlich gefühlt haben, wenn sie von ihren Kameraden getrennt waren, für die sie einen gewissen Grad von Liebe fühlten; sie werden sich gegenseitig vor drohender Gefahr gewarnt und bei Angriff und Verteidigung unterstützt haben. Dies alles bedingt einen gewissen Grad von Sympathie, Treue und Mut. Solche soziale Qualitäten, deren hervorragende Bedeutung für die Tiere von niemand bestritten wird, sind ohne Zweifel von den Vorfahren des Menschen in ähnlicher Weise erworben worden, nämlich durch natürliche Zuchtwahl, unterstützt durch ererbte Gewohnheit (Darwin 1871 [1966, S. 165 f.]).*

Werte und Normen sind zwar in der Natur für uns nicht vorgegeben, aber nur wenn wir unsere eigene Natur verstehen, werden wir auch in der Lage sein, moralisches Verhalten hinreichend zu begründen. Ethik wird damit aber eine ungemein spannende Disziplin und kein Ethiker sollte länger in seiner verstaubten Kammer des Idealismus verweilen.

1. Von guten und bösen Tieren

Die Ethik kann nicht
die Erkenntnis absoluter Werte
und kategorischer Imperative sein,
weil es diese nicht gibt.
VIKTOR KRAFT

Unser Problem mit Werten und Wertungen

Moral ist spezifisch menschlich und beim Menschen zugleich universell, also bei allen Völkern, in allen Gesellschaften verbreitet (Bischof 1978). Wir sind die einzigen der uns bekannten Lebewesen, die zwischen „gut" und „böse" unterscheiden, moralische Regeln des Verhaltens aufstellen und das eigene sowie das Verhalten anderer nach moralischen Kriterien *bewerten.* Wertvorstellungen und (moralische) Normen sind von allen aus der Geschichte bekannten Völkern überliefert, und jede Gesellschaft, jede kleine oder größere Gruppe, selbst jede kriminelle Organisation, kennt irgendeine Form von Moral. Jeder einzelne Mensch macht sich zumindest gelegentlich Gedanken über sein eigenes und das Verhalten anderer, und auch ein Schwerverbrecher tut ab und an etwas Gutes. Aber, so ist gleich zu erkennen, konkrete Vorstellungen über Moral sind höchst unterschiedlich. Der Universalität der Moral steht eine große Variation „moralischer Inhalte" gegenüber. „Wie es verschiedene Moral innerhalb einer Gesellschaft gibt, so ist die Moral in verschiedenen Gesellschaften verschieden und zum Teil miteinander unverträglich" (Kraft 1968, S.97). An dieser Tatsache mußten viele Ethiker scheitern, sofern sie sich um die Begründung eines verbindlichen Moralsystems bemühten.

Die individuellen Moralvorstellungen werden von verschiedenen Einflüssen, denen der einzelne Mensch ausgesetzt ist, geprägt; persönliche Erfahrungen spielen dabei ebenso ihre Rolle wie tradierte Vorstellungen über das Gute und das Böse. Der einzelne Mensch kann sich in verschiedenen seiner Lebenssphären allerdings unterschiedlich verhalten.

Ein Mann mit höchsten moralischen Ansprüchen in seiner Familie kann zugleich Chef einer kriminellen Organisation sein;

ein seinem Berufsethos voll verpflichteter Wissenschaftler, Lehrer oder Wirtschaftstreuhänder kann sich seiner Familie gegenüber sehr unmoralisch verhalten; die persönlich ausschweifende Lebensführung eines Polizisten muß diesen nicht davon abhalten, seine Amtshandlungen korrekt, nach strikten moralischen Vorstellungen, auszuführen. Viele weitere Beispiele ließen sich dabei anführen, und der eine oder andere Leser mag hier an Personen aus seinem eigenen Bekannten- oder Freundeskreis erinnert werden. Da also schon eine Einzelperson moralisch „zerrissen" sein kann, darf es uns nicht wundern, wenn die Moralvorstellungen in verschiedenen Gesellschaften sehr unterschiedlich ausgeprägt sind. Doch zumal es keine allgemein verbindliche, „intersubjektive", von spezifischen kulturellen Kontexten unabhängige Erfahrung gibt, kann auch kaum eine Erfahrung zu „objektivem moralischem Wissen" durch rationales Lernen führen (Geiger 1992). Was wir beispielsweise in unserem Kulturkreis aus moralischen Gründen verwerfen, gilt anderswo als moralische Norm – und umgekehrt.

Es ist bekannt, daß der *Infantizid*, die Kindestötung, von manchen Völkern praktiziert wird, beispielsweise den Yanomami in Südamerika. Natürlich braucht das nicht zu bedeuten, daß irgendwo in der Welt eine gesunde Mutter ihr Neugeborenes sozusagen leichten Herzens umbringt (Eibl-Eibesfeldt 1984a), aber sie begeht diese Tat von Fall zu Fall eben doch (aus Gründen der Bevölkerungskontrolle); sie folgt damit einer gesellschaftlichen Norm und verhält sich moralisch richtig. Aus *unserer* Sicht ist ein solches Verhalten moralisch verwerflich; wenn daher z. B. eine Mitteleuropäerin ihr Baby tötet, wird sie als unmoralisch eingestuft – und obendrein strafrechtlich verfolgt.

Ein anderes Beispiel ist der *Kannibalismus*. Man stelle sich vor, etwa in einem Berliner oder Wiener Restaurant auf der Speisekarte Menschenfleisch vorzufinden – nein, das ist unvorstellbar, es widerspricht absolut unseren moralischen Empfindungen (und würde den meisten von uns den Appetit verderben). Bei manchen Völkern liegen die Dinge freilich anders. So beschrieb im 16. Jahrhundert der Missionar Jean de Léry die Eßgewohnheiten brasilianischer Menschenfresser mit folgenden Worten:

Ist das Fleisch eines Gefangenen oder mehrerer (denn oft töten sie am gleichen Tag zwei oder drei) auf ihre Weise gebraten, belustigen sich wieder ... alle, die an dem Massaker beteiligt waren. Mit wütenden Blicken mustern sie die Stücke und Glieder ihrer Feinde. Wie groß ihre Zahl auch sei, wenn möglich erhält jeder ein Stück, ehe sie sich zurückziehen. Sie essen das Fleisch aber weniger – wie man vermuten könnte – aus Hunger. Allerdings sind sie alle der Ansicht, Menschenfleisch sei sehr gut und wohlschmeckend. Sie verzehren es indes mehr aus Rache als wegen des Wohlgeschmacks (Léry 1557 [1967, S. 268]).

Solche Berichte sind keineswegs als Schauermärchen aus der Vergangenheit abzutun, denn vereinzelt tritt der Kannibalismus noch in der Gegenwart bei manchen Völkern auf. So weiß Watson (1997, S. 199) über die Asmat in Indonesien folgendes zu berichten:

Sie zählen etwa zwanzigtausend, und sie nennen sich Asmat, was soviel bedeutet wie ‚die Menschen'. Die anderen allerorten, alle Außenstehenden, sind für sie schlicht und einfach nur Manowe, ‚die Eßbaren'. Und daß ich das nicht als Bedrohung empfinde, sondern vielmehr eine Reihe von Asmat zu meinen echten Freunden zähle, liegt einfach nur daran, daß sich zwischen ihnen und mir noch nie die Situation ergeben hat, die es für sie erforderlich gemacht hätte, mich auf die derzeit geltende Liste der akut kopfjagdgefährdeten Personen zu setzen.

Watson wäre wohl gut beraten, seine künftigen Besuche bei den Asmat mit großer Umsicht zu organisieren. Im übrigen haben wir hier schon ein schönes Beispiel für die einem Volk innewohnende Tendenz, andere Völker – die nicht als die „wahren Menschen" betrachtet werden – eben als minderwertig anzusehen. Diese Tendenz ist weit verbreitet und eigentlich allen Völkern eigen. Aber darauf wird noch später zurückzukommen sein (vgl. S. 71).

Da liegen nun natürlich schwerwiegende Probleme vor. Einerseits sind wir, die wir z. B. in Europa oder Nordamerika leben, davon überzeugt, daß Kindestötung und Kannibalismus moralisch falsche Handlungen sind (manchen von uns läuft es beim bloßen Gedanken daran kalt über den Rücken). Andererseits müssen wir uns fragen, wie wir denn dazu kommen, alle Völker nach *unseren* moralischen Maßstäben zu beurteilen. Vergessen wir nicht: Das christliche Abendland hatte seine Kreuzzüge und Hexenverbrennungen; den beiden Weltkriegen fielen achtzig Millionen Menschen zum Opfer; der Vietnamkrieg wurde mit unbeschreiblicher Grausamkeit geführt. Bei allen diesen Handlungen waren „zivilisierte" Völker treibende Kräfte. Warum erscheinen diesen Völkern die kopfjagenden Asmat und die ihre eigenen Kinder tötenden Yanomami als grausam? Der soziale bzw. kulturelle Einfluß auf unser moralisches/unmoralisches Verhalten ist sehr stark. Aber Sozietäten bzw. Kulturen haben ihre jeweils spezifische Geschichte, in die auch ein spezifisches Wertbewußtsein eingebettet ist, welches sich jedoch im Laufe der Zeit verändern kann und sich tatsächlich auch wandelt. In diesem Sinne schrieb schon Paulsen (1913, S. 24) folgendes:

Es mag ... eine allgemein-menschliche Moral oder selbst eine Moral für alle vernünftigen Wesen gedacht werden können, aber es gibt niemand, der sie auszuführen vermöchte. Der Moralphilosoph steht tatsächlich mit seinen Empfindungen und Gedanken innerhalb seines Volkes und seiner Zeit und wird durch ihre Moralität bestimmt, einerseits positiv, indem er ihre Urteile und Ideale von Jugend auf in sich aufnimmt, andererseits negativ: die Ideen von dem, was werden soll, sind bedingt durch die Mängel der Zeit.

Gäbe es somit unter den indonesischen Asmat Moralphilosophen oder Ethiker nach unserer Definition, dann müßten diese ihrem Volk die Kopfjagd und den Verzehr der Getöteten, also der „Manowe", *aus moralischen Gründen* empfehlen.

Der Mensch ist zwar ein wertendes Lebewesen, aber *wie* er, als Individuum, die Dinge um ihn herum, sein eigenes Verhalten und das Verhalten anderer Menschen bewertet, ist sehr unterschiedlich. Unser Problem mit Werten und Wertungen liegt daher vor allem dort, wo wir versuchen, allgemeine bzw. allgemeingültige Werturteile aufzustellen. Selbstverständlich könnten wir uns darauf einigen, daß das *menschliche Leben* einen supremen Wert darstellt, den es auf jeden Fall zu schützen gilt. Die meisten Menschen, zumal im abendländischen Kulturkreis, stimmen einer solchen (moralischen) Forderung auch grundsätzlich zu. Aber wie die Praxis lehrt, scheiden sich selbst hier die Geister (und die moralischen Gefühle), wenn es um Details, um konkrete Situationen geht. Viele Menschen treten für die Todesstrafe ein (die bekanntlich in vielen Ländern nach wie vor vollstreckt wird), darunter eben durchaus auch Menschen, die sozusagen am Prinzip der „Heiligkeit des Lebens" festhalten und mithin z. B. vehemente Abtreibungsgegner sind. Besonders die USA liefern hierfür immer wieder sehr illustrative Beispiele, Beispiele für die *Doppelmoral*, die vor allem unsere westlichen Industriegesellschaften heute insgesamt kennzeichnen.

Wahrscheinlich gibt es – ganz gleich, in welcher Kultur oder Gesellschaft – keine moralische Regel, mit der *jeder* übereinstimmt (Alexander 1987). Daher gibt es auch – in keiner Kultur oder Gesellschaft – die Möglichkeit, *alle* an die gegebenen Wertvorstellungen und Normen für immer zu binden. Selbst die Todesstrafe kann nicht verhindern, daß der eine oder andere Mensch zum Mörder oder Massenmörder wird. (Auch dafür können die USA, mit einer insgesamt sehr hohen Mordrate, als Beispiel herangezogen werden.)

Trotzdem neigt der Mensch – eben als wertendes Lebewesen – zu einer moralischen Beurteilung sogar nicht-menschlicher Geschöpfe, Tiere. Mythen, Märchen und Fabeln aus verschiedenen Kulturkreisen legen davon ein umfassendes Zeugnis ab. So galt uns der Wolf, um nur ein Beispiel zu nennen, seit jeher als „reißende Bestie", als durch und durch bösartig. Diese Bewertung hat ihm selbst nicht sehr gut getan, so daß er in unseren Breiten fast bis zur Ausrottung verfolgt wurde. Aber da uns das Böse nun einmal fasziniert, genossen Wölfe durchaus auch Bewunderung, und ich denke, daß sich kaum jemand einer gewissen, von ihnen ausgehenden Faszination entziehen kann. Brehm stellte in seinem weithin bekannten *Tierleben* fest:

Die Alten kannten den Wolf genau. Viele griechische und römische Schriftsteller sprechen von ihm, einige nicht allein mit dem vollen Abscheu, den Isegrimm von jeher erregt hat, sondern auch bereits in geheimer Furcht vor ungeheuerlichen oder gespenstischen Eigenschaften dieses Tieres. In der altgermanischen Göttersage wird der Wolf, das Tier Wodans, eher geachtet als verabscheut (Brehm 1869 [1926, S. 188]).

Daß Brehm mit seinen Tierbeschreibungen Generationen von Tierliebhabern begeistert hat, liegt sicher nicht zuletzt daran, daß er selbst sich einer die Tiere sehr vermenschlichenden Sprache bediente und manche Vorurteile, die sich Menschen über verschiedene Arten gebildet hatten, bestätigte.

Aber so, wie wir gemeinhin den Fuchs als schlau und die Gans als dumm bezeichnen, wie uns Löwen und Tiger durch ihre Stärke imponieren, wie wir manche Vögel aufgrund der Farben ihres Gefieders als schön empfinden, wie uns Schlangen als hinterhältig erscheinen – so projizieren wir unsere, durchaus kulturspezifischen, Werte und Wertungen in die Tiere und versehen sie mit moralischen Attributen, die ihnen natürlich vollkommen fremd sind. Religionen und Mythen spielen dabei eine nicht unwesentliche Rolle. Bekanntlich hat im Alten Testament die Schlange Adam und Eva dazu verführt, Früchte vom Baum der Erkenntnis zu essen, wonach sie von Gott verflucht wurde: „Auf deinem Bauche sollst du kriechen und Staub fressen dein Leben lang" (1 Moses 3, 14). So wurde sie gleichsam die Verkörperung des Bösen.

Da unser Wahrnehmungsapparat auch moralische und ästhetische Empfindungen erzeugt, kommt die *Bewertung* von Tieren allerdings nicht überraschend. So wie die Menschen jedes Volkes dazu tendieren, Menschen anderer Völker – Menschen mit anderen Sitten und Bräuchen und andersartigen Moralvorstellungen – negativ zu bewerten, so neigen sie auch zu einer negativen Bewertung von Tieren, die ihren eigenen Vorstellungen vom „richtigen Verhalten" nicht entsprechen. Eine Bärenmutter, die sich um ihre Jungen kümmert, genießt unsere Sympathie – doch wie sind wir von einem Löwen schockiert, der Löwenbabys tötet, niedliche kleine Katzen, die uns einladen, sie zu streicheln! Nur zu leicht übersehen wir dabei, daß sowohl die Bärin, als auch der Löwe – wenngleich auf sehr unterschiedliche Weise – bloß ihrem Fortpflanzungsinteresse nachgehen. Aber darauf kommen wir später (in Kapitel 3 und 4) noch zu sprechen.

Moral, moralisches Empfinden ist, wie gesagt, eine spezifisch menschliche Eigenschaft. Sie hängt mit einem spezifischen Bewußtsein zusammen, welches uns beispielsweise auch erlaubt, unsere eigene und die Vergangenheit anderer unserer Artgenossen in kritischem Licht zu sehen. *Vergangenheitsbewältigung* ist für Tiere kein Thema. Waren die Großväter eines Menschen Mörder, dann kann dieser Mensch schon ernsthafte Probleme damit haben. Einem Schäferhund etwa ist es hingegen gleichgültig, ob einige seiner Ahnen einen Dackel zu Tode gebissen haben – er *weiß* ja nichts davon. Das *Gewissen* dürfte sehr spät in der Evolution aufgetreten sein und zügelt egoistische Tendenzen (vgl. Voland und Voland 1993, 1998). Es hat praktisch nur beim Menschen seine Bedeutung. Daraus braucht nicht geschlossen zu werden, daß *alle* Menschen über ein ausgeprägtes Gewissen verfügen und vor allem *schlechtes Gewissen* in Anbetracht einer begangenen Tat entwickeln müssen. Von der Mafia bezahlte Killer und im Auftrag von Geheimdiensten operierende Agenten scheinen ja in keinerlei Gewissenskonflikte zu geraten, wenn sie andere Menschen liquidieren. Und wie man weiß, zeigten viele der Verbrecher des Dritten Reiches niemals Reue – die unzähligen Menschen, die sie massakrieren ließen oder selbst massakrierten, waren ihnen gleichgültig. Andererseits unterlassen viele Menschen gerade deswegen eine bestimmte Handlung, weil sie diese vor ihrem Gewissen nicht verantworten können, obwohl sie ihnen möglicherweise persönliche Vorteile brächte.

Wie gut oder wie schlecht das Gewissen eines Menschen ausgeprägt ist, hängt von verschiedenen Faktoren seines individuellen Lebens ab. Unter bestimmten Umständen können sich ansonsten durchaus „normale" Menschen vollkommen gewissenlos verhalten, wenn sie sich nämlich einer Ideologie ergeben. Durch politische bzw. religiöse Führer aufgestachelt, sind Menschen zu unglaublichen Greueltaten fähig. Beispiele dafür finden sich aus der Geschichte und Gegenwart unzählige. Die Millionen von Menschen, die aus religiösen Gründen verfolgt und hingerichtet worden sind, unschuldige „Ketzer" und „Hexen" (vgl. z.B. Grabner-Haider et al. 1987), mögen hier als Beleg genügen. Ihre Peiniger und Mörder handelten reinen Gewissens, denn sie sahen sich einer „höheren moralischen Ordnung" verpflichtet. Das Gewissen ist also keineswegs eine konstante Größe, sondern ebenso variabel wie alle unsere Wertvorstellungen und Normen. So folgerte schon Voltaire (1764 [1985, S. 92]), „daß wir kein anderes Gewissen haben als das, welches die Zeit, das Beispiel, unser eigenes Temperament und unsere eigene Überlegung uns beigebracht haben." Daher braucht auch einen Asmat das Gewissen nicht zu plagen, wenn er einen anderen Menschen tötet und verspeist: Er folgt ja nur dem Beispiel seiner Volksgenossen und der Tradition, in die er hineingeboren wurde. Daß *wir* solches Verhalten als unmoralisch verurteilen, hat aber auch seine guten Gründe.

Es gibt keine absoluten Werte – diese Botschaft ist für viele sicher nicht trostreich. Aber die Ethik braucht niemandem Trost zu spenden, sondern muß aufzeigen, in welchem Rahmen sich Moralvorstellungen bewegen und unter welchen Umständen sich diese oder jene Handlung rechtfertigen läßt. Kein Mensch kann von sich behaupten, die einzig richtige Moral zu leben oder auch nur zu wissen, was unter verschiedenen Bedingungen moralisch richtig oder falsch ist.

Warum Tiere keine Moral kennen

Wie bereits gesagt, neigen wir Menschen dazu, auch Tiere nach moralischen Kriterien zu bewerten. Diese Neigung führte zu manchen Zeiten zu recht seltsamen Auswüchsen. So wurden im Mittelalter – und teils noch später – Tiere wegen eines „Verbrechens" sogar vor Gericht gestellt und verurteilt (vgl. Müller 1998, Oeser 1990). Beispielsweise wurde im Jahr 1457 in Frankreich ein Prozeß gegen eine Sau und ihre Ferkel geführt, die angeblich einen Säugling getötet hatten. Die Sau wurde hingerichtet, die Ferkel wurden aus Mangel an Beweisen freigesprochen ...

Schon Darwin (1871 [1966, S. 121]) stellte aber deutlich fest, „daß von allen Unterschieden zwischen dem Menschen und den Tieren das moralische Gefühl oder das Gewissen der weitaus bedeutungsvollste sei." Er meinte aber auch, daß zumal sozial lebende Tiere sehr wahrscheinlich moralische Fähigkeiten entwickeln würden, wenn sie nur über intellektuelle Fähigkeiten verfügten, gleich oder zumindest ähnlich jenen, die dem Menschen zukommen. Unweigerlich denkt man dabei an die Menschenaffen, vor allem Schimpansen. Mit den beiden Schimpansenarten, dem Gewöhnlichen Schimpansen (*Pan troglodytes*) und dem Zwergschimpansen oder Bonobo (*Pan paniscus*), haben wir über 98 Prozent unserer genetischen Anlagen gemeinsam (vgl. Diamond 1998). Dennoch machen die restlichen knapp 2 Prozent den großen Unterschied zwischen ihnen und *Homo sapiens* aus. Zweifelsohne besteht dieser Unterschied nicht zuletzt in unserer Neigung, Moralsysteme aufzustellen und darüber nachzudenken, was wir tun *sollen*.

„Nur der Mensch", schreibt Vogel (1989, S. 127), „verfügt über all jene ... kognitiv-intellektuellen, emotionalen und sozialen Fähigkeiten, die seinem Handeln ... *moralische Qualität* verleihen." Demnach kann auch kein Tier – und sei es ein Schimpanse – für sein Verhalten zur Verantwortung gezogen werden. Tiere können sich keine Moral leisten. Ihr Leben ist darauf programmiert, sich erfolgreich fortzupflanzen und zu diesem Zwecke Ressourcen zu sichern. Dabei muß ihnen naturgemäß jedes Mittel recht sein. Daher hat selbst aggressives Verhalten bei Tieren keine moralische Dimension, auch wenn wir gerne bereit sind, dieses Verhalten – wie bei uns Menschen – in Begriffen wie „Grausamkeit" und „Brutalität" zu beschreiben (vgl. auch Wuketits 1997a).

Wir müssen aber erkennen, daß es hinsichtlich der Sicherung von Ressourcen – Raum und Nahrung – keinen grundlegenden Unterschied zwischen dem Menschen und den Tieren gibt. In der Natur sind verschiedene Strategien entwickelt worden, die es einem Tier erlauben, den rivalisierende Artgenossen zu besiegen. Die „mildeste" Strategie besteht darin, dem Rivalen ohne offene Aggression das Futter wegzufressen. „Als letztes Mittel wird der Gegner umgebracht, ein inzwischen bei vielen Arten nachgewiesenes Verhalten" (Diamond 1998, S. 281). Der Mensch ist dabei keine Ausnahme. Schon Schopenhauer (1840 [1980, S. 727]) wußte: „Die Haupt- und Grundtriebfeder im Menschen wie im Tiere ist der *Egoismus*, d. h. der Drang zum Dasein und Wohlsein." Aber darauf werden wir noch zurückkommen (vgl. Kapitel 3). Was hier festzuhalten bleibt, ist die Tatsache, daß der Mensch im Gegensatz zu allen anderen Lebewesen durch seine Moralsysteme seinen Egoismus zu zügeln versucht und daher Diebstahl, Raub oder Mord als Mittel der Sicherung von Ressourcen moralisch verurteilt. Allerdings, wie wir gesehen haben, nicht immer und überall und nicht unter allen Umständen.

Nun verfügen viele Tiere über die Fähigkeit des *sozialen Lernens*, die beeinflußt wird durch die Beobachtung des Verhaltens anderer Tiere bzw. durch Interaktion mit diesen, wobei es sich vorwiegend um Artgenossen handelt (vgl. z. B. Heyes 1994). Damit eng verbunden ist die Entwicklung der *sozialen Intelligenz*, die wiederum die Fähigkeit der *taktischen Täuschung* einschließt (vgl. z. B. Byrne und Whiten 1992, Gigerenzer 1997, Sommer 1994). Was damit gemeint ist, zeigt folgendes Beispiel.

Im Schimpansengehege des Zoos von Arnheim in Holland vergruben Wärter manchmal Früchte im Sand und ließen lediglich kleine Fleckchen der Schale unbedeckt. Die Tiere sahen ihre Pfleger mit vollen Kisten das Gehege betreten, aber mit leeren hinausgehen, so daß sie, kaum aus ihren Nachtquartieren ins Freie gelassen, ganz wild darauf wurden, die Früchte zu finden. Einige Schimpansen eilten nahe an den versteckten Köstlichkeiten vorbei und schienen sie nicht zu bemerken; darunter ein Männchen, das sie jedoch, wie sich später herausstellte, bemerkt haben muß, ohne das aber in seinem Verhalten den anderen zu zeigen. Denn als am Nachmittag alle anderen dösend in der Sonne lagen, stand es plötzlich auf, ging geradewegs zum Versteck, grub die Früchte aus und verzehrte sie. Auf diese Weise hatte es die Nahrung für sich allein – und hatte alle anderen geschickt getäuscht.

Weitere ähnliche Beobachtungen an Schimpansen finden sich bei Waal (1983), der aber auch eindringlich zeigen konnte, wie Schimpansen (und andere nicht-menschliche Primaten) kluge Strategien der Entspannung und Versöhnung nach Konflikten entwickeln (Waal 1993).

Tiere sind auf ihre eigenen Vorteile bedacht. Dazu benötigen sie kein rationales Wissen. Wer sich mit Hunden beschäftigt – intelligenten Tieren, aber nicht so intelligent wie unsere nächsten Verwandten unter den Primaten -, wird diesbezüglich eigene Erfahrungen gesammelt haben. Sofern es seine Intelligenz erlaubt, versucht jedes Tier, seine Lebensbedingungen dadurch zu verbessern, daß es die anderen „täuscht". Das steht keineswegs im Widerspruch zu der Beobachtung, daß sozial lebende Tiere zu erstaunlichen kooperativen, ja altruistischen Leistungen fähig sind, da diese Leistungen letztlich auch dem Eigeninteresse dienen (vgl. S. 121 und 131).

Tiere, die ihre Gruppengenossen täuschen und sich daher auf deren Kosten Vorteile verschaffen, können, wenn sie rechtzeitig – vor allem von ranghohen Individuen ihrer Gruppe – ertappt werden, oft der Bestrafung nicht entgehen. Natürlich drängt sich dabei die Analogie zum Menschen und seinen Moralsystemen auf. Dennoch hat selbst das komplizierteste soziale Verhalten der Schimpansen nichts mit Moral in unserem Sinne zu tun, auch wenn davon auszugehen ist, daß sich unser Moralverhalten aus jenen sozialen Interaktionen entwickelt hat, die in der Evolution schon lange vor dem Auftreten des Menschen im Dienste des Überlebens der Individuen und ihrer Gruppen entwickelt wurden. Aber soweit wir es heute beurteilen können, denkt kein Tier über die Konsequenzen seines jeweiligen Verhaltens nach; und keine Tiersozietät benötigt vorgegebene, abstrakte Normen, um einzelne ihrer Mitglieder zu bestrafen oder zu belohnen – das funktioniert ohnehin durchaus problemlos. Tiere kennen und brauchen also keine Moral (und sind nach keinen moralischen Maßstäben zu beurteilen) weil sie

- nicht rational über das Gute und das Böse reflektieren können (und davon auch keine Vorstellungen haben),
- ausschließlich ihren Überlebensinteressen folgen,
- diese Interessen nicht irgendwelchen „höheren Zielen" (beispielsweise einer Ideologie) unterordnen und

– keine abstrakten Ideen über Lohn und Strafe (etwa Jenseits-
  vorstellungen) denken können.

Das kann sicher nicht bedeuten, daß der Mensch, *jeder einzelne*
Mensch, sein eigenes Überleben in den Dienst „höherer Werte"
stellt, sein Eigeninteresse darob vergißt, an eine „objektive Gerechtigkeit" im Jenseits glaubt und sich den moralischen Normen seiner Gruppe bereitwillig unterordnet. Aber der Mensch
kann sich solchen Normen verpflichtet sehen und kraft seines
Gewissens eigene Verstöße dagegen negativ empfinden, also
Schuldgefühle entwickeln. Tiere kennen keine *Tugenden* und
Laster. Tugend, nach Kant (1788 [1974, S. 127 f.]) „die oberste Bedingung alles dessen, was uns nur wünschenswert scheinen mag, mithin auch aller unserer Bewerbung um Glückseligkeit, mithin das oberste Gut", muß Tieren allein schon deshalb
fremd sein, weil ihnen jeder Begriff von „Glückseligkeit" fehlt.
Ein Löwe ist zufrieden, wenn er eine Gazelle gefressen hat – und
damit hat sich's. Daß auch uns Menschen eine gute Mahlzeit
zur Zufriedenheit verhilft, ist natürlich nicht zu leugnen, aber
zum Glücklichsein bedürfen die meisten Menschen mehr – jedenfalls alle die, die in den Wohlstandsgesellschaften leben und
davon profitieren.

   Unter tugendhaftem Verhalten verstehen wir ein soziales Verhalten, Laster hingegen werden als unsozial oder antisozial eingestuft (Ridley 1997). Dabei genießen seit jeher die *Kardinal-*
tugenden (Klugheit, Gerechtigkeit, Tapferkeit und Maß) hohes
Ansehen (und das sogar in verschiedenen unserer Gesellschaften):

– Klugheit kennzeichnet jenen Menschen, der danach frägt, ob
  sein Handeln richtig oder falsch ist;
– der nach Gerechtigkeit strebende Mensch versucht nicht, auf
  Kosten anderer zu leben, sondern nimmt Rücksicht auf das

Wohlergehen anderer und der Gesellschaft, in der er lebt, und verlangt auch von seinen Mitmenschen diese Haltung;

- der Tapfere setzt sich für das Gute und Wahre selbst dann ein, wenn er nachteilige Folgen für sein eigenes Leben befürchten muß;

- maßvoll verhält sich jeder, der seinem eigenen Leben, seinem Tun und Handeln Grenzen setzt und sich in seiner Selbstbestimmung nicht überschätzt.

Es soll zunächst einmal offen bleiben, ob diese Forderungen für den Menschen realistisch sind oder nur „Moralgespinste" darstellen. Außerdem muß es uns zu denken geben, wenn ein so kritischer Ethiker wie Mackie (1981, S. 241) schreibt: „Tugenden, die einer spezifischen Auffassung vom guten Leben entsprechen, stellen Dispositionen dar, deren Aneignung für denjenigen, der eine solche Auffassung vom guten Leben vertritt, von Vorteil ist." Ich muß hier um etwas Geduld bitten. Die weiteren Kapitel dieses Buches werden (hoffentlich) zur Klärung dieser nicht unwesentlichen Probleme beitragen.

Jedenfalls kann an dieser Stelle festgehalten werden, daß kein Tier je auf die Idee kam oder kommt, seinem Verhalten eine Tugend voranzustellen. Wie steht es aber mit jenen Verhaltensweisen, die Lorenz (1963) als *moralanalog* bezeichnet hat? Gemeint sind damit insbesondere die bei vielen Tieren beobachtbaren *Kommentkämpfe*, die dazu dienen – im Zweikampf – den Stärkeren festzustellen, wobei dieser den unterlegenen Gegner nicht (oder nur in Ausnahmefällen) tötet. Es gibt offenbar tötungshemmende Mechanismen, die die Schonung schwächerer Tiere durch ihre Artgenossen bewirken und uns an moralisches Verhalten erinnern, auch wenn sie damit nicht identisch sind.

Die Vertreter der klassischen Verhaltensforschung waren davon überzeugt, daß das Verhalten eines Individuums stets in erster Linie der Erhaltung seiner Art dient und das Töten von Artgenossen daher eine Ausnahme darstellt, während wir heute nicht nur viele Beispiele aus der Tierwelt kennen, die das Gegenteil bezeugen, sondern auch davon ausgehen müssen, daß es keinem Tier um die Erhaltung seiner Art, sondern bloß um seine eigenen Fortpflanzungsinteressen geht (vgl. z. B. Vogel 1989, Voland 1993, Wuketits 1995b, 1997a). Die Erklärung dafür, warum gerade beim Zweikampf der unterlegene Gegner vom Sieger in der Regel tatsächlich nicht beschädigt oder gar getötet wird, liegt paradoxerweise darin, daß dem Sieger aus seinem Verhalten (zumindest indirekt) Vorteile erwachsen (siehe etwa auch Wickler 1989). Zwar wäre in einer Gruppe ein Beschädigungskämpfer zunächst durchaus im Vorteil, denn je mehr seiner Rivalen er unschädlich machen würde, um so mehr Weibchen hätte er für sich. Mit der Zeit aber stieße er mit steigender Wahrscheinlichkeit auf andere Kämpfer dieser Art und würde das Risiko, selbst beschädigt oder getötet zu werden, auf sich nehmen zu müssen. Je mehr Beschädigungskämpfer in einer Gruppe auftreten, um so höher ist das Risiko für jeden einzelnen, einem Stärkeren im Kampf zu unterliegen. Es ist also viel besser, wenn man den jeweils Besiegten verschont und darauf „zählen" kann, daß man, falls man sich einmal auch auf der Seite der Unterlegenen befindet, ebenso verschont bleibt. Mit Moral hat das natürlich nichts zu tun. Wir können nicht einmal davon sprechen, daß hier ein faires Verhalten vorliegt oder daß Tiere so etwas wie Erbarmen kennen.

So wäre es grundsätzlich falsch, ein Tier, das seinen Gegner besiegt und dennoch verschont, als gut zu bezeichnen, oder einem anderen Tier Bösartigkeit zu unterstellen, wenn es einmal zu kräftig zubeißt und den unterlegenen Artgenossen tötet. Tieren geht es weder um das Gute, noch um das Böse – es geht ihnen allein um das eigene Überleben, und je geschickter die Strategien sind, die sie dabei anwenden, um so besser ist es für sie. Wenn wir nach Vorbildern für moralisch richtiges Verhalten suchen, dann sollten wir unseren Blick nicht auf Tiere richten. Aber ebenso sollten uns Tiere, die ihre eigenen Artgenossen eliminieren, nicht aus moralischen Gründen abschrecken. Dennoch müssen wir akzeptieren, daß unser eigenes Verhalten – sowohl in seinen guten, als auch in seinen bösen Seiten – tief verwurzelt ist in unserer „tierischen Vergangenheit" und wir erst seit relativ sehr kurzer Zeit dieses Verhalten nach moralischen Maßstäben beurteilen.

Da in der Evolution auch unserer Gattung die längste Zeit alles erlaubt war, was dem Eigeninteresse diente, da sich die längste Zeit kein Gewissen regte, da nichts *de jure* verboten war, da es keine Tugenden und keine Zehn Gebote gab – ja, vielleicht fasziniert uns gerade deshalb nach wie vor das Böse, als Verhalten, das nur von den eigenen Interessen geleitet wird. Natürlich braucht solches Verhalten nicht immer die Schädigung oder gar den Tod anderer bedeuten, da diese dem Egoisten in der Regel mehr nützen, wenn sie wohlauf sind und möglichst lange am Leben bleiben. Der Moralist freilich wird hier mahnend seinen Zeigefinger erheben und betonen, daß es doch gerade das nicht sei, worauf es bei moralisch richtigem Verhalten ankommt – da seien schon Tugenden gefragt, moralische Überzeugungen, die nicht auf egoistische Motive zurückgeführt werden dürfen ... Aber so einfach liegen die Dinge nicht. Unsere Vergangenheit können wir nicht abstreifen, und Moral muß keineswegs immer etwas Gutes sein.

Warum der Mensch gut sein will – will er gut sein?

Zu den grundlegenden Begriffen der Ethik gehört der der *Pflicht*. Nach Kant (1788 [1974]) ist Pflicht das einzige moralische Gefühl. Das ist schön gesagt. „Pflicht" dient aber vielen Menschen als Rechtfertigung und Entschuldigung für ihre Taten. Im Berufsalltag von Lehrern, Polizisten, Richtern und anderen Leuten, die sich dazu berufen fühlen, für Recht und Ordnung zu sorgen, ist Pflicht eine Standardfloskel – sie beziehen sich darauf vor allem dann, wenn sie zum Nachteil anderer Menschen handeln. Freilich wird z. B. niemand daran zweifeln, daß es zu den Pflichten eines Richters gehört, über einen nachweislich einer Mordtat schuldigen Menschen eine Strafe zu verhängen. Dennoch ist das Erfüllen von Pflicht eine insgesamt problematische Angelegenheit.

Es ist hinlänglich bekannt, daß im Dritten Reich viele Offiziere und viele Mitläufer des kriminellen Regimes bloß ihre „Pflicht" getan haben. Genau gesagt haben sich viele damals wie später für ihre Taten unter dem Hinweis auf ihre Pflicht entschuldigt oder doch zumindest gerechtfertigt. Sie haben also „pflichtgemäß" gemordet. Ihre „Pflicht" erfüllten auch die Grenzbeamten der DDR, die auf Menschen schossen, welche bloß anderswo leben wollten. „Pflichtbewußt" gehen nach wie vor die Handlanger aller totalitären Regierungen vor, Militärs und Agenten von Geheimdiensten, die ihrem jeweiligen Regime eben treu dienen und aus diesem Grund andere Menschen, die ihnen nichts getan haben, töten. Schließlich erfüllt auch ein Henker nur seine „Pflicht", wenn er einem zum Tode verurteilten Menschen das Leben nimmt, ganz gleich, was dieser getan oder vielleicht auch nicht getan hat.

Es hat schon seine Gründe, daß viele von uns Menschen, die wie besessen ihre Pflicht erfüllen, mit großem Mißtrauen begegnen, auch wenn es sich um Menschen handelt, die nicht gerade über Leben und Tod anderer entscheiden, sondern beispielsweise als Beamte nur auf das korrekte Ausfüllen irgendeines Formulars drängen. Jener Beamte, der großzügig über die Eintragung des Geburtsdatums in der falschen Zeile hinwegsieht und ein insgesamt schlampig ausgefülltes Antragsformular akzeptiert und positiv behandelt, genießt jedenfalls größere Sympathie als ein anderer, der „pflichtbewußt" agiert und formale Korrektheit über alles stellt. Ebenso finden wir den Polizisten, der bei einer Geschwindigkeitsübertretung ein Auge zudrückt, naturgemäß sympathischer als jenen, der mit finsterer Miene seine „Pflicht" tut und 100 DM kassiert. Viele Beispiele aus dem konkreten Leben ließen sich hier anführen, aber ich denke, darauf verzichten zu dürfen, da der Leser ohnehin weiß, was gemeint ist. Das Erfüllen von Pflicht mag zwar als moralisches Gebot gelten, aber da Leute, die immer ihre Pflichten erfüllen, sehr lästig und unangenehm sein können, scheint Skepsis durchaus angebracht. Schon Adam Smith war sich der Diskrepanz zwischen dem „Sittlichkeitsgefühl" und dem Handeln nach bloßer Gewohnheit durchaus bewußt und schrieb dazu folgendes:

Die Achtung vor jenen allgemeinen Regeln für das Verhalten ist das, was man im eigentlichen Sinne Pflichtgefühl nennt, ein Prinzip von der größten Wichtigkeit im menschlichen Leben, und das einzige Prinzip, nach welchem die große Masse der Menschen ihre Handlungen zu lenken vermag. Viele Menschen benehmen sich sehr anständig und verstehen es, durch ihr ganzes Leben hindurch jedem stärkeren Tadel aus dem Wege zu gehen, die doch vielleicht niemals die Empfindung wirklich fühlten, auf deren Schicklichkeit wir die Billigung ihres Betragens gründen,

sondern die nur aus der Achtung vor demjenigen handelten, was,
wie sie sahen, die allgemein geltenden Regeln des Benehmens
waren (Smith 1759 [1926, S. 243]).

Demnach wollen also viele Menschen nur deswegen „gut"
sein, um sich selbst möglichst jede Unannehmlichkeit zu ersparen.

Was aber bedeutet unter diesem Gesichtspunkt überhaupt
gut? Wenn ein guter Mensch der ist, der bloß allgemein akzep-
tierte – oder doch von der Mehrzahl der Angehörigen seiner Gesellschaft und insbesondere von seiner Regierung und dem
Gesetzgeber aufgestellte – Werte und Normen befolgt, dann
steht es ja um das Gute schlecht bestellt, jedenfalls um das Gute
in dem Sinn, wie es von Moralphilosophen im Rahmen einer
idealistischen Tradition immer wieder gepredigt wurde. Ich
habe vom „Elend der idealistischen Ethik" gesprochen (Wuketits 1993a), um darauf hinzuweisen, daß wir vom Menschen im
allgemeinen nicht mehr erwarten dürfen als er seiner biosozialen Natur gemäß überhaupt zu leisten imstande ist. Es ist eine
Tatsache, daß der Mensch, *jeder* Mensch, für sich ein „gutes
Leben" wünscht. Dieses mag er im Rahmen bestimmter moralischer Wertvorstellungen und Normen erreichen, aber manche
sind der Meinung, daß für sie ein „gutes Leben" erst möglich
ist, wenn sie sich jenseits der etablierten Moral stellen. Andernfalls gäbe es keine Korruption, keine Steuerhinterziehung, keine
Diebstähle und schon gar keinen Mord. Zwischen dem Guten
im Sinne bestimmter Moralsysteme und den Vorstellungen vom
guten Leben tut sich also immer wieder eine ziemlich breite
Kluft auf.

Und wenn ein Mensch nach den Moralvorstellungen seiner
Gesellschaft gut sein will, dann kann er sich – unter anderen Gesichtspunkten betrachtet – äußerst grausam verhalten. Bedrük-

kende Beispiele dafür liefern nicht nur bestimmte historische Epochen wie das Dritte Reich, sondern das alltägliche Verhalten vieler Menschen auf der ganzen Welt. Um klar zu machen, was ich meine, nehme ich hier als Beispiel die *Todesstrafe*, ihre Befürworter und ihre Vollstrecker (vgl. Müller 1998).

In etwa 100 Ländern der Welt wird diese Form der Bestrafung nach wie vor häufig angewandt, und zwar, wie meist versichert wird, nur bei „schweren Vergehen". Darunter werden aber keineswegs überall Mord oder Massenmord verstanden. Denn in manchen Ländern genügen beispielsweise die Herstellung und Vorführung pornographischen Materials, außerehelicher Geschlechtsverkehr oder Diebstahl, um über die „Missetäter" das Todesurteil zu sprechen. Dieses wiederum kann auf recht vielfältige Weise vollstreckt werden. Allein in den USA gibt es so unterschiedliche Vollstreckungsmöglichkeiten wie den elektrischen Stuhl, die Gaskammer, die Giftspritze oder die Beseitigung des zum Tode Verurteilten durch Erschießen oder Erhängen. In manchen anderen Ländern wird die Todesstrafe noch durch Enthauptung oder Steinigung vollstreckt. Es mag ja recht einfach sein, für Massenmörder die Todesstrafe zu *fordern*, aber wie einfach ist es, sie auch zu *vollstrecken*? Was denkt ein Henker? Welche psychische Struktur muß er mitbringen? Und was geht in den Köpfen jener Menschen vor, die, um dem „Willen Gottes" gerecht zu werden, eine junge Frau wegen unerlaubter sexueller Kontakte bis über die Hüften eingraben und durch Steinigung töten? (Dies geschah 1997 im Iran.)

Zu allen Zeiten haben sich öffentliche Hinrichtungen einer gewissen Faszination und Beliebtheit erfreut. Es wäre naiv zu glauben, die Schaulustigen würde dabei nur der Gedanke befriedigen, daß durch die Exekution der Gerechtigkeit (was auch immer das sein mag) Genüge getan wird. Zu befürchten bleibt, daß in den Abgründen unserer Seele eine scheußliche Neigung schlummert, der wir unverschämt nachkommen dürfen, wenn das zu beobachtende Ereignis – also etwa das Hängen eines Straftäters – durch vorgeschobene „höhere Werte", durch Gott oder den Staat (was mitunter dasselbe sein kann) legitimiert wird. Es erscheint paradox: Der „Beruf" des Henkers war zwar zu praktisch allen Zeiten geächtet, Henker waren gleichsam Außenseiter der Gesellschaft, dennoch wollten viele Menschen nicht darauf verzichten, ihnen bei ihrer „Arbeit" zuzusehen. Biedermänner erledigen die schmutzigen Geschäfte nicht selbst, sie bedürfen dazu anderer und sind befriedigt, wenn die ihre Arbeit effektiv verrichten. Im übrigen gibt es ja noch heute in manchen Ländern öffentliche Schauprozesse (ich wage nicht daran zu denken, was geschähe, wenn in unseren Breiten die Todesstrafe erneut eingeführt werden würde und Hinrichtungen allgemein zugänglich wären). Politische Indoktrination kann dazu führen, daß Menschen das öffentliche Töten anderer Menschen durchaus begrüßen. So wie in George Orwells bedrückendem Roman *1984*, wo „die Partei" dafür sorgt, daß selbst Kinder mit größter Begeisterung dem öffentlichen Hängen von „Feinden" beiwohnen. Oder wie in China, wo ja Schauprozesse bis in die jüngste Vergangenheit mehr oder weniger auf der Tagesordnung standen (und offenbar immer noch stehen). Aber dahinter liegt mehr als Ideologie: eine im Menschen tief verwurzelte destruktive Verhaltenskomponente. Ideologisch motivierte Indoktrination ist nur möglich, wenn schon bestimmte psychische bzw. psychosoziale Grundlagen dafür vorhanden sind. Politische Indoktrination allein liefert keine Erklärung dafür, warum Hinrichtungen auch in unseren Breiten früher oft wie Volksfeste gefeiert wurden.

Ich denke, daß die Todesstrafe keineswegs durch rationale Argumente erklärbar ist. Vielmehr scheint dem Menschen der Wunsch zur Bestrafung anderer innezuwohnen, vor allem, wenn man von diesen anderen behaupten kann, „höhere Werte" verletzt zu haben und das Gemeinwohl zu gefährden. Immerhin hat ja die Todesstrafe nirgends die völlige Unterlassung von auf diese Weise bestraften Handlungen bewirkt. Trotz Todesstrafe haben sich in den USA Massen- und Serienmörder geradezu epidemisch ausgebreitet (Leyton 1989), und in den islamischen Ländern können selbst Steinigung und Enthauptung keineswegs etwa „unerlaubte Sexualkontakte" völlig verhindern.

Das Gute, somit verstanden als die Befolgung religiös bzw. politisch motivierter Wertvorstellungen und Normen, äußert sich also nicht selten in Handlungen, die man, unter einem anderen Gesichtspunkt, jederzeit als Ausdruck des Bösen erkennen kann. Wir dürfen davon ausgehen, daß für viele Menschen die Konformität mit ihrer Gruppe von größter Wichtigkeit ist, und daß sie daher, um ihre Zugehörigkeit zur Gruppe immer wieder zu beweisen, auch vieler Greueltaten fähig sind, wenn sich diese gegen Gruppenfremde oder einfach Andersdenkende und „Ketzer" richten sollen. Das hat tief in unserer Evolution liegende Ursachen (vgl. Kapitel 4).

Will der Mensch also „gut" sein? Die Antwort auf diese Frage könnte folgendermaßen lauten: Er will „gut" sein im Sinne der Erwartungen seiner Gruppe, da er innerhalb dieser eine gewisse Sicherheit findet. Er will auch „gut" sein, wenn er sich Vorteile davon verspricht und Belohnung erhofft, wenn schon nicht hier und jetzt, dann doch zumindest später im „Jenseits", und wenn er im umgekehrten Fall die Bestrafung fürchtet. Selbstverständlich trifft das niemals auf *alle* Menschen einer Gruppe zu, und selbstverständlich variieren, wie bereits angedeutet wurde (vgl. S. 17), die Vorstellungen vom Guten in den menschlichen Gesellschaften.

Der Mensch will sich auch von den Tieren mehr oder weniger deutlich abheben. Er pocht ja schließlich auf seine „Sondernatur", und daß er sich für das Gute oder das Böse – in welchem Sinn auch immer – entscheiden kann (oder glaubt, sich entscheiden zu können), erscheint als Ausdruck seiner *Freiheit*. Gerade diese aber fordert, nach Safranski (1997), ihren Preis: eben das Böse. Sicher, der Löwe etwa, der ein Löwenbaby tötet, hat keine Alternative. Der Mensch aber, der einen (menschlichen) Säugling tötet, hat die Alternative, es nicht zu tun. Doch kann es vorkommen, daß die Kindestötung eine moralische Norm darstellt (vgl. S. 18). Welche Alternative hat z. B. eine Frau bei den Yanomami, falls sie, wenn es gerade nicht erwünscht ist, ihren Säugling am Leben lassen will? Doch nur die, wegen einer unterlassenen Handlung von ihrer Gruppe als unmoralisch bewertet und zur Verantwortung gezogen zu werden. So ist die Behauptung nicht ganz von der Hand zu weisen, daß Gut und Böse häufig keine Alternative darstellen, sondern vorgegebene Muster sind, gestrickt von der Geschichte der jeweiligen Sozietät, die ihrerseits wiederum alte „biologische Erfahrungen" einbringt.

Es bleibt nochmals festzuhalten, daß es keine absoluten Werte gibt – daher kann es auch das Gute oder das Böse im absoluten Sinn nicht geben. Trotzdem wissen die meisten von uns intuitiv, was in ihrem jeweiligen Handlungsraum Gut und Böse bedeutet oder bedeuten kann. Doch selbst in diesem Handlungsraum geht vom Bösen offenbar eine größere Attraktion aus als vom Guten. Das braucht nicht zu bedeuten, daß *jeder* Mensch das Böse, in welcher Form auch immer, zumindest insgeheim begrüßt. Aber seine weite Verbreitung in Religionen und Mythen, Märchen und Sagen, in Romanen und Filmen, in Malerei und Musik, kurzum in allen unseren kulturellen Bereichen, verleiht dem Bösen eine Bedeutung, die wir nicht übersehen können. Dabei ist sowohl das Böse in einem abstrakten Sinn gemeint oder, besser gesagt, der Glaube, daß es das Böse „an sich" gibt, als auch das ganz konkrete Böse in verschiedenen Handlungen der Menschen – von der gemeinen Lüge und Intrige über die Beschädigung fremden Eigentums, Diebstahl und Raub bis zu Brandstiftung, Vergewaltigung und Mord. Diese Palette ist sehr breit; es gibt kaum etwas, was Menschen anderen Menschen noch nicht angetan haben (um einmal davon abzusehen, daß Menschen auch schon alle erdenklichen Untaten gegen Tiere begangen haben). Dabei war es immer eine billige Methode, solche Handlungen „bösen Mächten" zuzuschreiben, die von einem Menschen vermeintlich Besitz ergreifen können. (Teufelsaustreibungen gibt es daher sogar heute noch.) Für Kriege ließen sich viele Völker eigene Götter einfallen, Kriegsgötter, die das menschliche Tun nicht nur rechtfertigen, sondern auch lenken sollten.

Was wäre das Gute ohne das Böse? Die Abwesenheit oder die Nicht-Existenz des Bösen gäbe dem Menschen gar keinen Grund, gut sein zu *wollen*. Sein Wille zum Guten – was auch immer konkret darunter verstanden wird – bebürdet den Menschen nicht nur mit dem ständigen Kampf gegen das Böse, sondern veranlaßt ihn auch dazu, das Böse zu pflegen, damit sich dieser Kampf nicht im luftleeren Raum abspielt. Der Mensch scheint also des Bösen dringend zu bedürfen, es liefert ihm die Motivation für seine Moral- und Rechtssysteme. Man sollte vielleicht auch einmal daran denken, daß sich ganze Berufsstände als völlig überflüssig erweisen würden, gäbe es nicht das Böse in seinen vielen Facetten, und wäre jeder Mensch in der

Lage, sich stets so zu verhalten, wie es allen anderen genehm ist. Aber das ist eine absurde Vorstellung, mit der wir uns nicht aufhalten müssen. Natürlich will ich das Böse, in welcher Form auch immer, nicht rechtfertigen, aber seine Existenz, seine Allgegenwart zu bezweifeln wäre völlig unrealistisch. Da müßte man schon beide Augen fest zudrücken und sich viel Watte in die Ohren stopfen und obendrein davon überzeugt sein, daß man selbst eine blütenweiße Weste trägt.

2. Warum uns das Böse fasziniert

In Dumpfheit, Irrtum, Sünde immer tiefer
Versinken wir mit Seele und mit Leib,
Und Reue, diesen lieben Zeitvertreib,
Ernähren wir wie Bettler ihr Geziefer.
CHARLES BAUDELAIRE

Wem wäre es nicht hundertmal begegnet,
daß er sich bei einer niedrigen
oder törichten Handlung überraschte,
die er nur deshalb beging,
weil sie verboten war.
Haben wir nicht beständig die Neigung,
die Gesetze zu verletzen, bloß,
weil wir sie als solche anerkennen müssen?
EDGAR ALLAN POE

„... und sie sahen, daß sie nackt waren"

Dem Alten Testament zufolge war alles in Ordnung, bevor die Menschen – Adam und Eva – von den Früchten des Baums der Erkenntnis aßen. Sie waren nackt gewesen, hatten dies aber gar nicht bemerkt. Von der Schlange verführt, aß Eva dann von den verbotenen Früchten und gab auch Adam davon zu essen. „Da gingen beider Augen auf, und sie sahen, daß sie nackt waren" (1 Moses 3, 7). Von dieser niederschmetternden Einsicht hat sich die Menschheit seither nie wieder erholt. Die Möglichkeit, zwischen Gut und Böse zu unterscheiden, wurde ihr zum Schicksal. Das Bewußtsein der eigenen Nacktheit und der Nacktheit eines anderen Menschen (meist des jeweils anderen Geschlechts) hat uns mit Schuld beladen. Aber genau dieses Bewußtsein verhalf uns auch zu größter Entzückung, obwohl wir wissen, daß damit etwas „Böses" verbunden ist. Gerade deshalb ist die Pornographie ein bedeutendes Element unserer Kulturgeschichte. Schließlich fasziniert uns ja das Verbotene, alles, was mit den gängigen Moralvorstellungen *nicht* konform geht.

Andererseits haben Sittenwächter alles Erdenkliche getan, um Sexualität, sexuelle Leidenschaft nicht nur einfach zu verteufeln, sondern ihr auch unter Androhung von Strafen einen Riegel vorzuschieben. (Bei „Riegel vorschieben" fällt manchem vielleicht der in früheren Zeiten mitunter gebrauchte Keuschheitsgürtel ein, der die Frau von allen außerehelichen sexuellen Aktivitäten wirkungsvoll abhalten sollte und sie zu einem bloßen Besitztum ihres Mannes degradierte.) Wie drastisch in diesem Zusammenhang die Strafen in vielen Ländern heute noch ausfallen können, wurde im letzten Kapitel erwähnt. Die Beschneidung von Mädchen, die immer noch in manchen Gesellschaften üblich ist, soll der Frau beim sexuellen Verkehr jedes Lustempfinden nehmen. Im Abendland haben die meisten Philosophen, als Knechte der (christlichen) Theologie, die längste Zeit dafür plädiert, sexuelle Leidenschaften durch die Vernunft zu zähmen (vgl. Kanitscheider 1998). „Jahrhunderte hindurch blieb das abendländische Denken anfällig für gnostisch-dualistische und stoisch-asketische Infektionen" (Denzler 1998, S. 192). Daß unter diesen Umständen der Venezianer Giacomo Casanova dank seiner amourösen Abenteuer und vor allem seiner offenherzigen Berichte darüber einerseits Empörung auslöste und gleichzeitig zum Synonym eines freizügigen Verhaltens wurde und darob eine gewisse Bewunderung genoß und genießt, kommt nicht mehr überraschend (vgl. Childs 1960). Er war nach den Moralvorstellungen seiner Zeit ein absolut unmoralischer, um nicht zu sagen böser Mensch, wurde (und wird) aber zugleich bewundert, gerade weil er sich über geltende gesellschaftliche Normen hinwegsetzte.

Praktisch alle Autoren, die sich heute mit dem Bösen in seinen verschiedenen Aspekten beschäftigen – sei es aus der Sicht der Philosophie bzw. Ethik, aus der Sicht der Biologie oder anderer Disziplinen – gehen davon aus, daß das Böse untrennbar mit unserem Leben verbunden ist und daß von ihm eine starke Faszination ausgeht. „Das Böse", schreibt Pieper (1997, S. 7), „hat Karriere gemacht, denn das Böse fasziniert ..., während das Gute aufgrund seiner Unauffälligkeit und Selbstverständlichkeit fast schon den Anstrich des Langweiligen hat." Und Watson (1997, S. 17f.) bemerkt: „Meine Daumen sagen mir nicht, daß was Übles vor der Tür' steht, sondern daß es schon längst, schon seit sehr, sehr langer Zeit drinnen bei uns ist und all unser Tun überschattet." Keine Frage, das Böse ist aus unserer Kulturgeschichte nicht wegzudenken. Geister und Dämonen, Teufel, Hexen, Vampire usw. zeugen vom Erfindungsreichtum der Kulturen, wenn es gilt, dem Bösen Ausdruck zu verleihen. Diese bösen und bösartigen Gestalten sollen uns das Fürchten lehren, aber uns wird auch geheißen, sie zu bekämpfen.

So weiß beispielsweise die christliche Religion von der ständigen Versuchung durch das Böse. Im Neuen Testament wird selbst Jesus vom Teufel versucht: "... der Teufel ... zeigte ihm alle Reiche der Welt und ihre Herrlichkeit und sagte zu ihm: ‚Dies alles will ich dir geben, wenn du niederfällst und mich anbetest'" (Matthäus 4, 8). Jesus lehnte ab, jedoch ist die Versuchung nach wie vor groß – man bemerkt das heutzutage besonders an den vielen Korruptionsaffären in Politik und Wirtschaft. Zwar bedarf es dabei längst nicht mehr des Leibhaftigen; ein mit Banknoten prall gefüllter Briefumschlag genügt. Gegen diese Versuchung kämpfen heute vor allem Staatsanwälte und Richter, aber nur mit mäßigem Erfolg, da eben die meisten Menschen nicht die Standhaftigkeit von Jesus haben. Wir müssen also gar nicht böse Geister bemühen, um uns das Böse vergegenwärtigen zu können. Es existiert real, und es existiert in Menschengestalt und schlummert in uns allen. Wir selbst brauchen ja gar nichts Böses zu tun, aber wenn wir ehrlich sind, müssen wir zugeben, daß uns manche der Schurken und Bösewichte, die uns in Kriminalromanen oder -filmen vorgestellt werden, durchaus auch imponieren. Für viele von ihnen empfinden wir sogar eine gewisse Sympathie und hoffen, daß sie der Polizei entkommen. Aber das reale Leben eignet sich dafür als Beispiel oft besser als jeder Roman oder Film.

Vor einigen Jahren wurde ein in Österreich berühmter, aber auf internationaler Ebene tätiger Großbetrüger, der gerade in Thailand inhaftiert war (und schon in Gefängnissen rund um den Globus Erfahrungen gesammelt hatte), wieder nach Österreich überstellt. Man setzte ihn in Bangkok, wo es gerade   (wie meistens) sehr heiß war, in kurzer Hose in ein Flugzeug, um ihn nach Wien zu bringen. Dort war es kalt, und er bestieg fröstelnd den Zubringerbus auf dem Wiener Flughafen. Einige Mitreisende, Österreicher, denen er aus den Medien bekannt war, protestierten. In den folgenden Tagen erhielten Zeitungen Zuschriften von empörten Lesern: Es sei entwürdigend und menschenverachtend, einen Mann so zu behandeln, man hätte ihn doch mit wärmerer Kleidung versorgen sollen ... Einige Jahre später, wieder auf freiem Fuß, bewarb sich dieser Mann – formal korrekt und legitimerweise (er ist österreichischer Staatsbürger) – sogar um das Amt des (österreichischen) Bundespräsidenten, was kaum noch überraschen darf. Für diese Bewerbung fehlte ihm zwar die nötige Zahl an Unterstützungserklärungen, aber eine gewisse Sympathie genoß und genießt er allemal. Man mag fragen: Warum eigentlich? Er ist ein Verbrecher, jedes Kind in Österreich weiß, daß er Finanzämter, Banken und Versicherungen um riesige Geldsummen betrogen hat (den genauen Betrag scheint niemand zu wissen, aber es war gelegentlich von etwa 70 Millionen DM zu hören bzw. zu lesen). Der springende Punkt ist nun der, daß dieser Mann weder eine Frau vergewaltigt, noch seiner Großmutter die Rente weggenommen, sondern Institutionen geprellt hatte, die bei einem großen Teil der Bevölkerung (natürlich nicht nur in Österreich) negativ besetzt sind. Man kennt das: Mancher, der über viele Jahre brav seine Beiträge an die Versicherung abgeliefert hat, bekommt im Schadensfall nichts, weil sich die Versicherung auf das Kleingedruckte in ihrem Vertrag beruft und mit ihren Anwälten ohnehin auf dem stärkeren Ast sitzt. Damit handelt sie juristisch korrekt, verärgert aber den Versicherungsnehmer, den obendrein ein Gefühl der Ohnmacht gegenüber einer mächtigen Organisation befällt, die mit Geld gepolstert ist und sich dank ihrer gerissenen Anwälte scheinbar alles erlauben kann. Und da kommt nun ein Mann, der es zustande bringt, gerade solche Institutionen um Millionen zu erleichtern (die betreffende Währung spielt dabei schon keine Rolle). Diesem Mann bringt man eine gewisse Sympathie entgegen, wenngleich er arg gegen Gesetze verstoßen hat. Leichthin zugeben wird man diese Sympathie meist nicht, da man sich dadurch fast schon selbst schuldig oder wenigstens verdächtig macht, aber zumindest im Geheimen darf man sie hegen. Von der Sympathie kann es dann nur ein kurzer Weg sein zur *Identifikation*.

Doch je mehr die Identifikation mit tatsächlichen Verbrechern aufgrund von sozialen Zwängen verpönt ist, desto geringer sind die Hemmungen, sich mit fiktiven Kriminellen im Kriminalroman oder -film zu identifizieren. Auch der Revolverheld des Wilden Westens, dessen Weg von Leichen gepflastert ist und der von keinem Gesetz gebremst wird, ist eine Figur, die besondere Bewunderung hervorzurufen vermag. Die im Italo-Western „Ein Fremder ohne Namen" unverwechselbar von Clint Eastwood dargestellte Hauptgestalt ist ein einsamer, wortkarger Reiter, der in eine Kleinstadt kommt und dort innerhalb weniger Tage gründlich aufräumt. Gleich nach seiner Ankunft erschießt er drei Männer und vergewaltigt eine Frau. Er kennt kein Erbarmen und geht mit unerbittlicher Härte und Brutalität vor. Am Ende stellt sich heraus, daß er gekommen war, um seinen Bruder zu rächen. Der Bonus, den er trotz seiner Kaltblütigkeit wohl in den Augen der meisten Zuschauer genießt, folgt freilich daraus, daß sich sein Feldzug gegen einen Haufen hinterhältiger Feiglinge und korrupter Spießbürger richtet, die nicht nur seinen Bruder auf dem Gewissen haben, sondern offenbar überhaupt nie auch nur auf die Idee kamen, ihre Doppelmoral zu hinterfragen und sich ihre eigene moralische Erbärmlichkeit nie bewußt gemacht hatten. Mithin wurde ihnen eine unvergeßliche Lektion erteilt, die sie eigentlich verdienten. Fast könnte man hier meinen, daß das Gute über das Böse obsiegt habe.

Allerdings ist zu bemerken, daß gerade in unserer „schönen neuen Medienwelt", die bereits ihre eigene Realität darstellt und psychisch nicht besonders robusten Charakteren diese als die *wirkliche* Welt verkauft, moralische Kategorien schnell durcheinander geraten. Wenn es stimmt, daß Jugendliche heute mindestens vier Stunden am Tag von „Fernseh-" und „Video-gewalt" umgeben sind und sich ihre Vorstellungen und Gespräche auch außerhalb dieser Zeit meist um Gewalt drehen (Wurm 1995), dann besteht höchste Alarmstufe. Oft steht die Gewalt im Zusammenhang mit Sex. Damit gerät ein positiver Aspekt unseres Lebens leider in dunkle Sphären. Durch die Medien wurde – zumindest in den Industriegesellschaften westlicher Prägung – Sex längst enttabuisiert, und Sittenwächter machen sich nur noch lächerlich. Aber das Pendel hat bereits ins andere Extrem ausgeschlagen. Offenbar kommt kaum noch ein Film-regisseur ohne Sexszenen aus, und Paarungsspiele unterschied-lichster Art werden praktisch in jeden Fernsehfilm „geschmug-gelt". Mit Gewalt gespickt, kommt Sex auf der Leinwand oder auf dem Fernseh- bzw. Videoschirm bei vielen Leuten offenbar noch viel besser an.

„ ... und sie sahen, daß sie nackt waren" – diese in christli-cher Tradition bedrückende Erkenntnis, mit der der Mensch von vornherein vermeintlich Schuld auf sich geladen hat, spielt heute für viele keine Rolle mehr. Es ist ein (biologischer) Ge-meinplatz, daß der Mensch den Geschlechtsakt nicht auf die Fortpflanzung ausrichten muß, sondern Sex treiben kann, weil's einfach Spaß macht. Die Gralshüter der christlichen Sexual-moral (und nicht nur dieser) haben daher den nicht auf die

Fortpflanzung ausgerichteten Koitus verteufelt, da uns ja nichts einfach Freude und Lust bereiten sollte. Damit erzeugten sie einen ungeheuren Konflikt mit der uns eigenen Natur, zu deren Merkmalen eben die ständige Paarungsbereitschaft gehört. Nun ist es zwar eine Übertreibung zu sagen, „there are as many kinds of sex behavior as there are individuals" („es gibt so viele Formen des Sexualverhaltens wie es Individuen gibt„) (Dorsey 1925, S. 451), aber ein Variantenreichtum des geschlechtlichen Verhaltens läßt sich beim Menschen natürlich nicht leugnen. Im übrigen sind uns dabei unter den anderen Arten der Lebewesen scheinbar nur die Zwergschimpansen mehr oder weniger ebenbürtig. Die treiben es miteinander sehr häufig und in verschiedenen Stellungen und setzen Sex sogar als Methode der friedlichen Lösung von Konflikten ein (vgl. Diamond 1998, Waal 1991). Moralische Fragen stellen sich ihnen freilich nicht, und sie haben keine Probleme, wenn ein Geschlechtsakt nicht zur Fortpflanzung führt. Aber ihr Verhalten wird auch durch kein (traditionelles) Tabu belastet.

Ganz anders ist die Situation beim Menschen. Manche seiner Versuche, Sex ohne Fortpflanzung zu rechtfertigen oder zu entschuldigen, waren jedoch geradezu rührend. So meinte beispielsweise noch Driesch (1927, S. 67), „eine rückhaltlose Rechtfertigung des Geschlechtsaktes bei verhinderter Fortpflanzung" sei zwar nicht möglich, aber der Trieb dürfe unter bestimmten Umständen – quasi: wenn es nicht anders geht – befriedigt werden: „Das ‚sollte' zwar nicht so sein, aber es ‚darf' so sein, weil, wenn es nicht wäre, Höheres geschädigt werden könnte." Immerhin.

Im abendländischen Kulturkreis wird mittlerweile der Sexualtrieb als solcher kaum noch mit dem Bösen in direkte Beziehung gebracht. Allerdings gilt Ehebruch als unmoralisch (und kann, wie der ganzen Welt demonstriert wurde, vor allem den

Präsidenten der Vereinigten Staaten an den Rand des Abgrunds drängen), und bestimmte sexuelle Neigungen und Praktiken gelten nach wie vor als unsittlich oder werden sogar kriminalisiert. Sodomie oder Zoophilie (die geschlechtliche Beziehung zu Tieren) beispielsweise ist oder war bis vor kurzer Zeit in vielen Ländern strafbar. Geschlechtsverkehr mit Minderjährigen ist ebenso ein Delikt wie inzestuöses Verhalten. Gerade letzteres ist in vieler Hinsicht bemerkenswert. Warum soll Sex zwischen Bruder und Schwester, Mutter und Sohn oder Vater und Tochter (um die hauptsächlichsten der möglichen Konstellationen zu nennen) eigentlich verboten sein, wenn der Akt *im beiderseitigen Einverständnis* erfolgt? Zweierlei erscheint hier von einiger Bedeutung.

Zum einen dürfen wir annehmen, daß Geschlechtsverkehr zwischen engen Verwandten häufiger praktiziert wird als man vielleicht gemeinhin zu denken neigt. (Wohlgemerkt, die Rede ist hier nicht vom sexuellen *Mißbrauch* von Kindern oder Jugendlichen durch ihre älteren Verwandten.) Hunold (1970, S. 41) bemerkt zum Inzest zwischen Mutter und Sohn: „Die Zahl der Bindungen, die über eine ‚normale' Fürsorge der Mutter für den Sohn, über eine ‚normale' Aufmerksamkeit des Sohnes für die Mutter hinausgehen, ist beträchtlich." Aber oft erfährt niemand etwas davon, und daher kann (wohl in der überwiegenden Zahl der Fälle) auch kein Staatsanwalt aktiv werden. Sicher sind sexuelle Kontakte zwischen Geschwistern ebenfalls ziemlich häufig, aber sie bleiben genauso meist im Verborgenen. Verboten oder nicht, was niemanden stört, was niemand – abgesehen von denen, die es tun – wahrnimmt, kann kein öffentliches moralisches oder juristisches Problem werden.

Zum anderen ist das *Inzestverbot* nahezu universell. Viele interessante Einzelheiten dazu liefert aus biologischer und psychologischer Sicht Bischof (1985). Die biologischen Gründe der sexuellen Meidung von engen Verwandten liegen in der Gefahr der Degeneration und damit der verminderten „Eignung" der aus Inzucht hervorgegangenen Individuen (bei Tieren genauso wie beim Menschen). Daher manifestiert sich das Inzestverbot in vielen Kulturen als gesellschaftliche Norm, „welche in kulturspezifischer Weise die phylogenetische ‚Logik der Gefühle' ausdrückt" (Meyer 1982, S. 118). Damit wäre ein gutes Beispiel für die enge Verknüpfung von alten stammesgeschichtlichen Blockierungen und kulturellen Normen gegeben (siehe auch Wuketits 1993a). Die evolutiv bzw. genetisch bedingte Inzestschranke liefert allerdings sozusagen die Vorgabe für das kulturell tradierte Inzestverbot. Dieses läßt sich aus kulturanthropologischer Sicht freilich auch anders interpretieren, nämlich, wie Vivelo (1988, S. 303) schreibt:

Inzestverbote bestehen aus denselben funktionalen Gründen wie das Verbot der Masturbation – das heißt, um die Kontrolle der Gesellschaft über die Individuen zu vergrößern (bzw. die Kontrolle derer, die im Namen der Gesellschaft auftreten). Intrafamilialer Geschlechtsverkehr (oder auch unregulierter Geschlechtsverkehr) führt eher zu Anarchie: eine Familie, die sich in sexueller Hinsicht selbst versorgt, braucht die übrige Gesellschaft weniger als eine Familie, die Heirats- oder Sexualbeziehungen nach auswärts anknüpfen muß. Und je weniger die Individuen innerhalb einer Einheit für ihre Bedürfnisbefriedigung von äußeren Quellen abhängig sind, desto weniger zugänglich sind sie auch für äußere Kontrolle. Heiratsfähige und sexuell zugängliche Männer und Frauen sind Ressourcen einer Gesellschaft, und wie bei allen wichtigen Ressourcen sind sie und ihr Verhalten Regelungen unterworfen, die ihnen durch die Gesellschaft auferlegt sind.

Das klingt durchaus plausibel. Aber diese Sichtweise bleibt uns eine Antwort auf die Frage schuldig, warum denn überhaupt Kontrolle über eine Gesellschaft ausgeübt wird. Die Antwort darauf liefern uns Verhaltensforschung und Soziobiologie mit dem schon in der Tierwelt weit verbreiteten *Dominanzstreben*. Das bedeutet, daß wir, um kulturell relevante Phänomene – hier das Inzestverbot – wirklich verstehen zu können, sozusagen eine Ebene tiefer gehen müssen.

Hier ist eine kleine Zwischenbemerkung angebracht. Sie betrifft die Unterscheidung zwischen *proximaten* (unmittelbaren) und *ultimaten* (mittelbaren) Ursachen (vgl. Mayr 1979, 1993). Diese Unterscheidung ist in der Biologie wichtig und gewinnt vor allem in der Analyse sozialer Phänomene an Bedeutung. In unserem konkreten Fall sind die proximaten – direkt einsichtigen – Ursachen für die Inzestvermeidung bzw. das Inzestverbot (beim Menschen) im Bereich der gesellschaftlichen Kontrolle zu finden: Inzestverbot hat eine funktionale Relevanz in verschiedenen Gesellschaften. Die ultimaten Ursachen dieses Phänomens liegen jedoch tiefer, im biologischen Bereich: Inzestschranken sind, wie gesagt, ein wirkungsvolles Mittel, um in einer Population Degenerationserscheinungen vorzubeugen. Daher ist, nach Wilson (1978), aus populationsgenetischer Sicht die Schlußfolgerung naheliegend, daß sich jede Strategie zur Inzestvermeidung schon früh in menschlichen Gesellschaften ausgebreitet hat.[1]

Es bleibt die Frage, warum heutzutage in den Industriegesellschaften westlicher Prägung ein Verstoß gegen das Inzestverbot immer noch als moralisch verwerflich gilt und rechtlich

---

[1] Population = Gesamtheit der Individuen einer Organismenart in einem bestimmten Raum, die miteinander (zumindest potentiell) sexuell verbunden sind und über mehrere Generationen genetisch verbunden bleiben.

sanktioniert wird (*Blutschande*). Längst werden gerade in diesen Gesellschaften ziemlich wirksame Mittel zur Empfängnisverhütung angewandt, und die Angst, daß aus inzestuösen Bindungen degenerierte Kinder hervorgehen könnten, scheint daher weitgehend unbegründet. Außerdem können aus einer solchen Bindung – auszuschließen ist das nicht – auch gesunde Kinder hervorgehen. Ist diese Bindung dann trotzdem als unmoralisch (und illegal) einzustufen? (vgl. Alexander 1987). Verteidiger festgefügter Moralprinzipien und Gesetzeshüter kümmern sich in der Regel wenig um „positive" Ergebnisse „unmoralischer" und „illegaler" Handlungen – verboten bleibt verboten, und es dauert, wie die Erfahrung lehrt, meist recht lang, bis moralische Normen und Gesetze geändert, d. h. gelockert werden. Das Inzestverbot liefert ein schönes Beispiel dafür, wie ein Moralprinzip aus biologischen Gründen entstanden ist und sich weitgehend unabhängig von kulturellen Veränderungen hartnäckig halten konnte (vgl. Wuketits 1993a).

Das Durchbrechen der Inzestschranke erinnert stark an den biblischen Sündenfall: Wenn Eltern und Kinder oder Geschwister einander nackt sehen, dürften sie ihre Nacktheit eigentlich gar nicht wahrnehmen, und tun sie es dennoch, dann handeln sie schon unmoralisch, zumal, wenn sie aus dieser Wahrnehmung sozusagen sexuell Profit schlagen. Merkwürdig ist allerdings, daß das ganze Alte Testament – implizit – von Inzucht handelt. Wie sonst hätten aus einem einzigen Paar so viele Generationen von Menschen hervorgehen können!? Natürlich ist hier auch daran zu denken, daß inzestuöse Bindungen beispielsweise bei den Pharaonen in Ägypten gang und gäbe waren, daß also Inzucht – unabhängig von ihren möglichen negativen biologischen Konsequenzen – nicht immer und überall verpönt war und keinerlei moralische Gebote verletzte.

So interessant dieses Thema auch ist, ich möchte es hier nicht weiterverfolgen. Der Leser mag aber schon einen Vorgeschmack auf die näher zu behandelnden Themen und Probleme bekommen haben. Es geht also darum, daß uns das Böse fasziniert, d. h. daß uns Verstöße gegen die jeweils herrschende Moral faszinieren, daß wir keineswegs „automatisch" bereit und willens sind, Moralprinzipien zu befolgen. Nun sind solche Verstöße allerdings unterschiedlich zu bewerten. Eine „kleine Lüge" ist eine Sache, ein Mord eine andere. Wir empfinden solche Dinge, solche Taten auch unterschiedlich. Manchmal freilich mag dem einen oder anderen von uns selbst ein Mord als moralisch richtig, als gerecht erscheinen (siehe Todesstrafe!). Manchmal begehen wir Taten, die zwar unmoralisch sind, uns aber nicht als unmoralisch erscheinen. Es fällt uns also offenbar wirklich schwer, die „richtigen" moralischen Maßstäbe zu finden. Vielleicht auch haben wir uns mit „Moral" insgesamt etwas zu viel vorgenommen. Vielleicht sollten wir in unseren moralischen Ansprüchen bescheidener sein. Ich hoffe, daß die folgenden Seiten ein wenig zur Aufklärung beitragen werden.

Das alltäglich Böse

Vor einigen Jahren nahm ich an einem Symposium in Hamburg teil, das Thema war „Die Natur der Moral".[2] Zu Beginn des Symposiums wurden wir auf einen Getränkekasten hinter dem Hörsaal hingewiesen. Wir konnten uns dort in den Pausen mit Getränken versorgen, sollten aber für jedes entnommene Getränkt 1,50 DM in ein Körbchen auf dem Tisch daneben legen. Am nächsten Morgen, vor den Vorträgen, ging eine Assistentin des Veranstalters zum Rednerpult und sagte, es habe offensichtlich ein Mißverständnis gegeben. Die Getränke seien nicht gratis, es würden 20 DM fehlen; diejenigen, die zu zahlen vergessen oder nicht gewußt hatten, daß sie pro Getränk 1,50 DM zahlen sollten, mögen doch so nett sein, diesen kleinen Betrag im nachhinein zu entrichten. Diese freundliche Ermahnung verfehlte allerdings ihre Wirkung. Denn am Nachmittag desselben Tages waren nicht nur die fehlenden 20 DM immer noch nicht bezahlt, sondern es fehlten weitere 25 DM. Die Kasse des Vertrauens funktionierte also nicht, manche der Symposiumsteilnehmer zahlten nichts oder weniger als erforderlich. Und gleich ein zweites Beispiel. Anläßlich einer Tagung in einem Hotel in Nürnberg – wieder ging es, bemerkenswerterweise, um das Thema Moral – wollte ich am späten Abend aus der Zimmerbar ein Fläschchen Weißwein trinken. Leider enthielt das Fläschchen nur Wasser. Und so erging es mir dann mit allen anderen Getränken aus dem Kühlschrank. Sie waren durch Wasser ersetzt worden. Da hatte sich also ein Hotelgast nach seinem

---

[2] Alle bei diesem Symposium gehaltenen Vorträge sind inzwischen in dem gleichnamigen Sammelband publiziert. Einige der Beiträge zitiere ich auch im vorliegenden Buch.

Umtrunk die Mühe gemacht, alle (geleerten) Fläschchen mit Wasser zu füllen und wieder sorgfältig zu verschließen. Auf diese Weise schonte er sein Portemonnaie – und ich mußte an jenem Abend auf meinen Schlummertrank verzichten.

Solche und ähnliche Beispiele sind uns allen durchaus vertraut. Sie gehören in eine Sphäre, die ich als das *alltäglich Böse* bezeichnen will. In ihr findet sich eine Fülle kleiner Gaunereien, die oft ungestraft bleiben, weil sie geringfügig sind oder weil der „Täter" nicht ertappt wird. Schwarzfahren in der Straßenbahn ist ebenso in dieser Sphäre angesiedelt wie Zeitungsdiebstahl, Schwindeln beim Anstellen am Fahrkartenschalter und vieles andere mehr. Nichts kommt in dieser Sphäre aber häufiger vor als die *Lüge*.

Als Gegensatz zur Wahrheit hat die Lüge, da sie auch eines der ethischen Grundgebote verletzt, Philosophen immer wieder beschäftigt (vgl. Baruzzi 1996). Manche nahmen sie aber nicht sehr tragisch. Voltaire meinte sogar, man müsse wie ein Teufel lügen. Er hatte auch oft gute Gründe dafür, vor allem, wenn er sich nicht als Autor „gefährlicher" Schriften bekennen wollte, die ihm – der ohnedies mit Kirche und Staat in ständiger Zwietracht lebte – größte Schwierigkeiten eingebracht hätten. Märtyrer sein wollte der große Aufklärer nicht. Aber wer könnte ihm das verdenken! Weitblickende Ethiker unserer Zeit sehen durchaus ein, daß die Forderung, immer die Wahrheit zu sagen, problematisch ist. So meint Mackie (1981), diese Forderung sei zwar im Rahmen einer Zusammenarbeit verständlich – man muß sich dabei auf die anderen verlassen können –, es sei aber keineswegs vernünftig, auch gegenüber seinem Feind oder Konkurrenten wahrhaftig zu sein. Aus dem Studium tierischen Verhaltens und seiner Evolution wissen wir, daß die natürliche Auslese Mischstrategien erzeugt (Mohr 1998): Manchmal empfiehlt sich eben diese, dann wieder eine andere Verhaltensstrategie. Ähnlich ist es in unserem täglichen Leben: Manchmal ist es gut, die Wahrheit zu sagen, bei einer anderen Gelegenheit ist die Lüge nützlicher. Das wissen wir alle. Vor einiger Zeit erzählte mir ein alter Schulfreund, seine – nunmehr sechzehnjährige – Tochter mache ihm Sorgen, weil sie immer die Wahrheit sagen müsse und niemals lügen könne, was sie (und ihre Eltern) schon oft in peinliche Situationen gebracht habe. Man kann das verstehen. Nur ein Heuchler wird sich hier entsetzt zeigen.

In ihren vielen Spielarten – von der harmlosen Notlüge bis zur gefährlichen Täuschung – ist die Lüge so untrennbar mit unserem Leben verbunden, so allgegenwärtig, daß wir in der Tat daran denken sollten, sie als Teil einer „evolutionären Logik" zu betrachten, als eine tief in der Evolution unserer Gattung verwurzelte Überlebensstrategie (vgl. Sommer 1994). Zwar haben wir darauf kein Monopol erworben. Wie bereits auf S. 28 gezeigt wurde, sind vor allem bei Schimpansen Täuschungsmanöver gleichsam auf der Tagesordnung. Aber wie so viele der Verhaltenseigenschaften, die wir mit anderen Lebewesen gemeinsam besitzen, hat auch die Täuschung bei uns Menschen eine besondere Dimension erreicht, was mit der Komplexität unseres Bewußtseins zusammenhängt. „Auf lange Sicht geplante und strategisch eingesetzte Lüge stellt in diesem Sinne einen qualitativen Sprung dar" (Dehner 1994, S. 106). Von einem Schimpansen kann man nicht erwarten, daß er langfristig wirksame Strategien zur Täuschung seiner Gruppe entwickeln wird. Von einem Menschen schon – vor allem, wenn er in der Politik tätig ist.

Natürlich sollen wir *nicht* lügen. Das wissen wir auch, und das hat jeder von uns in seiner Kindheit von Eltern und Lehrern oft genug zu hören bekommen. Aber normalerweise lernen wir sehr schnell, daß es sich in vielen Situationen nicht empfiehlt, die Wahrheit zum Ausdruck zu bringen. Der Großmutter zu sagen, daß sie gemieden wird, weil sie sehr häßlich geworden ist und Mundgeruch hat, verbietet uns der Anstand. Einem Arbeitskollegen zu sagen, daß man nichts von ihm hält, ist unklug, wenn man weiß, daß er sehr gute Beziehungen zum Chef pflegt. Der Beispiele ließen sich hier noch sehr viele anführen. Es scheint, daß uns die Wahrheit in größere Kalamitäten bringen kann als die Lüge, vor allem, wenn uns die Wahrheit selbst betrifft und wir davon ausgehen müssen, daß andere Menschen sie schamlos ausnützen werden (was nun einmal eher die Regel als die Ausnahme ist). „So habe ich", meinte daher Schopenhauer (1840 [1980, S. 756]), „auch das Recht, dasjenige auf alle Weise geheimzuhalten, dessen Kenntnis mich dem Angriff anderer bloßstellen würde, und habe auch Ursache dazu, weil ich ... den bösen Willen anderer als sehr leicht möglich annehmen ... muß." Es ist vielleicht nicht so, wie wir es uns wünschen – aber keiner von uns ist nur von Menschen mit gutartigen Absichten umgeben. Wir müssen Vorkehrungen treffen, um nicht Opfer von Lügen, Intrigen und Verleumdungen zu werden.

Jene Menschen, die „gekonnt" lügen und es gut verstehen, anderen „einen Bären aufzubinden", genießen eine gewisse Bewunderung. Mancher ist über sich selbst verärgert, weil er ein „schlechter Lügner" ist. Als Lügner entlarvt zu werden, ist immer einigermaßen peinlich. Denn oft genug dient die Lüge – als *Ausrede* – dazu, ein anderes Vergehen zu entschuldigen. Der Schwarzfahrer in der Straßenbahn versucht sich vor dem Kontrolleur damit zu rechtfertigen, daß er seinen Fahrschein verloren habe oder nicht finden könne; der seine mißtrauisch gewordene Ehefrau betrügende Mann täuscht dringende geschäftliche Besprechungen vor; der Schüler, der seine Hausarbeit nicht gemacht hat, „entschuldigt" sich mit dem Hinweis auf einen plötzlichen Fieberanfall. In solchen und unzähligen anderen, ähnlich gelagerten Fällen gibt es sehr viele Möglichkeiten zu lügen, aber nicht jeder kann es wirklich gut und nicht jede beliebige Ausrede taugt in jeder Situation.

Warum aber ist das *Lügeverbot* so weit verbreitet? Warum gilt die Lüge praktisch überall als verpönt? Sicher nicht primär aus moralischen Gründen; erst auf einer sehr späten Stufe unserer Evolution wurden die Lüge mit Unmoral, die Wahrheit mit Moral in Verbindung gebracht. Für ein Mitglied einer altsteinzeitlichen Horde von Jägern und Sammlern war die Wahrheit mitunter von lebenserhaltender Bedeutung. Hat ein prähistorischer Mensch seine Gruppengenossen über eine Futterquelle falsch informiert oder das Herannahen eines Feindes verschwiegen, dann waren die Konsequenzen für die Gruppe fatal und der Lügner selbst fand sich womöglich unter den Opfern seiner eigenen Handlung (Wuketits 1997a). Was allerdings die Futterquelle betrifft, dürften sich unsere steinzeitlichen Ahnen oft genauso verhalten haben wie der auf S. 28 erwähnte Schimpanse. Diese Schlußfolgerung ist naheliegend, weil sich Menschen auch heutzutage, vor allem in Krisenzeiten, ausgesprochen egoistisch verhalten, wenn es ums Fressen geht.

Nun ist es klar, daß eine Gesellschaft, die nur aus Lügnern besteht, in der prinzipiell niemals die Wahrheit gesagt wird, nicht möglich ist. Bis zu einem gewissen Grad muß ich mich in meinem Leben auf meine Mitmenschen und das, was sie sagen, verlassen können. Wenn ich in eine fremde Stadt komme und jemandem nach einer bestimmten Straße frage, nach einem Hotel oder nach einem Museum, dann erwarte ich nicht, daß man mich mit Absicht in die falsche Richtung schickt. Und falls meine Uhr stehengeblieben ist und ich jemanden nach der genauen Uhrzeit frage, dann rechne ich damit, daß der Betreffende mir die gewünschte Auskunft geben wird. Umgekehrt muß man auch von mir erwarten dürfen, daß ich anderen Menschen solche Fragen wahrheitsgemäß beantworten werde. Nun tun wir uns dabei im allgemeinen auch nicht schwer. Kaum wird einer von uns Nachteile für sich selbst befürchten müssen, wenn er die Frage eines Fremden nach der Uhrzeit korrekt beantwortet. Wenn aber in Krisenzeiten, in Zeiten großer Nahrungsmittelknappheit jemand einen Laden mit vollen Regalen entdeckt, dann wird er in der Regel keineswegs jedem beliebigen Menschen bereitwillig Auskunft darüber erteilen wollen, wo es denn etwas Eßbares gibt. Gerade in solchen Zeiten aber kann sich die Lüge für den Belogenen nachteilig auswirken, da, trivialerweise, das Finden von Nahrung lebensnotwendig ist.

„Lügen heißt, die Wahrheit verdrehen, umkehren, fälschen, zu Fall bringen" (Baruzzi 1996, S. 30). Wird jemand als Lügner bezeichnet, dann nimmt er das nicht gerade als ein Kompliment; „Lügner" ist ein beleidigender Ausdruck. Aber das Verdrehen von Wahrheit zieht sich sozusagen über viele Stufen, von harmlos bis gefährlich, von vorteilhaft bis nachteilig. Wenn ein Firmenangestellter zu spät zur Arbeit kommt, dann ist er gut beraten zu lügen, daß er beispielsweise im Verkehr steckengeblieben ist. Diese Lüge ist für ihn besser als die Wahrheit, falls letztere etwa darin besteht, daß er verschlafen hat oder von vornherein gar nicht pünktlich zur Arbeit erscheinen wollte. Würden alle Mitarbeiter einer Firma ständig zu spät kommen und dafür alle möglichen Ausreden erfinden, dann freilich würde diese Firma früher oder später unter den Lügen zusammenbrechen. Wie jedes ökonomische oder soziale System kann sich ein Betrieb nur eine relativ kleine Zahl von verantwortungslosen Menschen leisten, die auf Kosten der anderen leben. Trittbrettfahrer sind, solange ihre Zahl beschränkt bleibt, kein großes Risiko für eine Gesellschaft. Auch aus der Tierwelt sind viele Beispiele dafür bekannt.

Mohr (1998) erwähnt Krähen, die Nestmaterial einfach von ihren Kolonienachbarn nehmen, anstatt es selbst zu besorgen. Das geht natürlich auch nur solange gut, solange genug andere Krähen das Material vom fernen Waldrand holen. Ein besonders eindrucksvolles Beispiel sind die *Satelliten* unter den Männchen der Frösche und Kröten (vgl. Voland 1993, Wuketits 1997a). Bekanntlich werben Frosch- und Krötenmännchen in „Gesangsvereinen" um die Gunst der Weibchen. Ihre Gesänge kosten aber nicht nur viel Energie, sondern bringen auch die Gefahr mit sich, daß außer den erwünschten Weibchen Räuber angelockt werden. Manche Männchen minimieren diese Gefahr und sparen vor allem Energie, indem sie einfach nicht mitsingen, sondern sich stumm (als „Satelliten") in der Nähe der Rufer aufhalten und sich nähernde Weibchen abzufangen versuchen. Diese Taktik ist vor allem für die benachteiligten, sozial unterlegenen Männchen erfolgversprechend und wirksam. Käme nun aber der Großteil der Männchen einer Frosch- oder Krötenpopulation auf die „Idee", Kosten zu sparen und nur stumm herumzusitzen, dann gäbe es nur noch Nachteile für alle. Würden nur ein paar Frosch- oder Krötenmännchen singen, dann würden sie die Weibchen nicht mehr hören und die ganze Population wäre zum baldigen Aussterben verurteilt. Der „Betrug" zahlt sich also nur aus, wenn ihn bloß wenige begehen.

Lug und Trug sind in der Natur vor allem im Dienste der Fortpflanzung (und in diesem Zusammenhang auch im Dienste der Ressourcenfindung) weit verbreitet. Das Täuschen des Partners gehört sozusagen zum normalen Verhaltensrepertoire der Lebewesen. Aber die natürliche Auslese hat, wie Dawkins

(1994, S. 254) schreibt, „die großangelegte Täuschung auf einem recht niedrigen Niveau gehalten, indem sie die Fähigkeit des Partners, beim anderen Unehrlichkeit zu entdecken, verschärft hat". Die, wenn man so will, gegenseitige Kontrolle führt im allgemeinen dazu, daß die Neigung, andere zu täuschen, zu belügen usw. nicht auf die Spitze getrieben wird. Das funktioniert dem Prinzip nach beim Menschen nicht wesentlich anders als bei anderen Lebewesen. Im Gegensatz zu allen anderen Tierarten besitzt aber *Homo sapiens* die Fähigkeit, Täuschungen strategisch zu planen und das Verhalten der Artgenossen rational zu kalkulieren, um der Kontrolle zu entgehen. Nicht jeder wird darin ein Meister – und im Interesse unserer Gesellschaften müssen wir froh darüber sein. Andererseits geht von jenen unserer Artgenossen eine gewisse Faszination aus, die sich durch allerlei Tricks und unter geringem Aufwand durchs Leben manövrieren und vieles „billig" bekommen. Wenn sich's einer, wie man in Österreich sagt, „gerichtet hat", dann erntet er nicht unbedingt Sympathie, wohl aber Neid – jedoch ist ihm auch Bewunderung sicher. „Wie hat er's bloß gemacht?" Diese Frage beschäftigt die anderen, die es sich nicht so gut „richten können" und dann durchaus den Eindruck gewinnen, daß sie irgendetwas falsch machen. Die Frage ist keineswegs eine der Moral, sondern eine der Strategie. Das Motto des Erfolgreichen, der mit einem Minimum an Aufwand ein Maximum an Gewinn verbuchen kann, scheint zu sein: „Erlaubt ist alles, man darf sich nur nicht erwischen lassen."

Unter diesen Umständen darf es uns nicht wundern, daß das alltäglich Böse ständig am Werk ist. Zur Perversion steigert es sich bei jenen Leuten, die letztlich nicht mehr damit beschäftigt sind, sich selbst Vorteile zu verschaffen, sondern nur noch mit Mißgunst gegen andere erfüllt sind und viel Zeit und Energie investieren, um andere am Erfolg zu hindern. Diese Verleumder und Intriganten sind, selbst wenn sie sich juristisch gesehen nicht schuldhaft verhalten, sehr gefährlich. Denn ihr Beitrag zur Gesellschaft ist nur destruktiv, und sie sind eigentlich schlimmer als Diebe und Betrüger. Denn, wie es Mohr (1998, S. 68) auf den Punkt bringt: „Betrüger erzwingen soziale Innovationen." Ränkeschmiede tun das nicht, sie sind meist sehr gesetzestreue Bürger, legen sich nie mit Behörden und Ämtern an und geben sich den Anschein absoluter Korrektheit. Daher sorgen sie dafür, daß jeder kleine Fehler eines Arbeitskollegen dem Chef zu Ohren kommt, zeigen jeden an, der seinen Hund durch einen für Vierbeiner nicht vorgesehenen Park führt und rufen die Polizei, wenn sie ein im Halteverbot abgestelltes Auto wahrnehmen. Zu dieser Sorte zählen all jene Leute, die ich, um auch dem Leser die Sache zu erleichtern, mit dem Begriff „böse Nachbarn" charakterisieren will. Wir alle kennen solche Zeitgenossen – meist tatsächlich aus unserer Nachbarschaft –, Kriecher, Biedermänner und Spießbürger, die ein großes Potential an Denunzianten bilden und daher unter veränderten politischen Strukturen eine größere Gefahr darstellen als alle gewöhnlichen Diebe, Schwindler und Betrüger. Es kommt nicht von ungefähr, daß solche Leute jedem sozial halbwegs sensiblen Menschen unsympathisch sind, auch (oder gerade) dann, wenn sie tatsächlich nichts Unrechtes tun und nur ihre „Pflicht" erfüllen (siehe oben!). So wie unsere Gesellschaften von ihren Mitgliedern aus guten Gründen Wahrheit und Aufrichtigkeit fordern, so meiden und verstoßen wir aus ebenso guten Gründen Denunzianten und Verräter.

Nach Alexander (1987) war im jüngsten Abschnitt seiner Stammesgeschichte die den Menschen hauptsächlich prägende feindliche Macht die Gegenwart anderer Menschen (die auch immer mehr wurden). Daher waren Interessenkonflikte unvermeidbar und moralische Probleme vorprogrammiert. „Zum Wohle der *ganzen* Gesellschaft – oder in *jeder*manns Interesse – sind moralische Entscheidungen nur dann, wenn die Interessen aller die gleichen sind. Das ist fast nie der Fall" (Alexander 1988, S. 131). Wäre dies der Fall, würde jeder mit jedem übereinstimmen, gäbe es keine moralischen Probleme und „moralische" Entscheidungen wären gar keine moralischen mehr. Das leuchtet ein. Nun ist *Homo sapiens* seiner biosozialen Natur nach ein Kleingruppenwesen. Davon wird in diesem Buch noch häufiger die Rede sein. Nur eines vorweg: In einer kleinen, überschaubaren Gruppe, deren Mitglieder einander gut kennen und aufeinander angewiesen sind, funktioniert die soziale Kontrolle meist problemlos und ohne festgeschriebene moralische Normen. Den Eltern oder Großeltern oder den älteren Geschwistern konzedieren wir in der Regel auch (wenngleich nicht selten widerwillig) das Recht, auf unsere Handlungen einen gewissen Einfluß zu nehmen. Aber Frau Schmidt von gegenüber soll sich gefälligst heraushalten, wenn wir unseren Hund ohne Leine durch die Stadt laufen lassen. Sie soll vor ihrer eigenen Türe kehren.

Unserer psychischen Grundausstattung zufolge neigen wir allerdings dazu, unmittelbar Vorteile zu gewinnen und unsere Bedürfnisse möglichst schnell zu befriedigen. „Das Streben nach Lust ohne Anstrengung, kurz: das Streben nach Verwöhnung, ist so alt wie der Mensch selbst" (Cube 1998, S. 121). Im Schweiße seines Angesichtes sein Brot zu verdienen, wie es dem Menschen in der Bibel geheißen wird, gehörte nicht eben zu dessen phylogenetischem Programm. Blinder und kurzsichtiger Lustgewinn kann aber kein soziales System stabilisieren, in dem – naturgemäß – Verläßlichkeit und gegenseitige Hilfe gefragt sind. Daher mußte unsere Psyche flankierende Mechanismen entwickeln (Sommer 1994). Dazu gehören das Gefühl, sich in andere hineinversetzen zu können, also *Empathie* oder Mitgefühl, das Gewissen und die Dankbarkeit für empfangene Hilfe, Begünstigung usw. Manche Autoren (Allot 1992, Bischof-Köhler 1991) betonen, daß die Empathie zu den wichtigsten Merkmalen sozialer Intelligenz und ihrer Evolution bei den Primaten gehört. Das ist einsichtig, weil im umgekehrten Fall die soziale Evolution des Menschen kaum möglich gewesen wäre; Menschen, die mit Aversion oder bloßer Gleichgültigkeit einander begegnen, können keine Gruppen bilden (vgl. Kapitel 4).

Wir dürfen also festhalten, daß das alltäglich Böse zu unserer Grundausstattung gehört (es wäre müßig und unrealistisch, dies abstreiten zu wollen), daß aber in der sozialen Evolution auch Gegenmechanismen entwickelt wurden: Mechanismen, die eine Ausbreitung gefährlicher Lügner, Schwindler und Betrüger verhinderten. Den „charmanten Lügner", der sich selbst stets in gutem Licht zu präsentieren weiß und daraus Vorteile gewinnt, können diese Mechanismen allerdings ebensowenig behindern wie den sprichwörtlichen kleinen Eierdieb und den Schwarzfahrer in der Straßenbahn. Diese aber vermögen einer insgesamt funktionierenden Gesellschaft nicht sehr viel antun. Bedenklich wird es erst, wenn, symbolisch gesagt, der Anteil von Krähen, die unbekümmert ihren Kolonienachbarn Nestmaterial stehlen, immer größer wird.

Mohr (1998) äußert in diesem Zusammenhang seine Besorgnis mit dem Hinweis darauf, daß der Anteil der Bevölkerung (z. B. in Deutschland), der Delikte wie Ladendiebstahl, Steuerhinterziehung und Versicherungsbetrug, aber auch Mißbrauch von Sozialleistungen als Kavaliersdelikte abtut, in den letzten Jahren gestiegen sei. Mir liegen darüber keine eindeutigen empirischen Untersuchungen vor, aber mich wundert diese Tendenz, offen gesagt, überhaupt nicht. Sie liegt nicht einfach darin begründet, daß die Menschen insgesamt böser geworden sind, sondern erklärt sich vielmehr aus der Entwicklung unserer Institutionen in Politik und Wirtschaft. Kann man denn ernsthaft erwarten, daß der Bezieher einer Mindestrente, der jeden Pfennig dreimal umdrehen muß, bevor er ihn ausgeben darf, „korrektes" Verhalten gegenüber den Direktoren einer Sozialversicherungsanstalt fordert, wenn diese mit hohen Abfertigungen in den Ruhestand gehen und ihren Urlaub in der Karibik genießen? Soll sich ein arbeitsloser Jugendlicher in Respekt und Demut vor einer Supermarktkette üben, die gerade, wie in solchen Fällen in den Medien groß berichtet wird, zum Preis von, sagen wir, 3 Milliarden DM ihren Besitzer gewechselt hat? Dem kleinen Mann auf der Straße, der ein gewisses Gefühl für soziale Gerechtigkeit in seiner Seele trägt, muß notwendigerweise auch einmal der Gedanke kommen, daß vielleicht etwas nicht stimmt, wenn „sein" Finanzminister ständig vom Sparen schwadroniert, selbst aber ein monatliches Einkommen bezieht, das keinem gewöhnlichen Arbeitnehmer gegönnt ist; und wenn Manager mit Spitzengehältern einen Betrieb, wie heißt das neue Unwort (?), „gesundschrumpfen", d. h. Hunderte oder Tausende Menschen auf die Straße setzen und in ihrer Existenz bedrohen, dafür aber in den Wirtschaftsblättern Lob einheimsen.

Nein, wir müssen uns schon ernsthaft fragen, warum die öffentliche Moral sinkt, falls diese Tendenz also tatsächlich wahrnehmbar ist. Während auf den Finanzmärkten weltweit Milliarden von DM und Dollar verschoben und „umgeschichtet" werden, verlangt man vom kleinen Arbeiter und Angestellten, daß er sich moralisch richtig verhält. Was ja nichts anderes bedeuten kann als die Unterstellung, daß die Repräsentanten der diese Märkte tragenden Systeme unser aller Unterstützung und Loyalität verdienen. Das wird beispielsweise auch einem kleinen Landwirt, der unter dem Druck der neuen Wirtschaftsstrukturen in der Europäischen Union seinen Besitz aufgeben muß, nicht einfach beizubringen sein. Unter den gegebenen Umständen wird also das alltäglich Böse weiterhin seine Konjunktur haben.

Der kritische Leser wird allerdings fragen, wie ich das alltäglich Böse eigentlich abgrenzen will. Ich würde vorläufig ganz einfach sagen, daß das alltäglich Böse dort aufhört, wo ein Mensch einen anderen absichtlich in dessen physischer, oder auch psychischer und sozialer Existenz bedroht. Dort beginnt das *wirklich Böse*, das uns im nächsten Abschnitt eingehender beschäftigen wird. Allerdings ist diese Form des Bösen auf den vorangegangenen Seiten schon mehrmals angedeutet worden. Der Manager, der, wie gesagt, seinen Betrieb „gesundschrumpft", kann im Extremfall einen Menschen in den Selbstmord treiben. In diesem Fall wäre seine Handlung als „wirklich böse" zu bezeichnen. Allerdings hat er seinem Handeln sozusagen ein höheres Ziel vorangestellt und niemanden *direkt* in den Selbstmord getrieben, so daß sich auch niemand finden wird, der ihn ernsthaft eines Tötungsdelikts bezichtigen kann. Unter einem bestimmten Gesichtspunkt hat er moralisch gehandelt. Im Hinblick auf die Folgen seines Tun kann man jedoch – mit Recht – völlig anderer Meinung sein. Es klingt zynisch, aber so wie die Dinge liegen, müssen wir uns scheinbar daran gewöhnen, daß Moral mit zweierlei Maßstäben gemessen wird und wir in einer von Doppelmoral durchfluteten Gesellschaft leben. Das kann aber keinesfalls bedeuten, daß wir eine Rechtfertigung für das wirklich Böse finden werden, wonach dann auch jeder Diktator und Tyrann tun und lassen könnte, was ihm gerade beliebt. Demgegenüber darf man das alltäglich Böse unter bestimmten Umständen sogar in Schutz nehmen. Denn eine „gute Lüge" hat schon oft geholfen, Schlimmes zu verhindern. Von Menschenopfern kann man das nicht behaupten! Um so größere Aufmerksamkeit müssen wir der Tatsache schenken, daß das Töten von Menschen durch andere Menschen bisher nicht verhindert werden konnte.

Das sogenannte und das wirklich Böse

Camus (1956 [1968, S. 30]) sagte, der Mensch habe „zwei Gesichter: er kann nicht lieben, ohne sich selbst zu lieben. Beobachten Sie bloß Ihre Hausgenossen, wenn das Glück ihnen einen Todesfall unter den Nachbarn beschert." Von der Selbstliebe wird noch zu sprechen sein (vgl. Kapitel 3 und 5). Von den „bösen Nachbarn" war bereits die Rede, und daß den Menschen ein Unglück, das anderen passiert, wenn schon nicht ein Gefühl der Befriedigung, so in der Regel doch eines der Erleichterung vermittelt, muß, wie ich meine, nicht näher begründet werden. Scheinbar erschüttert sammeln sich neugierige Zuschauer an einem Unfallort, und man braucht gar nicht daran zu zweifeln, daß der eine oder andere tatsächlich ein Mitgefühl mit den Opfern empfindet, solange man nicht vergißt, daß jeder naturgemäß froh darüber ist, nicht selbst unter den Opfern auf der Straße zu liegen.

Die Zwänge unserer Zivilisation helfen dem Bösen, sich seine Faszination zu bewahren. Doch schon im Vorfeld des Bösen – sei dieses nun das bloß alltägliche oder das wirklich Böse – erregt jedes „abweichende" Verhalten eines anderen Menschen unser Interesse. Menschen, die sich – auch ohne dabei etwas „Böses" zu tun – über Konventionen hinwegsetzen, ernten nicht nur Hohn, sondern durchaus Bewunderung, weil sie Dinge tun, die die meisten anderen nie tun würden, weil sie zu „angepaßt" sind und ihnen der Mut zu jeder Abweichung von der Norm fehlt. Erzogen zu ordnungsliebenden „Kleingeistern", müssen viele Menschen sehr große Anstrengungen auf sich nehmen, um nicht auch als Kleingeister zu enden – falls sie überhaupt dazu kommen zu bemerken, daß an ihrer normierten Existenz etwas falsch sei. Wie aber unter gegebenen Rahmenbedingungen gerade aus den kleinen Spießern und Biedermännern quasi der Teufel ausbrechen kann, zeigen die verheerenden Ereignisse während des Nazi-Regimes, zu dessen Handlangern Millionen von Menschen wurden. Zusammen mit anderen Greueltaten bis in die jüngste Vergangenheit und Gegenwart machen die Ereignisse jener Zeit auch deutlich, wie unter der Wirkung gezielter Demagogie die Faszination des „Andersartigen" in beispiellose Verbrechen umschlagen kann und wie dabei die im Menschen schlummernden destruktiven Potentiale geweckt werden. Ditfurth (1989, S. 152 f.) schreibt folgendes dazu:

Kein noch so begabter Demagoge und keine noch so skrupellose imperialistische Politik im Dienste ökonomischer Herrschaftsinteressen hätte jemals einen Krieg zu entfesseln vermocht, wenn da nicht in den dunkleren Tiefen unserer Gehirne jene Anlagen schlummerten, die uns alle überhaupt erst zu den potentiellen Opfern von Demagogen und Imperialisten werden lassen: die Neigung, auf unbekannte, womöglich ‚fremdartige' Artgenossen mit Angst und Mißtrauen zu reagieren, und die Tendenz dieser Angst, in blinde Angriffswut bis hin zum Brudermord umzuschlagen.

Unsere Neigung zu einem dichotomen Denken führt zu spezifischen *Eigenbildern* und ebenso spezifischen *Fremdbildern* (Antweiler 1994), wobei letztere leicht in *Feindbilder* umschlagen können. Dem wirklich Bösen ist dann kaum noch Einhalt zu gebieten, und ein destruktives Verhalten bahnt sich beinahe unbeirrbar seinen Weg. Adolf Hitler, „die finsterste Variante eines Religionsstifters" (Safranski 1997, S. 285), legte mit seinem Regime ein fürchterliches Zeugnis dafür ab.

Unter „destruktivem" Verhalten verstehe ich im wesentlichen *aggressives* Verhalten. Seit Lorenz (1963) wurde der Begriff der *Aggression* wiederholt sehr intensiv und kritisch diskutiert, wobei auch viele Mißverständnisse die Diskussion bis heute begleiten. Lorenz (1963) hatte einen allen Lebewesen innewohnenden Aggressionstrieb angenommen, diesen aber bei den Tieren als etwas Positives definiert. Kampfverhalten, so meinte er, führt zur Herauszüchtung besonders großer und wehrhafter Gruppen- bzw. Familienverteidiger, wie sie beispielsweise mit imposanten Bisonbullen oder Männchen der großen Pavianarten auftreten. Solche kampferprobten Individuen würden ihrer Gemeinschaft – und damit der fraglichen Spezies – besonders gute Dienste erweisen. Die soziobiologische Sichtweise, wonach das genetische Überleben der Individuen, und nicht die Arterhaltung das Verhalten der Tiere steuert, war den klassischen Verhaltensforschern noch fremd. Sehr wichtig war aber ihre bereits von Darwin (1871) vorweggenommene Auffassung, daß die *sexuelle Selektion* dazu führt, daß von den im Kampf rivalisierenden Männchen die Sieger höhere Reproduktionschancen haben. Darüber hinaus konnten die Ethologen – in der Tradition Darwins – deutlich machen, wie stark aggressives Verhalten vor allem unter Artgenossen ausgeprägt ist (*innerartliche Aggression*). „Mehr als neun Zehntel der Tierkämpfe, die wir beobachten, spielen sich zwischen Tieren derselben Art ab, meistens zwischen Männchen" (Tinbergen 1968, S. 13). Das ist verständlich, weil Artgenossen die gleichen Bedürfnisse haben und miteinander um Territorien, Nahrung und Geschlechtspartner konkurrieren. In gewissem Sinne ist der Artgenosse immer der schlimmste Rivale.

An der Bedeutung der Aggression und der Allgegenwart aggressiven Verhaltens in der Tierwelt kann niemand zweifeln, der nicht durch ein romantisches Naturbild geblendet wird. Tiger und Fox (1971, S. 209) stellen lapidar fest: „It is a necessary force in the evolutionary processes taking place in any sexually reproducing species. There has to be competition in order for natural selection to occur." Also, frei übersetzt: Aggression ist eine notwendige Kraft in den evolutionären Prozessen und tritt bei allen Arten mit sexueller Fortpflanzung auf. Ohne Wettbewerb könnte die natürliche Auslese nicht stattfinden. (Daß die Autoren Raubtiernamen tragen, sollte niemanden zu falschen Schlußfolgerungen verleiten.) Für Lorenz (1963) war es wichtig, aggressives Verhalten bei Tieren nicht mit moralischen Wertungen in Verbindung zu bringen. Die Kämpfe unter rivalisierenden Artgenossen wollte er, da sie evolutionsbiologisch gesehen positive Auswirkungen haben, daher nur mit dem „sogenannten Bösen" bezeichnet wissen: Es mag uns Menschen so scheinen, als ob miteinander kämpfende Männchen einer Art böse seien, in Wahrheit dient ihr Verhalten aber einem „guten Zweck". Doch drei Elemente in Lorenz' Theorie der Aggression haben für besonders kontroverse Diskussionen gesorgt:

1. Die Behauptung, daß ein Aggressionstrieb *per se* existiert, ein Trieb, der – bei Tieren und Menschen – von sich aus dazu drängt, befriedigt zu werden. Wenn Trieb-Energie aufgestaut wird, sucht sich dieser Trieb daher von alleine seinen Weg („Triebstaumodell").

2. Die Annahme, der Mensch habe die Möglichkeit zu verhindern, daß sich dieser Trieb immer in Gewalt und Zerstörung äußert, da er diesen Trieb sozusagen umleiten kann (indem er sich etwa in sportlichen Wettkämpfen ereifert).

3. Die Vermutung, daß erst seine Zivilisation den Menschen wirklich gefährlich gemacht habe, da seine anonymen Massengesellschaften aggressionshemmende, bei anderen Lebewesen wirksame Mechanismen (Tötungshemmung) abbauen würden.

In seinen kulturkritischen Schriften finden wir bei Lorenz demnach die eindringliche Warnung vor dem „Abbau des Menschlichen" und die Ortung des *wirklich Bösen* in der zunehmenden Wertblindheit, in der Zerstörung unserer sozialen Banden und unserer natürlichen Umwelt (vgl. Lorenz 1973, 1974, 1983).

Nach neuerer Auffassung liegt aggressivem Verhalten *kein* eigener Trieb zugrunde. So legte Hassenstein (1972) dar, daß Aggression Ausdruck sehr unterschiedlicher biologischer Motivationen sein kann und in anderen (biologischen) Zusammenhängen auftritt, beispielsweise im Dienste der Fortpflanzung, der Revierverteidigung, der Feststellung von Rangordnungen in einer Gruppe usw. Man muß also erkennen, daß aggressives Verhalten sehr komplex motiviert ist und die individuelle Situation berücksichtigen, in der dieses Verhalten auftritt (siehe auch Hinde 1991).

Wie liegen die Dinge nun beim Menschen? Ist er tatsächlich (bedingt durch seine Zivilisation!) ein besonders aggressives Lebewesen? Storr (1968) meinte, daß *Homo sapiens* unter allen Wirbeltieren – mit Ausnahme einiger Nagetiere – die einzige Spezies sei, die ihre Artgenossen gewohnheitsmäßig zerstören würde. Eine solche Meinung ist in der Literatur nicht selten anzutreffen. Wie neuere Beobachtungen vor allem an Schimpansen zeigen, ist diese Meinung aber nicht mehr zu halten. Zwar sollte man nicht sagen, daß unsere nächsten Verwandten ihre Artgenossen „gewohnheitsmäßig" zerstören, aber die bekannt gewordenen Fälle, in denen Schimpansen gegen ihresgleichen vorgehen, können nicht ignoriert werden. Zu erinnern ist nur an einen dramatischen Vorfall in der Schimpansenkolonie von Arnheim. Im September 1980 wurde das ranghöchste Männchen von zwei anderen überfallen und so übel zugerichtet, daß es bald darauf an seinen Verletzungen starb (vgl. Waal 1993, Watson 1997).

Das Töten von Menschen durch andere Menschen, der *Homizid*, ist nichtsdestoweniger ein besonders auffälliges Phänomen, das in verschiedenen Varianten auftritt. In Anlehnung an Lester (1994) läßt sich unterscheiden zwischen
- vorsätzlichem Mord,
- Körperverletzung mit tödlichem Ausgang bzw. Totschlag,
- Mord im Affekt (ohne beabsichtigte Tötung) und
- durch den Staat bzw. das Gesetz legitimierte Tötung[3].

Gewissermaßen als Sonderfall behandelt Lester (1994) den Infantizid, der bereits auf S. 18 als durchaus häufiges Instrument der Populationskontrolle erwähnt wurde. Zusätzlich anzuführen ist der Völkermord oder *Genozid*, wofür unter allen aus Geschichte und Gegenwart bekannten Fällen die systematische Vernichtung von etwa 6 Millionen Juden in den Konzentrationslagern des Dritten Reiches das fürchterlichste Beispiel bleibt.

Die verschiedenen Formen des Homizids werden sowohl unter moralischen Aspekten als auch juristisch unterschiedlich beurteilt, wobei der vorsätzliche Mord im allgemeinen als besonders verabscheuungswürdig gilt und am strengsten bestraft wird. Die Motive eines Mörders können bekanntlich sehr vielfältig sein. Eifersucht, Geld, Erpressung usw. gelten als „klassische Motive". Sie sind rational nachvollziehbar, während Homizide wie Lustmord und Serienmord im Bereich der Psychopathologie anzusiedeln sind. Diese Morde geschehen oft unter besonders grausamen Begleitumständen. (Beispiele dazu finden sich etwa bei Leyton 1989). Deutlich pathologische Züge tragen auch Mörder, die aus religiösen Motiven andere Men-

---

3 Hierzu gehört einerseits die Todesstrafe (vgl. S. 37), andererseits das Töten eines Verbrechers durch einen Polizisten etwa bei einer Schießerei.

schen töten. Aber zugleich ist daran zu erinnern, daß zu allen Zeiten bei vielen Völkern den Göttern Menschenopfer gebracht wurden, was nicht nur „normal", sondern auch moralisch legitimiert war. Das gilt ebenso für die schon auf S. 20 erwähnten Verbrennungen von „Hexen". Als moralisch korrekt empfinden ihr Handeln auch Terroristen, die aus ideologischen bzw. religiösen Gründen morden, dabei aber ihre Opfer oft ziemlich planlos aussuchen. Wie viele Beispiele aus jüngster Zeit demonstrieren, hat der Terrorismus jeweils das Ziel, gesellschaftliche Strukturen aufzubrechen, die Macht in einem Staat neu zu verteilen oder die Situation eines bestimmten Volkes oder einer bestimmten Menschengruppe zu verbessern. In diesem Zusammenhang steht auch der politische Mord, der aus allen Zeiten unserer Kulturgeschichte gut dokumentiert ist. Zahlreiche Kaiser, Könige, Fürsten, Minister und Präsidenten wurden ermordet.

Jener Vorfall in der Schimpansenkolonie in Arnheim läßt uns daran denken, daß das Streben nach hervorragenden Positionen in einer Sozietät bzw. die Tendenz, ein ranghohes Individuum zu beseitigen, auf einen phylogenetisch tief verwurzelten Motivationskomplex zurückführbar ist. Aber Schimpansen geben uns noch in anderer Hinsicht viel Stoff zum Nachdenken. Zwischen 1974 und 1978 bekämpften sich in Nigeria zwei Schimpansengruppen mit erbitterter Härte, wobei die Verlierergruppe am Ende praktisch ausgerottet war und ihre Überlebenden – es waren Weibchen – von den Siegern verschleppt wurden (vgl. z. B. Vogel 1989). Darf man hier schon den Ausdruck *Krieg* verwenden? Hat bei diesen Schimpansen ein Genozid stattgefunden?

Ich möchte hier nochmals festhalten, daß Tiere – auch Schimpansen – keine Moral kennen und wir in keinem der hier erwähnten oder in anderen Fällen von vorsätzlichem Mord sprechen können. Sie sind allenfalls Beispiele für das sogenannte Böse, wobei ich diesen Ausdruck jetzt in einem weiteren Sinn verwende. Aber sie legen die Vermutung nahe, daß viele der uns vom Menschen bekannten Greueltaten sozusagen nicht übergangslos begangen wurden, sondern nur auf einer breiten Plattform von phylogenetisch entstandenen Verhaltensformen erklärbar sind. Nochmals ist hier an die auf S. 53 betonte Unterscheidung zwischen proximaten und ultimaten Ursachen für verschiedene soziale Phänomene beim Menschen zu erinnern. Außerdem dürfen wir selbst eine einmalige Beobachtung an einer Tiergruppe nicht als bedeutungslos erachten. Für den beobachteten Kampf zwischen zwei Schimpansengruppen stellt daher Vollmer (1995, S. 75) richtig fest, es gäbe „keinen Grund, diesen Fall als untypisch, als Ausnahme oder als pathologisch abzutun: Schimpansen führen eine Art Krieg; dabei ist es unerheblich, mit wie vielen Anführungszeichen wir das Wort ‚Krieg' versehen."

Der Krieg als Ausdruck kollektiver Gewalt (Meyer 1981, 1990) begleitet alle Phasen der Menschheitsgeschichte. Entgegen anderslautenden Meinungen, wonach für alles Böse unsere Zivilisation verantwortlich wäre, müssen wir davon ausgehen, daß schon der prähistorische Mensch alles andere als friedfertig war und daß die beliebte Annahme der Gewaltlosigkeit auf steinzeitlichem Niveau in den Bereich jener Märchen gehört, die uns das Paradies vorgaukeln (vgl. z.B. Eibl-Eibesfeldt 1984b, Mohr 1987, 1993, Tiger und Fox 1971, Verbeek 1998, Wilson 1978, Wuketits 1993a, 1998a). Allerdings bemerkte schon Darwin (1871), daß wir von Wilden und Barbaren abstammen. Und ein anderer Autor des 19. Jahrhunderts, Caspari (1877, S. 282), stellte fest: „Jener Zustand der Ruhe und des paradiesischen Friedens stellt ... ein Ideal dar, das ursprünglich niemals verwirklicht war." (Und es wurde ja bis heute nicht verwirklicht.)

Unsere Zivilisation hat für Kämpfe und Kriege jedoch neue Rahmenbedingungen geschaffen. Ein „Heiliger Krieg" ist bei Schimpansen ebensowenig denkbar wie bei unseren stammesgeschichtlichen Ahnen. Beim „zivilisierten Menschen" (den ich hier bewußt mit Anführungszeichen schreibe) haben aber religiös motivierte Kriege unzählige Opfer gefordert. Durch die Entwicklung staatlicher Gebilde mit überheblichen Führern, die ihren Untertanen Vaterlandsliebe und Nationalstolz aufoktroyierten und ihr eigenes Handeln unter Berufung auf Gott oder eine wie auch immer angenommene „höhere Kraft" zu rechtfertigen wußten, erreichten Kämpfe und Kriege eine neue Dimension. Das 20. Jahrhundert mit den beiden Weltkriegen, dem Vietnamkrieg und den vielen anderen Gemetzeln stellt dabei den Höhepunkt dar. Durch die Entwicklung nuklearer, chemischer und biologischer Waffen wurde in diesem Jahrhundert die Kriegsführung auch in technischer Hinsicht auf eine neue Ebene gebracht. Meyer (1990, S. 534) hebt in diesem Zusammenhang die Absurdität hervor, die sich in der Sucht der Staaten nach Sicherheit durch militärische Macht zeigt: „schädigst du mich durch militärische Gewalt, so stelle ich durch Einsatz meiner Machtmittel die unverzügliche Vernichtung der Welt in Aussicht, um den politischen Status quo ante wiederherzustellen ..." Aber auch Lorenz (1963) hatte recht, als er betonte, daß durch die verfeinerte Technik des Tötens das Töten selbst leichter geworden ist, weil demjenigen, der eine ferngesteuerte Waffe bedient, die Wirkungen seines Handelns nicht unmittelbar ans Herz greifen – er sieht nicht mehr, was er angerichtet hat.

In diesem Sinne hat also das wirklich Böse tatsächlich erst mit der Zivilisation seinen eigentlichen Kristallisationspunkt erreicht. Der zivilisierte Mensch hat recht komplexe Moralsysteme und subtile Methoden der Bestrafung von Übeltätern entwickelt, er dünkt sich kraft seines Bewußtseins in seinen Entscheidungen frei, und hat dennoch die größten Greueltaten und Verbrechen gegen seine Artgenossen begangen. Daß er dazu fähig war und ist, liegt allerdings eben in den Tiefenstrukturen seines Gehirns begründet, in dem die alten, in der Stammesgeschichte entstandenen Keimzellen für alle nur erdenklichen Taten schlummern, die wir jedoch erst heute als unmoralisch (und als wirklich böse) erkennen und für die sich manche von uns schämen. Selbstkritisch berichtet Ditfurth (1989, S. 163 f.), wie er bei einer Räumungsaktion in einem brennenden Mietshaus nach einem schweren Bombenangriff in Hamburg im Juli 1943 Opfer der eigenen Zerstörungslust wurde. Ich gebe seinen Bericht hier in gekürzter Form wieder:

Bei der Räumungsaktion stand ich auf einmal allein in dem mit allen Accessoires spießbürgerlicher Behaglichkeit überladenen Wohnzimmer einer von den anderen Helfern bereits preisgegebenen Etage. ... Die Mitte des Raumes wurde von einer gewaltigen Stehlampe mit einem riesigen fransenbewehrten Schirm beherrscht, die in einen runden Tisch eingebaut war, auf dessen gläserner Platte allerlei Figurinen ... posierten. Das verrückteste: Die Lampe brannte noch ... Draußen tobte der Feuersturm und schrien die Menschen durcheinander. Und da vor mir stand, als eine idyllische Oase inmitten des Weltuntergangs, die wohlaufgeräumte Inkarnation kleinbürgerlicher Sehnsucht nach Geborgenheit. ... In diesem Moment kam mir der Gedanke wie ein Blitz. Die Gelegenheit war einmalig. Ich erlag der Versuchung fast in der gleichen Sekunde. Mit beiden

Händen packte ich den Rand des abgetretenen Teppichs, der den Boden bedeckte, und zog an ihm mit einem einzigen kräftigen Ruck. Die mächtige Stehlampe begann zu taumeln und stürzte mit gewaltigem Getöse auf den Boden, wobei sie den Glastisch splitternd mit sich riß. Innerhalb eines einzigen Augenblicks hatte ich die mit Sorgfalt komponierte Idylle in eine chaotische Trümmerwüste verwandelt ...

Hier war etwas geschehen, das uns jene Lust demonstriert, die wir aus dem Chaos, aus der Zerstörung gewinnen können, etwas, das sich in die Faszination von Katastrophen einfügt, der sich Menschen im allgemeinen nur schwer entziehen können.

Hierzu paßt, was Safranski (1997, S.326) schreibt: „Bei anderen suchen, was man bei sich nicht findet, oder es dort zerstören, weil man es bei sich vermißt – das sind auch Quellen der Verfeindungsenergien zwischen den Menschen." Zusammen mit einer gewissen Lust an der Zerstörung liefern uns diese Quellen einige Haltegriffe bei der Beantwortung der Frage, wie Kriegsbegeisterung, ja Kriegshysterie zu erklären sind und wie es kommt, daß schon ganze Völker vernichtet wurden. Aber an dieser Stelle muß auch noch einmal von dem Verhältnis zwischen Eigenbildern und Fremdbildern gesprochen werden.

Der *Ethnozentrismus* als Überhöhung des eigenen Volkes ist in Raum und Zeit weit verbreitet und muß auf alte biosoziale Mechanismen zurückgeführt werden (siehe hierzu z. B. Morris 1983, Reynolds et al. 1987, Verbeek 1993, Voland 1992, Vowinckel 1995). Zur *Xenophobie*, zum Fremdenhaß gesteigert, kann er sich in fürchterlichen Gewalttaten gegen „die Anderen" entladen. Wie stark ethnozentrisches Denken im Leben vieler Völker verwurzelt ist, zeigt sich darin, daß die Selbstbezeichnung oft „wahre Menschen" bedeutet; alle anderen werden als mehr oder weniger minderwertig eingestuft. Diese oft scharfe Trennung einer Außen- von der Innensphäre kommt unter anderem durch folgende Dichotomien zum Ausdruck (vgl. Antweiler 1994):

- Menschen, echte Menschen, Voll-Menschen *versus* Nicht-Menschen, Un-Menschen, Halb-Menschen;
- eigentliche, wahrhafte, fertige, auserwählte Menschen *versus* uneigentliche, unwesentliche Menschen, unfertige oder Mängelwesen;
- Verwandte *versus* Nicht-Verwandte;
- zivilisierte Menschen, gezähmte Tiere *versus* wilde Menschen, wilde Tiere;
- Kultur und Kulturland *versus* Natur und Naturland;
- rein *versus* unrein;
- gut und schön *versus* böse und häßlich;
- wahr, richtig, rechtens *versus* falsch, unrichtig, nicht rechtens;
- vernünftig *versus* komisch und lächerlich.

Wenn man sich daran erinnert, wie im Dritten Reich eine Trennung der „Untermenschen" von den „reinen Ariern" propagiert wurde, dann muß man hier dazu nicht mehr viel sagen. Man denke aber auch noch einmal an die auf S. 19 erwähnten Asmat. Daß uns das dichotome Denken „Wir und die Anderen" allerdings heute nach wie vor überall auf Schritt und Tritt begegnet, wird niemand leugnen, der auf den Straßen gelegentlich die Augen und Ohren offenhält.

Das „Wir-Gefühl" und die Ausgrenzung des Anderen, auch des Andersdenkenden, sind entscheidend dafür verantwortlich, daß noch jeder Diktator, jeder Tyrann Anhänger gefunden hat, die sich fanatisch für eine „gemeinsame Sache" begeistern können und zu jeder Bluttat bereit sind. Gezielte Demagogie mit nationalistischen Parolen hat selten ihre (destruktive) Wirkung verfehlt. Das Tötungsverbot hat beim Menschen zwar universellen Charakter, bezieht sich aber meist auf die Innensphäre. Schließlich bedeutete auch im Dekalog das Gebot „Du sollst nicht töten" ursprünglich nicht, daß *kein* Mensch jemals getötet werden darf. Das Alte Testament ist ohnehin vollbepackt mit Grausamkeiten, und ich kann jedem empfehlen, gelegentlich darin zu blättern, vor allem, um zu sehen, was von einem „allmächtigen Gott" tatsächlich zu halten ist, und wie sich Menschen ein Gottesbild zurechtzimmern, um ihre eigenen Taten zu rechtfertigen. So können wir z. B. folgendes lesen:

Jedoch von den Städten dieser Völker, die der Herr, dein Gott, dir zum Eigentum übergibt, sollst du überhaupt kein Wesen am Leben lassen. Mit dem Bann sollst du sie ausrotten, die Hethiter, Amoriter, Kanaaniter, Perissiter, Hiwwiter und Jebusiter, wie der Herr, dein Gott, dir geboten hat. Sie sollen euch nicht lehren, dergleichen Greueltaten zu tun, die sie ihren Göttern zu Ehren verübt haben, damit ihr nicht auch sündigt wider den Herrn, euren Gott (5 Moses 20, 16–18).

Im Namen Gottes, im Namen des Volkes, das sich seinerseits von Gott begünstigt sah, war also das Morden jederzeit erlaubt, ja sogar geboten. Noch heute wollen viele Menschen von dieser engen Verbindung von Religionen und Grausamkeiten nichts wissen, so wie ja viele auch nichts davon wissen wollen, daß wir die Anlagen zum wirklich Bösen in uns tragen und uns dabei nicht entschuldigend auf irgendwelche „höheren", „göttlichen" Mächte" berufen dürfen. Aber religiösen Fanatikern dienen solche „Mächte" nach wie vor als Rechtfertigung für Greueltaten gegen andere Menschen. Man hüte sich also vor den „Erleuchteten" und all jenen, die im Namen Gottes die Welt verbessern und von der Sünde befreien wollen und sich dazu aus „moralischen" Gründen berufen fühlen.

In der Folge werde ich zum einen diejenigen biologischen, evolutiven Mechanismen, die unser soziales Verhalten maßgeblich
bestimmen, ausführlicher erörtern, zum zweiten überhaupt den
Beitrag, den die Biologie zu einem Verständnis unserer Moral
und Unmoral leisten kann, umfassend darstellen. Stets werde ich
dabei dem Leitthema dieses Buches, der vom Bösen in seinen
verschiedenen Formen ausgehenden Faszination, die ihm ge-
bührende Aufmerksamkeit widmen.

3. Die (unterschätzte?) Macht der Gene

Um die Conditio humana
wirklich zu begreifen, muß man
den genetischen Beitrag
ebenso verstehen wie den kulturellen –
aber nicht auf die klassische natur-
und geisteswissenschaftliche Weise
als etwas Getrenntes,
sondern in Anerkennung der Realitäten
der menschlichen Evolution
als etwas Zusammengehörendes.

EDWARD O. WILSON

Von Schimpansen und Menschen

Wie eng *Homo sapiens* mit den Schimpansen genetisch verwandt ist, wurde bereits auf S. 26 gesagt, und die im letzten Kapitel angeführten Beobachtungen einiger Verhaltensweisen dieser Gattung lassen vielleicht manchen erschaudern: Verhalten sich Schimpansen schon „menschenartig"? Oder verhalten wir uns noch wie Schimpansen? Die genetischen und die Verhaltensähnlichkeiten zwischen Menschen und Schimpansen sind frappierend, und Diamond (1998) geht sogar so weit, den heutigen Menschen und die beiden Spezies der Schimpansen unter eine Gattung, die Gattung *Homo*, zu stellen. Auch wenn man diesem systematischen bzw. taxonomischen Vorschlag nicht folgt, bleibt die enge Verwandtschaft des *Homo sapiens* mit den Schimpansen und den anderen „Menschenaffen"(!), Gorilla und Orang-Utan, sowie knapp 200 weiteren Primatenarten unbestritten.

Zwar hat schon im 18. Jahrhundert Linné *Homo sapiens* mit dem Schimpansen und dem Gorilla in dieselbe Gattung gestellt, und ein Jahrhundert später konnte Darwin (1871 [1966, S. 78]) endgültig festhalten, „daß der Mensch in seinem Körperbau deutliche Spuren einer Abstammung von einer tiefer stehenden Form verrät" – dennoch (oder gerade deswegen?) waren Theologen, Philosophen, Sozialwissenschaftler und nicht wenige Biologen bemüht, die „Sondernatur" unserer Spezies hervorzuheben. Diese Bemühungen wirken oft krampfhaft, aber sie haben bis heute angehalten und erfahren ihre ständige Fortsetzung. Ich stimme hingegen mit Heschl (1998) überein, daß das „fiktive Naturwunder Mensch" niemals (außer in der eigenen Phantasie) existiert, sondern sich nach den Prinzipien der Evolution, in der Hauptsache Erbänderungen und Selektion, entwickelt hat und sich nach wie vor diesen Prinzipien gemäß entwickelt. In welche Richtung dieses vermeintliche Naturwunder gehen wird, bleibt offen, da in der Evolution grundsätzlich keine Richtungen vorgegeben sind: wie im Lotteriespiel – (fast) alles ist möglich (vgl. z. B. Wuketits 1998a).

Aber wie Darwin (1871) selbst mit bewundernswerter Klarheit darzulegen wußte, sind wir Menschen nicht nur hinsichtlich unseres Körperbaus eng mit den anderen Arten der Organismen – natürlich wiederum vor allem mit den anderen Primatenarten – verwandt, sondern auch unser Verhalten ist tief in unserer eigenen und der Evolution anderer Spezies verwurzelt, so daß eine Verbindung der Selektionstheorie mit der Verhaltensforschung historisch und sachlich geradezu zwingend war und ist (vgl. z. B. Gervet und Soleilhavoup 1997, Wuketits 1995b). Nehmen wir aber Darwin und die Evolutionslehre insgesamt ernst, dann ist unsere angenommene Sonderstellung in der Natur nicht nur für immer dahin (Ruse 1986a), sondern wir haben auch Grund für die Annahme, daß selbst unser moralisches bzw. unmoralisches Verhalten nichts weiter ist als die „Verlängerung" und „Verfeinerung" uralter, in der Stammesgeschichte entstandener Verhaltensweisen, die ursprünglich nichts mit moralischen Kategorien zu tun hatten, sehr wohl aber wichtige biosoziale Funktionen erfüllten (Wuketits 1993a,b). Wir sollten also die Schimpansen und ihre subtilen Verhaltensweisen nicht etwa ignorieren – wir können von ihnen lernen!

Eingedenk der vielen Mißverständnisse, die die Theorie Darwins (Sozialdarwinismus!) verursacht hat und die Verhaltensforschung und Soziobiologie (keineswegs bloß durch ein „fahrlässiges" Verhalten ihrer Vertreter) nach wie vor verursachen, ist es nötig zu betonen, daß „von Schimpansen lernen" nicht bedeutet, daß wir Menschen das Verhalten dieser Primaten *nach-*

ahmen oder uns zum Vorbild nehmen sollen. Aber ich möchte gern meiner Überzeugung Ausdruck verleihen, daß wir vom Studium der Schimpansen – sicher auch vom Studium anderer Tiere, aber von dem der Schimpansen ganz besonders – einiges für das Verständnis unseres eigenen Verhaltens gewinnen können. Waal (1983, S. 218) drückt seine diesbezügliche Überzeugung auf der Basis eigener Erfahrungen folgendermaßen aus:

Aristoteles konnte, als er den Menschen ein politisches Tier – ›Zoon politikon‹ – nannte, noch nicht wissen, wie treffend seine Wortprägung war. In der Tat scheint unsere politische Aktivität Teil eines Erbes der Evolution zu sein, das wir mit unseren nächsten Verwandten teilen. Hätte mir das jemand vor meiner Arbeit in Arnheim gesagt, hätte ich die Idee sicher als überzogene Analogie abgetan. Eben diese Arbeit aber hat mir gezeigt, daß die Wurzeln der Politik über die Anfänge der Menschheit zurück reichen. Der Vorwurf, ich hätte bewußt oder unbewußt menschliche Verhaltensmuster auf Schimpansen übertragen, wäre ungerechtfertigt – eher trifft das Gegenteil zu; die Kenntnis ihres Verhaltens und meine Erfahrungen mit ihnen zeigen mir die Menschen in einem neuen Licht.

Man wird hier an den oft zitierten Ausspruch Darwins erinnert, daß der, der einen Pavian versteht, mehr für die Philosophie tut als (der Philosoph) John Locke. Leider haben viele Philosophen, insbesondere im deutschen Sprachraum, diese Botschaft entweder überhaupt nicht wahrgenommen, oder sie haben sie ignoriert oder sogar bekämpft, um eben die besondere Stellung des Menschen in der Welt zu verteidigen.

Was hat der Mensch eigentlich gegen Paviane und Schimpansen? Warum sträubt er sich gegen seine Verwandtschaft mit diesen Kreaturen? Warum will er sich um jeden Preis von ihnen abgrenzen? In jedem Zoo sind die Affenkäfige eine besondere

Attraktion, jedes Kind ist begeistert vom Verhalten der Affen, und auch jeder interessierte Erwachsene bleibt vor dem Affen- oder Menschenaffengehege länger stehen als vor den Käfigen der meisten anderen Tiere. Vielleicht, weil er sein eigenes Spiegelbild vorgesetzt bekommt (?). Aber möglicherweise auch, weil er eben dieses Spiegelbild abstoßend empfindet und mit jenen „niederen Kreaturen" nichts zu tun haben will. Darwin wußte, wovon er sprach, und es ist heute nach wie vor eine Beleidigung für viele Menschen, mit Affen in Verbindung gebracht zu werden (vor allem für jene, die sich besonders „affig" verhalten). Vielleicht wäre es für viele Leute weniger beleidigend zu wissen, daß der Mensch in direkter Linie von Bären abstammt und mit den rezenten Braunbären eng verwandt ist. Da das aber nun einmal nicht der Fall ist, müssen wir mit Schimpansen vorlieb nehmen und auch Gibbons oder Paviane als recht enge Verwandte akzeptieren. Statt sie als „niedere Kreaturen" herablassend zu behandeln, sollten wir von diesen Tieren tatsächlich aufschlußreiche Erkenntnisse über die Grundlagen unseres eigenen Verhaltens erwarten.

Schimpansen sind für das Studium des Sozialverhaltens hochinteressante Lebewesen. Sie sind sehr lernfähig, ihre Jungen beobachten die Alten bei diversen Aktivitäten und können sie imitieren, so daß bestimmte Fertigkeiten durch „Lehren" tradiert werden. Sie teilen Nahrung und können sich insgesamt sehr altruistisch verhalten; sie bilden Bündnisse und Koalitionen und kennen Taktiken der gegenseitigen Täuschung. Sie können aber auch äußerst aggressiv gegen Artgenossen vorgehen. Alle diese Eigenschaften sind uns von unserer eigenen Spezies gut bekannt, nur sind sie bei dieser viel besser ausgeprägt.

Sein Gehirn erlaubte dem *Homo sapiens* die Entwicklung der Sprache und Schrift und verleiht ihm daher viel komplexere und subtilere Mittel des Lernens und Lehrens. Auch die spezifische Ausprägung der anderen Fähigkeiten verdankt unsere Spezies ihrem Gehirn, das in der Evolution, während der letzten 2 bis 3 Jahrmillionen, ein ziemlich rasantes Wachstum sowohl in quantitativer, als auch in qualitativer Hinsicht durchgemacht hat. Somit kennen wir altruistisches Verhalten in ebenso subtiler Form wie die Taktiken der Manipulation oder Täuschung; Bündnisse und Koalitionen haben in unseren politischen Parteien und anderen politischen und wirtschaftlichen Organisationen eine neue Dimension erreicht. Aggressives Verhalten schließlich unterstützen wir durch Waffen und Waffensysteme, und kraft unseres Bewußtseins können wir einen Mord langfristig und in vielen Details planen. Der wichtigste Unterschied zwischen Schimpansen und Menschen besteht aber wohl darin, daß letztere ihr Verhalten nach moralischen Kriterien beurteilen können und zwischen Gut und Böse unterscheiden. Zwar „weiß", wie man aus allen bisherigen Beobachtungen schließen kann, auch ein Schimpanse mitunter, daß er dieses oder jenes nicht hätte tun sollen, aber noch kam kein Schimpanse jemals auf die Idee, eine „Moraltabelle" ähnlich der der Zehn Gebote zu erstellen (was in Ermangelung entsprechender Kommunikationsmöglichkeiten auch ein müßiges Unterfangen wäre).

Handelt es sich aber bei den Ähnlichkeiten im Verhalten der Schimpansen und des Menschen um bloße Analogien? Wohl nicht. Wenn wir unsere „Affenverwandtschaft" nicht mehr leugnen, dann erkennen wir, daß die Fähigkeiten, die wir mit den Schimpansen bzw. diese mit uns teilen, auf gemeinsame Mechanismen zurückführbar sind. Natürlich sind die Schimpansen nicht unsere Vorfahren (sie wären ja sonst nicht mehr da), sondern eine Linie, die sich eigenständig entwickelt hat, allerdings auf derselben phylogenetischen Basis wie die menschliche. Wer die Methodologie der Verhaltensforschung nicht mißversteht, dem ist klar, daß es beim „Tier-Mensch-Vergleich" weder um eine Vermenschlichung von Tieren geht, noch um eine Reduktion des Menschen auf andere Lebewesen, sondern um die Ergründung gemeinsamer Wurzeln des Verhaltens auf der Basis der Evolutionstheorie. Ich betone das, weil ich schon da und dort den Einwurf höre: „Der Mensch ist kein Schimpanse!" Nein, das ist er nicht, und ebensowenig ist der Schimpanse ein Mensch. Aber wenn wir das Verhalten von Schimpansen mit dem Verhalten von Menschen vergleichen, dann sehen wir Ähnlichkeiten, die wir nicht als belanglos abtun dürfen.

Es ist daher verständlich, daß Forscher, die ihre Arbeit den Schimpansen widmen, nicht nur viel Interessantes über diese Primaten erfahren, sondern ihre Arbeit letztlich als einen veritablen Beitrag zur Kenntnis der Menschennatur sehen. Es wäre töricht, wollte sich jemand dem Wissen verschließen, das aus dieser Quelle reichlich fließt.

Nun sind aus der Sicht der *Soziobiologie* alle Formen des (sozialen) Verhaltens, sei es bei Menschen, bei Schimpansen oder bei anderen (in Gruppen lebenden) Organismenarten auf genetischer Grundlage erklärbar (zur Übersicht siehe Barash 1980, Voland 1993, Wilson 1975, Wuketits 1997a). Die soziobiologische Perspektive hat viele Kritiker auf den Plan gerufen, sachkundige und weniger sachkundige, vor allem aber ideologisch motivierte, so daß die Diskussion einige Zeit nicht gerade sehr sachlich geführt wurde (zu den Kontroversen siehe Wuketits 1990a). Da die Soziobiologie aber wichtige Implikationen gerade zu moralischen Fragen enthält, ist sie im vorliegenden Rahmen unverzichtbar.

Von eigennützigen und uneigennützigen Genen

Der Stein des Anstoßes waren – und sind natürlich nach wie vor – Redeweisen wie die von der „Moralität des Gens" (Ruse 1984, Wilson 1975) oder gar vom „egoistischen Gen" (Dawkins 1994). Auch vom „uneigennützigen Gen" war schon die Rede (Spinney 1997). Wie kann man *Genen* solche Eigenschaften zuschreiben? Moralität, also Sittlichkeit, Egoismus oder sein Gegenteil, Altruismus bzw. Uneigennützigkeit, sind Eigenschaften, die traditionellerweise nur dem Menschen zugeschrieben werden, nicht einmal anderen Lebewesen, und schon gar nicht Genen. „Aus der Strategie der Gene", empört sich Knapp (1987, S. 149), „versucht man, eine *Total*erklärung abzuleiten für alle ... Erscheinungen im Reich des Lebendigen einschließlich des Menschen, seines Verhaltens, seiner Kultur, Ethik und Religion."

Kritiker der Soziobiologie übersehen gern, daß deren Vertreter häufig mit Metaphern arbeiten, ohne wirklich zu glauben, daß Gene egoistisch oder altruistisch sind. Wobei es allerdings vielen von ihnen, ich meine vielen der Kritiker, nicht so unangenehm wäre, ließen sich tatsächlich altruistische Gene finden, weil damit der biologische bzw. genetische Beweis dafür erbracht wäre, daß der Mensch von Natur aus gut ist.

Sollten im umgekehrten Fall egoistische Gene nachgewiesen werden, dann gäbe es wahrscheinlich einen Aufschrei, denn unsere Hoffnung auf den moralisch hochstehenden Menschen müßte dann schwinden. Sicher, die Aufgabe der Wissenschaft besteht keineswegs darin, Hoffnungen zu untergraben oder zu stützen, aber viele Menschen suchen eben in der Wissenschaft Zuflucht, um befriedigende Antworten auf die sie existentiell beschäftigenden und bedrängenden Fragen zu erhalten. Die vielleicht größte Angst rührt da her, daß die Biologie den Nachweis führen könnte, daß wir von Natur aus *determiniert*, also in unserem Verhalten und Handeln *bestimmt* sind und nicht frei entscheiden können. In diesem Fall wäre jede Diskussion über Moral und Unmoral, d. h. über konkretes moralisches oder unmoralisches Handeln eigentlich überflüssig. Nun möchte ich vorausschicken, daß die Soziobiologie keine deterministische Verhaltenstheorie ist und uns von moralischen Fragen keineswegs entbindet. Aber sie kann verdeutlichen, warum sich Menschen in dieser oder jener Situation eben unmoralisch verhalten und wir überhaupt mit der Moral so große Schwierigkeiten haben.

Doch zunächst empfiehlt es sich, der soziobiologischen Metaphorik Aufmerksamkeit zu schenken. Immerhin wurden damit verschiedene Fragen betreffend unser soziales bzw. moralisches Verhalten aus neuer Perspektive aufgeworfen. Dawkins (1994, S. 25) schreibt folgendes:

Wie erfolgreiche Chicagoer Gangster haben unsere Gene in einer Welt intensiven Existenzkampfes überlebt – in einigen Fällen mehrere Millionen Jahre. Auf Grund dessen können wir ihnen bestimmte Eigenschaften unterstellen. Ich würde argumentieren, daß eine vorherrschende Eigenschaft, die wir bei einem erfolgreichen Gen erwarten müssen, ein skrupelloser Egoismus ist. Dieser Egoismus des Gens wird gewöhnlich egoistisches Verhalten des Individuums herrufen.

Die Stadt Chicago ist derzeit zwar nicht mehr das beste Beispiel für Gangstertum, aber das tut nichts zur Sache. Worauf Dawkins abzielt, ist, daß unsere Vorfahren in einer Welt lebten, die ihnen nicht gerade freundlich gesinnt war. Aber auch Wölfen, Pavianen, Gorillas oder Schimpansen ist ihre natürliche Umwelt nicht freundlich gesinnt. Sie müssen sich durchsetzen gegen die Unbilde der Natur, vor allem gegen die Konkurrenten unter ihren Artgenossen und gegen andere Arten. In der Wildnis wird niemandem etwas geschenkt. So mußten sich auch unsere prähistorischen Ahnen gegen alle möglichen Gefahren schützen, sie mußten gegen ihre Feinde kämpfen und zugleich ständig Nahrung erbeuten, und es ist naheliegend, daß nur die robusten unter ihnen überlebten, d. h. das Forpflanzungsalter erreichten und ihre Gene weitergeben konnten.

Wer die Natur nicht mit verträumtem Blick betrachtet, kann leicht erkennen, daß das Leben der Organismen von einem ausgeprägten *Fortpflanzungsinteresse* bestimmt wird (Alexander 1987, 1988), das zu allerlei Konflikten führt. Der Ausdruck „Interesse" sollte nicht falsch verstanden werden. Den reproduktiven Aktivitäten der Lebewesen werden keine Absichten unterstellt. Aber alle Lebewesen sind von ihrer genetischen Disposition her dazu geschaffen, sich fortzupflanzen und alles zu tun, was ihre eigene Reproduktion ermöglicht. Vor allem gehört dazu die ständige Sicherung von Nahrung, aber auch von Raum für die Aufzucht der Jungen.

In diesem Zusammenhang haben sich viele Verhaltensstrategien als vorteilhaft erwiesen. Wir kommen im nächsten Kapitel darauf zurück und werden sehen, daß sich Lebewesen ausgesprochen egoistisch verhalten, im Dienste ihrer Fortpflanzungsinteressen aber auch zu erstaunlicher Kooperation fähig sind und sich sogar altruistisch verhalten können. Gibt es dafür spezielle, eigennützige und uneigennützige Gene?

Dawkins (1994) hinterläßt durchaus den Eindruck, daß Gene sozusagen autonome Einheiten des Lebens sind und alles im Leben der Organismen bestimmen, so daß letztere praktisch nur als „Gepäckträger" ihrer Gene erscheinen. Seiner Argumentation zufolge sind Lebewesen Überlebensmaschinen und Vehikel ihrer eigenen Gene. Eine Katze, die miaut, würde das nur deshalb tun, weil sie von ihren Genen dazu veranlaßt wird. Und eine Mutter, die sich um ihre Kinder kümmert, würde gleichsam auf Befehl ihrer Gene handeln. Eine solche Argumentationsweise ist auch in der Biologie recht ungewöhnlich, aber sie muß deshalb nicht falsch sein.

Aus meiner Sicht kann es nicht darum gehen, Gene und Organismen als separate Entitäten zu betrachten, von denen die einen, die Gene, gewissermaßen Macht über die anderen, die Organismen, ausüben. Worauf die Soziobiologie insgesamt unseren Blick gelenkt hat, ist die „Kraft" genetischer Dispositionen, die natürlich untrennbar mit den Lebewesen verbunden sind. Wenn daher beispielsweise eine Katze irgendwelche Laute von sich gibt, dann selbstverständlich als *ganzer* Organismus – ihre Gene miauen sicher nicht, aber ihr ganzes Verhalten ist nicht zuletzt Ausdruck ihrer genetischen Anlagen, die sich selbst in der Evolution durch natürliche Auslese entwickelt und stabilisiert haben.

Organismen sind, wie auch Dawkins (1998) betont, keine passiven Gefäße für Gene und DNA. Sie sind sehr komplexe Gebilde, die meisten von ihnen bestehen aus Millionen und Abermillionen Zellen, komplexen Organen wie Ohren und Augen, besitzen die Fähigkeit der Fortbewegung usw. Die Individuen einer Art sind über viele Generationen miteinander durch einen „Genfluß" verbunden, und die natürliche Auslese wählt diejenigen Gene aus, die für ihre jeweiligen „Träger" den relativ größeren Nutzen haben. Also:

Auf lange Sicht füllt sich der Fluß mit Genen, die aus verschiedenen Gründen gut für das Überleben geeignet sind: weil sie die Fähigkeit zum Speerwerfen ein wenig verbessern, weil sie das Schmecken von Giften erleichtern, oder was es auch sonst sein mag. Gene, die im Durchschnitt weniger gut zum Über-

leben beitragen – vielleicht, weil sie zum Astigmatismus führen,
so daß ihre aufeinanderfolgenden Körper schlechtere Speer-
werfer sind, oder weil sie ihre aufeinanderfolgenden Körper
weniger attraktiv machen, so daß sie schwerer einen Partner
finden – werden aus dem Fluß der Gene verschwinden … In dem
Fluß bleiben diejenigen Gene erhalten, die in der durchschnitt-
lichen Umwelt der jeweiligen Art gut für das Überleben sind
(Dawkins 1998, S. 41).

Freilich muß man dabei stets bedenken, daß die Evolution durch natürliche Auslese relativ langsam operiert. Und sie operiert nicht sehr „weitsichtig": Sie wählt diejenigen Gene aus, die für einen bestimmten Lebensraum tauglich sind, aber der Lebensraum ändert sich im Laufe der Zeit, vorteilhafte genetische Anlagen können sich also in Nachteile verwandeln.

Ich möchte in diesem Zusammenhang drei Punkte hervorheben, die vielleicht ein wenig zur Beseitigung von Mißverständnissen um die Soziobiologie beitragen können (siehe auch Wuketits 1997a):

1. Nach unserem heutigen Verständnis codieren Gene Strukturen und Funktionen (sowie auch Verhaltensleistungen) der Lebewesen auf sehr komplexe Weise – das genetische System eines Organismus ist sehr komplex und nicht als lineare Kette von Genen zu denken, die voneinander unabhängig jeweils ein bestimmtes Merkmal hervorbringen. Außerdem muß man annehmen, daß Gene in komplexer Wechselwirkung mit Umweltfaktoren stehen, worüber wir heute allerdings noch nicht ausreichend informiert sind.

2. Soziobiologen sind durchaus davon überzeugt, daß die genetische Programmierung des (sozialen) Verhaltens nicht bedeutet, die individuelle Verhaltensvariation sei irrelevant.

Wie schon im Rahmen der klassischen Verhaltensforschung die Bedeutung des *Lernens* erkannt und gewürdigt wurde, so ist es auch in der Soziobiologie klar, daß dem Faktor Lernen und damit der individuellen Flexibilität (insbesondere bei Vögeln und Säugetieren) ein hoher Stellenwert zukommt. Es besteht also kein Grund, die alte – unfruchtbare – Erbanlage/Umwelt-Debatte wieder zu beleben.

3. Die Unterscheidung zwischen Genen und Organismen, etwas abstrakter: *Replikatoren* und *Vehikeln*, die von einigen Soziobiologen eingeführt wurde, ist durchaus sinnvoll, auch wenn man beide im engen Zusammenhang sehen muß. Gene sind als Informationsspeicher potentiell unsterblich und gewährleisten die Kontinuität des Lebens. Die Organismen aber sind sterblich, im allgemeinen sogar ziemlich kurzlebig.

Die Grundannahme der Soziobiologen, daß Gene dazu tendieren, sich möglichst auszubreiten und viele Kopien von sich selbst herzustellen, ist auch in dieser metaphorischen Redeweise bedeutsam. Denn sie wirft Licht auf die scheinbar triviale Frage, warum sich Lebewesen überhaupt fortpflanzen. Die Antwort darauf klingt in soziobiologischer Perspektive plausibel: Eine (genetische) Neigung zur Kinderlosigkeit wäre evolutiv ein Widerspruch in sich und hätte keine große Zukunft. In diesem Sinne betont Barash (1980, S. 85) folgendes: „Das biologische Gebot zur Fortpflanzung ist universell strikt, da der Nachwuchs letztlich das primäre Werkzeug ist, um die genetische Repräsentation in der nächsten Generation sicherzustellen."

Aber eines müssen wir uns natürlich vor Augen führen: Die Fortpflanzung der Lebewesen erfolgt unter keinerlei moralischen Gesichtspunkten, und alle robusten Gene, die von der

natürlichen Auslese gefördert werden, werden nicht nach moralischen Kriterien ausgewählt, da die Selektion keine Moral
kennt. Warum soziobiologische Überlegungen trotzdem für
ethische Fragen von Bedeutung sind, hoffe ich in der Folge deutlich machen zu können.

Sex, Moral und Unmoral

Möge in den reproduktiven Aktivitäten der Lebewesen auch kein Quentchen Moral stecken, so bildet die Fortpflanzung *beim Menschen* einen besonderen Zielpunkt für ethische Fragen, und der Geschlechtsakt selbst wurde – zumal im christlichen Abendland – Gegenstand vieler moralischer Normen, Gebote, Verbote und Tabus. Daher tritt das Böse in seinen verschiedenen Formen in diesem Zusammenhang besonders häufig hervor, auch als das wirklich Böse, und zwar immer dann, wenn Gewalt mit im Spiel ist. Von der sexuellen Belästigung über den sexuellen Mißbrauch von Minderjährigen, Vergewaltigung und sexuelle Nötigung bis zum sexuellen Mord reicht die dunkle Seite einer ansonsten ganz wundervollen Sache (vgl. Gödtel 1994). Da nach manchen, vor allem von der traditionellen katholischen Sexualethik diktierten Vorstellungen der Sexualakt nichts Wundervolles an sich haben darf, sind auch Pornographie, Prostitution, vor- und außerehelicher Geschlechtsverkehr und verschiedene Sexualpraktiken in den Dunstkreis des Bösen geraten.

Ein besonders geeignetes Beispiel ist die *Homosexualität*, die nach wie vor in breiten Kreisen selbst unserer angeblich aufgeklärten Gesellschaft als unmoralisch gilt und oft sogar kriminalisiert wird. „Du darfst einem Mann", heißt es im Alten Testament (3 Moses 18, 22), „nicht beiwohnen, wie man einer Frau beiwohnt, das wäre ein Greuel." Die Strafe dafür sollte drakonisch sein: " ... beide ... sollen des Todes sterben; Blutschuld belastet sie" (3 Moses 20, 13). Ein Grund für die Verteufelung und Verfolgung Homosexueller war (und ist) sicher die Annahme, daß ihr Verhalten widernatürlich sei. Diese Annahme bezieht sich jedoch auch auf andere Formen der Sexualität. Als *pervers* werden traditionellerweise oft jene Sexualpraktiken bezeichnet, die entweder nicht der Fortpflanzung dienen, oder – angeblich – widernatürlich sind. (Beide Behauptungen hängen freilich eng zusammen.) Dahl (1995) weist ausdrücklich auf den Fehler hin, der aus einer Verbindung des Natürlichen mit dem Guten oder Bösen resultieren kann. Man beachte folgende Annahmen und Schlußfolgerungen:

Annahme 1: Homosexualität kommt in der Natur (bei Tieren) nicht vor. Wenn sie der Mensch praktiziert, tut er daher etwas moralisch Falsches.

Annahme 2: Homosexualität kommt in der Natur (bei Tieren) vor. Der Mensch handelt als Homosexueller daher moralisch richtig.

Annahme 3: Homosexualität kommt nur beim Menschen vor. Sie unterstreicht damit die Einmaligkeit und Einzigartigkeit unserer Spezies und bildet den Gipfelpunkt der Sexualität.

Alle drei Annahmen und Schlußfolgerungen sind ethisch unbrauchbar. Aus der Tierwelt kennt man in der Tat viele Beispiele für homosexuelles Verhalten. Daher bemerkten Ford und Beach (1954), daß wohl den meisten Säugetierarten die Tendenz innewohnt, das Sexualverhalten sozusagen umzukehren.[4] Vielleicht ist das eine Übertreibung, aber egal, wenn sich Maulwürfe, Füchse oder Braunbären gelegentlich homosexuell verhalten, braucht das für uns moralisch überhaupt nichts zu bedeuten. Das Töten von Artgenossen ist ja in der Natur auch

---

4 Aus der Sicht der Soziobiologie gibt es mit der Homosexualität übrigens keine Probleme. Das Konzept der inklusiven Eignung sieht vor, daß auch Individuen, die sich nicht selbst fortpflanzen, ihren Beitrag zu der Sozietät leisten, in der sie leben. Da sie sich nicht um eigene Nachkommen kümmern müssen, können sie ihre Geschwister bei der Fortpflanzung bzw. der Aufzucht von Jungen unterstützen. Sie fördern somit die Gesamtfitness ihrer Gruppe (vgl. S. 123).

weit verbreitet, und wir dürfen daraus doch nicht die Schluß-folgerung ziehen, daß das auch für uns gut sei. Wenn endlich Homosexualität spezifisch menschlich wäre, dann sollten wir sie nicht als den Gipfelpunkt der Sexualität hinstellen, weil das eine Diskriminierung der Heterosexuellen bedeuten würde.

Moralisch gesehen ist also Homosexualität weder gut, noch böse. Sie kommt vor, beim Menschen und bei anderen Säu-getieren, es liegt nur an uns, damit „richtig" umzugehen. Das bedeutet: zu akzeptieren, daß es Menschen mit unterschied-lichen sexuellen Neigungen gibt, die diese Neigungen auch so-lange pflegen dürfen, solange sie keinem anderen damit Gewalt antun. Gleiches gilt selbstverständlich für alle anderen sexuel-len Neigungen und Praktiken, die in den Betten, auf Küchen-tischen oder auf den Fußböden der Wohnungen von mündigen Erwachsenen in deren gegenseitigem Einverständnis vollzogen werden.

Man darf die Behauptung aufstellen, daß gerade besonders „puritanisch" erzogene Menschen vielen Formen der Sexualität, die ihnen vorenthalten oder als böse oder zumindest als unsitt-lich hingestellt wurden, besondere Aufmerksamkeit widmen. Das Verbotene übt eben eine besondere Faszination aus. Wenn ein Vater seinem heranwachsenden Sohn ausdrücklich bestimm-te Videofilme verbietet, dann wird der Sohn mit Spannung jenen Moment abwarten, in dem er besagte Filme unbeobachtet sehen kann. Wahrscheinlich wird er dann auch die Doppelmoral seines Vaters erkennen. Es ist, glaube ich, nicht nötig, sich hier darüber weiter auszulassen. Die blühende Pornoindustrie spricht ihre eigene Sprache, und die Moralapostel mögen ihren Zeigefinger erheben – es wird nur nichts nützen, so wie alle Ver-bote und Gebote etwa der katholischen Kirche die vielen For-men der Sexualität letztlich nicht aus der Welt zu schaffen vermochten. Das *Zölibat*, das sie ihren Vertretern auferlegt, schafft eine Menge Probleme, selbst für viele von denen, die sich ernsthaft bemühen, danach zu leben. Der Geist mag stark sein, doch das Fleisch bleibt schwach. Biologisch gesehen handelt es sich dabei um eine Trivialität.

Von Natur aus ist der Mensch, wie alle anderen Lebewesen, dazu geschaffen, sich fortzupflanzen. Seine Evolutionswege haben dazu geführt, daß er beim Koitus Lust empfindet, so daß er diesen auch vollzieht, wenn er – aufgrund rationaler Entscheidung – *keine* eigenen Nachkommen produzieren will. Die Alternativen seiner Zivilisation bieten dem *Homo sapiens* heute genügend Anlaß zur reproduktiven Selbstbeschränkung (Schröder 1995). Er hat daher Verhütungsmittel erfunden und in vielen Ländern die Abtreibung legalisiert. Würde man also strikt das Argument der „Natürlichkeit" verfolgen, dann handelte es sich hierbei stets um eine „widernatürliche" Vorgehensweise. Aber wir müssen zur Kenntnis nehmen, daß der Mensch in seinen unterschiedlichen Kulturen bzw. Gesellschaften auf seine Fähigkeit zur Fortpflanzung - aus kulturellen bzw. sozialen Gründen – auch unterschiedlich reagiert hat. Daher gibt es, weltweit gesehen, neben der Antibabypille (eigentlich kein schönes Wort) auch den Infantizid. Biologische Vorgaben können mithin sehr verschiedene kulturelle Verhaltensweisen auslösen.

Welche dieser Verhaltensweisen ist nun moralisch, welche unmoralisch? Da es keine absoluten Werte und Normen gibt, ist diese Frage auch nicht verbindlich zu beantworten. Auf die Natur können wir uns, wie gesagt, nicht verlassen. Schließlich ist in der Natur alles erlaubt, was den Fortpflanzungsinteressen der Lebewesen dient. Aber es ist, wie Vogel (1992, S. 182) bemerkt, „unübersehbar, daß ein Sollen auch an ein Können gebunden sein muß, wenn wir uns nicht mit einer reinen Postulaten-Ethik begnügen wollen". Damit dürfen wir uns tatsächlich nicht begnügen. Unser Können liegt in unserer biosozialen Natur begründet – und nicht in den Vorschriften der katholischen Kirche oder in den Ideen des Gesetzgebers (der dann noch womöglich von einer christlich-konservativen Weltsicht geprägt ist). Gerade jemand, der meint, in das menschliche Verhalten korrigierend eingreifen zu müssen, wäre gut beraten, sich ein wenig mit Biologie zu beschäftigen, vor allem mit Evolutionsbiologie und den evolutiven Grundlagen des Sozialverhaltens. Sehr wenige Juristen haben erkannt, daß eine erfolgreiche Gesetzgebung nur auf dem Boden der Evolutionsbiologie möglich ist (z. B. Gruter 1993, Helsper 1989, Kadlec 1976). Das hat mehrere Gründe.

Einer davon liegt sicher in dem verbreiteten Glauben, daß der Mensch seinen (in der Evolution erworbenen) Anlagen gemäß schlecht, böse sei und daher „gezähmt" werden müsse. Daß sich hinter diesem Glauben und dem Anspruch, „den Menschen" verbessern zu können, ja, verbessern zu müssen, Herrschaftsinteressen verbergen, die dann letztlich wiederum nur in der menschlichen Natur liegen (Dominanzstreben!), steht auf einem anderen Blatt. Ein anderer Grund für die Abkoppelung von Moral und Recht von der Evolutionsbiologie liegt sicher in den unseligen Konsequenzen des Sozialdarwinismus, dessen Vertreter auf krude Weise die Natur als Maßstab für menschliches Verhalten genommen haben, wovor wir in der Tat Angst haben müssen. Aber die sozialdarwinistischen Entgleisungen können nicht bedeuten, daß die Erkenntnisse der Evolutionsbiologie für uns keine Relevanz haben. Es geht, noch einmal, nicht darum, uns verschiedene Tiere als Vorbild zu nehmen. Es ist aber falsch, unsere Genealogie mit den Tieren zu leugnen und zu hoffen, daß wir unsere natürlichen Anlagen – die in vielen

Jahrmillionen entwickelt wurden und etwa für das Zölibat nicht geschaffen sind – einfach abstreifen können.

Pugh (1978, S. 29) schreibt: „From an evolutionary point of view, the innate human ‚values' are simply inherited decision criteria that were built into the human species during the process of evolution." („Unter evolutionärem Gesichtspunkt sind die angeborenen ‚Werte' des Menschen einfach ererbte Entscheidungskriterien, die in unsere Spezies im Evolutionsprozeß eingebaut wurden.") Ein dem Zölibat verpflichteter katholischer Priester muß demnach notgedrungenerweise immer wieder in Versuchung geraten: Die Evolution gibt ihm vor, eine oder mehrere Frauen zu begehren, aber seine Kirche gebietet ihm strikt, keusch zu bleiben. Es darf uns überhaupt nicht wundern, wenn in vielen Fällen die Evolution das stärkere Entscheidungskriterium liefert ...

Im übrigen bringt uns das gleich zu einem weiteren delikaten Thema. In unserem Kulturkreis ist die *Monogamie* oder Einehe die moralische und rechtliche Norm für Partnerschaftsbeziehungen. Die Monogamie aber ist nicht nur in der Tierwelt, sondern auch beim Menschen die seltenste Form der Beziehung der Geschlechter zueinander. Von 849 bekannten und untersuchten menschlichen Sozietäten sind lediglich 16 Prozent (!) vom Gesetz her monogam, der Rest erlaubt die *Polygamie*, Vielweiberei und (seltener) Vielmännerei (vgl. Sommer 1993; siehe z. B. auch Fox 1967). Daß die vom Gesetz her geregelte Monogamie keineswegs die lebenslange sexuelle Treue zweier Partner garantiert, muß im Hinblick auf die hohen Scheidungsraten und die Dunkelziffer der „Seitensprünge" nicht weiter begründet werden. Aus soziobiologischer Sicht ist die Monogamie daher nur ein „Kompromiß, der bei manchen Arten und Sozietäten unter spezifischen Lebensbedingungen geschlossen wurde, damit aus der zweigeschlechtlichen Fortpflanzungskonkurrenz nicht nur Verlierer hervorgehen" (Wuketits 1997a, S. 128). Das Verbot der Polygamie hat nichts mit unseren biologischen Neigungen zu tun – es widerspricht ihnen –, sondern entspricht juristischen Spitzfindigkeiten im Zusammenhang mit dem Scheidungs- und Erbrecht und dem Interesse der Regierungen, überschaubare soziale Strukturen vor sich zu haben. Aber bekanntlich muß man jene Personen, mit denen man sexuelle Kontakte pflegt, nicht heiraten. Daher kann das Verbot der Polygamie zumindest juristisch problemlos umgangen werden.

Was soll man nun daraus folgern? Will ich zur Untreue aufrufen? Gewiß nicht. (Es wäre auch nicht nötig, denn die vielen untreuen Ehemänner und -frauen bedürfen meiner Aufforderung sowieso nicht.) Aber man muß sich eben ernsthaft fragen, warum bestimmte Verhaltensweisen so häufig sind, obwohl man versucht, sie durch moralische Vorschriften und Gesetze zu verhindern. Man verstehe mich nicht falsch. Daß der Mensch zur Polygamie neigt (was Teil seiner genetischen Neigungsstruktur ist) bedeutet ja nicht, daß er nicht zur monogamen Partnerschaft fähig ist oder daß tatsächlich *jeder* seinen Ehepartner betrügt.

Seine Kultur ermöglicht es dem Menschen, auf seine genetischen Dispositionen sehr unterschiedlich zu reagieren, was etwa aus dem unterschiedlichen Umgang einzelner *Kulturen* mit der Neigung zur Polygamie ersichtlich ist. In den meisten Kulturen ist sie erlaubt, so daß es damit auch keine moralischen Probleme gibt. Dort, wo sie nicht erlaubt ist, werden eben moralische Probleme erzeugt. Prostitution beispielsweise kommt der polygamen Neigung entgegen, gilt aber in unseren Breiten nach wie vor als verpönt und ist in manchen ihrer Formen (z. B. Straßenprostitution) in vielen Städten verboten. Keine Gesellschaft aber erlaubt unterschiedslose und beliebige Heiraten bzw. sexuelle Beziehungen zwischen ihren Mitgliedern (Vivelo 1988). Die wirklich „freie Liebe" ist eine kulturelle Illusion, so wie das Gebot der Keuschheit bzw. seine strikte Befolgung eine biologische Illusion ist. Hier liegt ein schönes Beispiel dafür vor, was Campbell (1975a, b) als Konflikt zwischen biologischer und sozialer Evolution (und moralischer Tradition) diskutiert hat.

Zum Abschluß dieses Kapitels noch zwei Bemerkungen. Erstens haben wir die Macht unserer Gene, d. h. unserer genetischen, in relativ langen stammesgeschichtlichen Zeiträumen entstandenen (und durch die natürliche Auslese stabilisierten) Anlagen bisher wahrscheinlich stark unterschätzt. Trotzdem halte ich den Glauben für verfehlt, daß nun jede einzelne unserer komplexen Verhaltensweisen in einzelnen Genen zu finden sein wird. Zweitens ist es falsch, in unserem Verhalten bzw. manchen seiner Aspekte *Widernatürlichkeit* zu vermuten, so wie es falsch wäre, bestimmte moralische Normen wie die der Monogamie in unserer Kultur deshalb als *natürlich* anzusehen, weil sie auch bei einigen Tieren (z. B. Gänsen) vorkommt. Polygamie ist in der Tierwelt viel weiter verbreitet. Das Argument ließe sich also sehr leicht umdrehen. Wie schon gesagt, die Tierwelt liefert uns keine moralischen Vorgaben. Über Moral und Unmoral müssen wir selbst entscheiden. Aber je weniger wir bei dieser Entscheidung unsere biologischen, in der Tierwelt entstandenen (!) Neigungen berücksichtigen, um so stärker laufen wir Gefahr, mit unseren Moralsystemen Schiffbruch zu erleiden. Schließlich ist jede unserer Verhaltensweisen, die wir von unseren tierischen Ahnen ererbt haben, Teil einer Überlebensstrategie. Der Schlüssel zum Verständnis unserer Moral (und Unmoral) liegt daher in der Evolution (siehe auch Ruse 1989).

Wenn in einem Moralsystem jenem Umstand nicht genügend Rechnung getragen wird, daß jeder Mensch ausgesprochene Überlebensinteressen hat und sein Verhalten daher diesen Interessen gemäß ausgerichtet ist, dann wird man überall fast ausschließlich „unmoralische" Menschen entdecken. Wenn aber Moralsysteme „unmoralische" Menschen schaffen, dann kann mit der Moral wohl auch einiges nicht in Ordnung sein.

„Das Rätsel Mensch entzieht sich wissenschaftlichen Lösungen", meint Pieper (1997, S. 121). Nein, das glaube ich nicht, obschon ich mir dessen bewußt bin, daß vieles am Menschen noch ein Rätsel ist und lange eines bleiben wird. Was sich aber heute bereits aus dem Vergleich des Menschen mit seinen nächsten Verwandten, den Schimpansen, dartun läßt, was wir aus unserer eigenen Stammesgeschichte an wichtigen Ergebnissen für unser Selbstverständnis gewinnen können, sollte uns den Mut geben zu hoffen, daß wir auch bei der Entwicklung unserer Moralsysteme in Zukunft klüger sein werden als bisher und uns endlich von der Idee verabschieden, daß Moralsysteme grundsätzlich *gegen* unsere Neigungen ausgerichtet zu sein haben, etwa nach dem Motto: „Der Mensch ist schlecht, wir müssen ihn verbessern." Fragt sich nur, wer denn diejenigen sind, die ihn verbessern wollen.

4. Die guten und die bösen Kräfte unserer Evolution

Zweifelst du etwa daran,
daß die Hauptlaster
und das Unglück des Menschen
durch Hunger, Kälte und Armut
und seinen ohnmächtigen Existenzkampf
hervorgebracht werden?

FJODOR M. DOSTOJEWSKI

Jeder gegen jeden?

Da ich bislang immer wieder betont habe, daß es in der Natur, in der Evolution weder das Gute, noch das Böse gibt, beeile ich mich zu erklären, wie die Überschrift dieses Kapitels zu verstehen ist. Unser Verhalten – ganz gleich, ob wir es nach den jeweiligen moralischen Maßstäben als gut oder als böse charakterisieren – ist ein Resultat der Evolution durch natürliche Auslese. Diese ist moralisch absolut indifferent, aber wir müssen fragen, wie es kommt, daß sie ganz unterschiedliche Verhaltensweisen – von denen wir manche als gut, andere als böse bezeichnen – gefördert hat. Viele Philosophen, vor allem Ethiker, haben die Meinung vertreten, daß die Evolution, die Natur im allgemeinen, den Menschen als rohes Wesen geformt habe, das es nun zu zähmen gilt. Unweigerlich denkt man dabei an Thomas Hobbes.

Nach Hobbes ist jeder Mensch des anderen Menschen Wolf (*homo homini lupus est*). Zwar wird dem Wolf damit etwas Unrecht getan; Wölfe sind sehr soziale Tiere, die in ihren Rudeln kooperieren und zu erstaunlichen altruistischen Leistungen fähig sind. Aber sei's drum. Ferner meinte Hobbes, daß sich ursprünglich jeder Mensch gegen jeden anderen Menschen im Krieg befunden habe (*bellum omnium contra omnes*). „Das Naturrecht", sagte er, „ist die Freiheit, nach welcher ein jeder zur Erhaltung seiner selbst seine Kräfte beliebig gebrauchen und folglich alles, was dazu etwas beizutragen scheint, tun kann" (Hobbes 1651 [1980, S. 118]). Also sollte es nicht überraschend kommen, daß ursprünglich „naturgemäß" jeder gegen jeden war.

Die Idee ist zwar verlockend, entspricht aber unserer bereits auf S. 71 in anderem Zusammenhang erwähnten Neigung zu einem dichotomen Denken: Hier das Kultivierte, Zivilisierte,

Moralische – dort das Rohe, Wilde, Unmoralische. Leicht könnte man denken, daß unsere prähistorischen Vorfahren wilde Ungeheuer waren, die durch die Zivilisation erst gezähmt wurden. Dieser Gedanke wird manchem vieleicht um so plausibler erscheinen, je mehr er davon überzeugt ist (oder sich davon überzeugen läßt), daß verschiedene Völker, die z. B. auch heute noch (sofern man sie duldet) als Wildbeuter leben, bzw. als Jäger und Sammler, eben Wilde sind. Man denke hier auch nochmals an die Asmat oder die Yanomami. Die Annahme, daß wir, die Europäer, viel „höher" stehen und „wertvoller" sind als solche Völker, die ihre eigenen Kinder töten oder Menschenfleisch essen, ist in unserer Tradition fest verankert. Aber vom Ethnozentrismus ist eben keine Kultur ganz frei. Noch Darwin (1871) erzählte, wie es ihm angesichts einer „Herde Feuerländer" durch den Kopf geschossen war, daß so unsere Vorfahren ausgesehen haben müssen. Er brachte auch seine Überzeugung zum Ausdruck, daß seit Urzeiten siegreiche Stämme andere verdrängt haben. So schien Hobbes durchaus richtig vermutet zu haben, daß ursprünglich jeder gegen jeden gekämpft hat. „Denn unter die Wölfe gestellt, mußte der Urmensch anfänglich mit ihnen heulen" (Caspari 1877, S. 77).

Dem steht die Meinung gegenüber, daß unsere frühen Vorfahren „Pioniere der Humanität" waren (Zimmer 1982). Man wird an Jean-Jacques Rousseau erinnert, der bekanntlich dachte, daß der Mensch im Naturzustand besser gewesen sei und ihn erst seine Zivilisation verdorben habe. Auch diese Idee erscheint nicht unplausibel. Mancher wird dabei daran denken, daß Kriege im Namen Gottes, Hexenverfolgungen und Sklaverei ja erst beim zivilisierten Menschen auftreten – ganz zu schweigen von organisiertem Verbrechen in den Großstädten, Drogenkriminalität, Menschenhandel usw. Gewiß, blickt man heute um sich, könnte man schon den Eindruck gewinnen, daß ein „Abbau des Menschlichen" (Lorenz 1983) stattfindet. Das rasende Tempo, das unsere Zivilisation heute dem einzelnen abverlangt, der berufliche und soziale Streß, die mangelnde Kommunikationsbereitschaft in vielen Familien, die Informationsüberflutung, um nur ein paar Stichworte zu nennen, sind Erscheinungen, die unseren prähistorischen Vorfahren fremd waren. Andererseits: Was heißt *menschlich*? Wir verbinden damit ein Ideal der Humanität, das zu keiner Zeit, in keiner der historischen oder gar prähistorischen Epochen weit verbreitet war.

Aber zurück zur Frage: Kann sich in der Stammesgeschichte des Menschen tatsächlich jeder im Kampf gegen jeden befunden haben? Überlegen wir einmal. Hätte tatsächlich *jeder* unserer prähistorischen Vorfahren *jeden* anderen als seinen „Wolf" gesehen, hätte also jeder versucht, den anderen aus dem Weg zu räumen – wie weit wäre es dann mit unserer Gattung gekommen? Wären wir in diesem Fall nicht schon sehr früh ausgestorben?

Leinfellner (1974) meint, daß die menschliche Fürsorge tiefe Wurzeln habe, die sogar stärker seien als der Eigennutz. Und Richards (1986, S. 272) vermutet: „A moral sense has evolved in the human group ... The human animal has been selected to provide for the welfare of its own offspring ...; to defend the weak; to aid others in distress." („Beim Menschen hat sich ein moralisches Gefühl entwickelt ... Das menschliche Tier wurde dazu selektiert, für das Wohergehen seiner eigenen Nachkommen zu sorgen ...; die Schwachen zu verteidigen; anderen bei Schmerz und Leid zu helfen.") Beide Autoren sind Vertreter einer evolutionären Ethik (vgl. Kapitel 5), ihre Annahmen und Aussagen wecken daher meine Aufmerksamkeit in besonderem Maße.

Nun möchte ich auf jeden Fall davor warnen, die Stammesgeschichte des Menschen zu romantisieren und dem Glauben zu huldigen, der prähistorische Mensch sei eine von Humanität beseelte Kreatur gewesen. Andererseits liegt die Vermutung nahe, daß er im Interesse des eigenen Lebens und Überlebens immer wieder gezwungen wurde, sich mit anderen Individuen seiner Spezies zusammenzuschließen und zu kooperieren. Neben den „Selbstgefühlen", meinte schon Caspari (1877), waren es die „Mitgefühle", die der prähistorische Mensch in sich aufgenommen habe. Und Kropotkin (1910) leitete sein bemerkenswertes Buch *Gegenseitige Hilfe in der Tier- und Menschenwelt* gewissermaßen mit der Anti-These zu Hobbes ein: die gegenseitige Hilfe sei als „Naturgesetz und Entwicklungsfaktor" anzusehen. Kropotkin, ein russischer Revolutionär und Polyhistor, darf im übrigen als einer der bedeutendsten Vorläufer der Soziobiologie gelten (vgl. Wuketits 1997a). Denn die Frage, die er – ein Bewunderer und Anhänger Darwins – aufwarf, ist eine der soziobiologischen Grundfragen: Wie konnte sich denn in einer Welt, in der der Wettbewerb ums Dasein herrscht, überhaupt so etwas wie kooperatives Verhalten entwickeln? Wie konnte sogar die Neigung entstehen, anderen zu helfen?

An Darwins Beobachtungen ist nicht zu rütteln. Der Wettbewerb ums Dasein spielt sich in der Tat in erster Linie unter den Angehörigen einer Art ab, und wir haben keinen Grund zu glauben, daß das bei unseren Vorfahren anders war. Aber wir sind *nach wie vor* Egoisten, so daß diese Frage um so faszinierender ist, zumal wir ja nicht leugnen können, daß Menschen eben auch wirklich zusammenarbeiten und einander helfen. Ja, „unter welchen Bedingungen entsteht Kooperation in einer Welt von Egoisten ohne zentralen Herrschaftsstab?" (Axelrod 1987, S. 3). Dabei ist daran zu denken, daß der „zentrale Herrschaftsstab"

– als Staat mit juristischen Regeln, Verordnungen, Gesetzen –
die längste Zeit unserer Evolution abwesend war. Andererseits
muß sich kooperatives und altruistisches Verhalten schon viel
früher entwickelt haben, sonst wäre die Entstehung einer Struktur wie der des Staates überhaupt nicht möglich gewesen. Wenn
jeder gegen jeden gekämpft hätte, dann hätte auch *jeder* die Entstehung und Entwicklung einer „übergeordneten" Struktur verhindert.

Darwin (1871) sprach von *sozialen Instinkten*, um damit
sozusagen die Moralfähigkeit des Menschen zu charakterisieren. Damit wäre die Natur in der Lage gewesen, den Menschen
mit der Fähigkeit auszustatten, Handlungen durchzuführen, die
als (moralisch) richtig oder falsch gelten sollten (siehe auch
Cela-Conde 1987). Dieses Argument klingt einsichtig, vor
allem, wenn man ihm weiter folgt: Durch seine Kultur kam der
Mensch in die Lage, eben jene Instinkte zu fördern, so daß der
Kampf ums Dasein seine ursprüngliche Brutalität verlor. Unsere Zivilisation hat beispielsweise den Solidaritätsgedanken ins
Leben gerufen und Strukturen geschaffen, die die schwachen
und schwächsten Glieder unserer Gesellschaft (Kranke, Behin-
derte, Kinder und sehr alte Menschen) schützen sollen.

Wenn man andererseits daran denkt, daß die *Menschenrechte*, die für jede humane Gesellschaft eine Selbstverständlichkeit sein sollten, erst vor einem halben Jahrhundert von den
Vereinten Nationen deklariert wurden, dann kommen einem
wieder Bedenken. Wenn man sich ferner vor Augen führt, daß
die Menschenrechte in vielen Ländern mit Füßen getreten werden, daß nach wie vor täglich irgendwo in der Welt Menschen
gefoltert und ihrer Freiheit und Würde auf grausamste Weise
beraubt werden, dann darf man berechtigte Zweifel an dieser
Zivilisation anmelden. Und wie viele Menschen werden doch

heute wie ehedem liquidiert, bloß, weil sie anders denken als die Vertreter der jeweils herrschenden Ideologie?

Unsere Zivilisation ist angetreten, das Böse aus der Welt zu schaffen und hat dem Bösen zugleich ihre Türen und Tore geöffnet. Denn das Ziel, das Böse zu vernichten, kann sie scheinbar nur erreichen, in dem sie selbst Böses erlaubt und fördert. Der Staat, in dem sich, nach Hobbes (1651), Menschen zusammenschließen und einem Herrscher Gehorsam leisten, um die Möglichkeit eines humanen Lebens zu gewinnen, erlaubt sich alles, was er seinen Bürgern verbietet. Insbesondere darf im Namen des Staates auch getötet werden. Das zeigt nicht nur die Todesstrafe, sondern zeigen vor allem auch Kriege. Wie jüngste Erfahrungen wieder lehren, wird ein Krieg oft damit gerechtfertigt, daß er den Frieden bringen und die Feinde des Friedens beseitigen soll. *Bellum geritur ut pax acquiratur* – „Krieg wird geführt, um Frieden zu erlangen", heißt es schon in einem Brief des Kirchenvaters Augustinus (vgl. Adam 1993). Um das Böse kommt also auch eine Welt, die an das Gute glaubt, nicht herum ...

Wenn wir einsehen, daß wir Menschen modifizierte Affen sind, und nicht das bevorzugte Geschöpf eines gütigen Gottes, dann ist es, wie Ruse (1986b) fordert, an der Zeit, unserer „animalischen Natur" in die Augen zu sehen. Dann sollten wir uns aber auch leichter tun, die Doppelmoral zu erkennen, die hinter vielen moralischen Ansprüchen steckt: Was in einer bestimmten Situation verboten ist, ist in einer anderen durchaus erlaubt oder sogar erwünscht; was dem Individuum vom Gesetz her untersagt ist, ist dem Staat erlaubt. So ist, um nur ein Beispiel zu nehmen, persönliche Rache an Menschen, die uns Böses getan haben, in unserem Kulturkreis verboten. Der Staat allein ist befugt, Gerechtigkeit walten zu lassen – in vielen Ländern kann diese „Gerechtigkeit" in einzelnen Fällen dadurch herbeigeführt werden, daß die Todesstrafe vollstreckt wird. Das verschafft vielen Menschen ein Gefühl tiefer Befriedigung. Versagt aber der Staatsapparat, und wird ein Schwerkrimineller (oder einer, der für einen solchen gehalten wird) von einer beliebigen anderen Person niedergestreckt, dann genießt diese Person einen gewissen öffentlichen Bonus. Wie etwa jener Hamburger, der einen Drogendealer abknallte. Was war geschehen? Der Dealer hatte den Sohn seines späteren „Richters" mit Drogen versorgt und in den Ruin getrieben. In den Augen vieler Menschen ist, wie aus Interviews im Fernsehen zu ersehen war, der Vater keineswegs ein Mörder, sondern jemand, der das Richtige getan hat und dafür bewundert wird. („Mord" hat also mehrere Gesichter.) Vor allem Eltern drogensüchtiger Kinder bringen ihm Sympathie entgegen. Sie alle hatten ja vielleicht auch schon den Wunsch, mit einer Schußwaffe oder sonstwie aktiv zu werden, nur fehlte ihnen der Mut dazu. Wenn dann endlich jemand zur Tat schreitet, d. h. zur Waffe greift, wird er schnell zum Helden, ganz gleich, wie die Justiz dazu steht. Denn dieser eine Mensch repräsentiert mit seiner Tat den Wunsch vieler. Und gefühlsmäßig neigen wir ohnedies zu der Auffassung, daß das Tötungsverbot nur begrenzt gültig ist. Der Wunsch nach Lynchjustiz läßt sich selbst in den „fortschrittlichen" westlichen Demokratien oft nur schwer unterdrücken.

Auch die Grenze zwischen Verbrechern und Helden ist fließend. Das Töten ist, das wissen wir alle, eine schlimme Sache. Fragt sich nur, warum in allen Zeiten – bis zum heutigen Tag – Kriegshelden zu den gefeierten Personen zählen. Sicher ist dafür das Freund/Feind-Denken verantwortlich. Hat ein Krieger mehrere Menschen eines anderen Stammes oder eines anderen Staates getötet, dann kann sein Handeln doch nicht wirklich unter die Kategorie des Bösen fallen (?). Er hat „Feinde" beseitigt. Ditfurth (1989) erzählt von seinem Onkel Gerhard, der, vom Frankreichfeldzug heimgekehrt, von seiner ganzen Familie in Feiertagsstimmung empfangen würde. Der Onkel berichtete nicht ohne Stolz, wie er als Kommandeur eines Artillerieregiments in Frankreich „reingefahren" war und die Zerstörung ganzer Dörfer verursacht hatte. Alle seine Zuhörer hingen an seinen Lippen. „In mir", sagt Ditfurth (1989, S. 162), „rührte sich … ganz leise ein Widerspruch, ein flüchtiger Impuls zum Protest, den ich jedoch mit Erfolg unterdrückte, da mir sofort bewußt wurde, wie unangebracht die Regung war." Wären die Franzosen damals nicht erklärte Feinde der Deutschen gewesen und hätte besagter Onkel Gerhard ein paar von ihnen etwa aus Geldgier einfach erschossen, dann wäre er ein gemeiner Mörder gewesen, ein Verbrecher, der über seine ganze Familie nur Schande gebracht hätte. So aber war er ein Held.

Bald wird ein Mensch ob seiner Taten, und seien es Mordtaten, bewundert, wenn er diese im Namen „höherer Gerechtigkeit", im Namen Gottes oder für das Vaterland begeht oder bloß nur einer allgemeinen Stimmungslage folgt. Er ist dann geradezu zu einem Führer prädestiniert. In gewissem Sinne ist *Homo sapiens* auch darin den Schimpansen ähnlich. Die beiden Schimpansen, die im Zoo von Arnheim den Ranghöchsten getötet hatten (vgl. S. 74), wurden von den anderen nicht geächtet. Zumindest einer von ihnen, der ältere der beiden, wurde als neuer Führer akzeptiert. Es ist wirklich an der Zeit, unsere „animalische Natur" zu erkennen.

Das Motto „Der hat's ihm/ihnen aber gezeigt" kann beim Menschen jedoch auch rasch ins Gegenteil verkehrt werden. Wehe dem Helden, den seine Kraft und sein Mut verlassen und der plötzlich als Schwächling dasteht. Auch Sportler werden nur solange bewundert, solange sie in ihrer Disziplin siegen. Dem

Boxchampion verzeiht man alles, solange er nur seine Gegner im Ring in die Knie zwingt. Selbst in die Knie gezwungen ist er plötzlich nicht mehr sehr interessant. Bewunderung kann sich in Gleichgültigkeit oder gar Feindseligkeit verwandeln. Die modernen Massenmedien, die unzähligen Boulevardblätter schlagen daraus Kapital („Kapital" im wahrsten Sinne des Wortes). Natürlich müssen wir auch mit der menschlichen Schadenfreude rechnen und müssen uns davor beinahe fürchten.

Ob es uns paßt oder nicht – es ist davon auszugehen, daß in unserer Gattung ein beträchtliches Potential an destruktiven Kräften steckt, die sich vor allem gegen andere Angehörige der Gattung entladen. Kaum wäre es realistisch zu denken, daß auf der Stufe unserer phylogenetischen Ahnen jeder jedem gut gesinnt war und alle einander stets in friedvoller Absicht begegneten. Davor „bewahrte" sie schon der tägliche Kampf um das eigene Überleben. So muß selbst ein Autor wie Herbig (1984), der Brüderlichkeit, Friedfertigkeit und Uneigennützigkeit als Motoren unserer sozialen Evolution ansieht und an den Anfang unserer Stammesgeschichte stellt, erkennen, daß es stets auch Neid, Rivalität und Eigennutz in unserer Gattung gab.

Wir sollten uns von dem naiven Glauben, daß je eine Gesellschaft existierte, in der niemand belogen, beraubt oder getötet wurde, nunmehr verabschieden.

Aber *Gesellschaft* setzt ein gewisses Mindestmaß an Vertrauen, Kooperation und gegenseitiger Hilfe voraus, so daß Hobbes' Vorstellung vom Krieg aller gegen alle ebenso falsch ist. Wie bei vielen Wirbeltiergattungen und sogar einigen Wirbellosen (Bienen, Ameisen, Termiten usw.) hat sich die *Sozialität* oder Geselligkeit auch beim Menschen ausgebildet. Besser gesagt, die Hominiden waren, wie ihre nächsten Verwandten, von vornherein soziale Wesen und haben sich zu kleinen Gruppen zusammengeschlossen, die als *Primärgruppen* oder *Sympathie-gruppen* aus einer sehr begrenzten Anzahl – bis 50, selten auch mehreren – Individuen bestanden. Die Angehörigen solcher Gruppen waren einander persönlich bekannt. Während der längsten Zeit ihrer Evolution lebten die Hominiden in derartigen Sozietäten, und in diesen müssen sich die Grundelemente unseres sozialen Verhaltens ausgeprägt haben.

Spencer (1886, S. 635) hat sicher richtig vermutet, „dass bei solchen Geschöpfen, die mit der Zeit zu herdenweisem Zusammenleben veranlasst worden sind, sich allmählich eine Freude am Beisammensein entwickelt haben wird" – und zwar nicht nur beim Menschen, sondern auch bei anderen sozial lebenden Tieren, insbesondere Vögeln und Säugetieren. Ganz ähnlich äußerte sich aber auch Darwin (1871). Für die soziale Evolution der Primaten haben wir, wie bereits auf S. 66 bemerkt wurde, die Ausbildung des Mitgefühls anzunehmen, so daß die Evolution der Hominiden von Anfang an nicht nur von Aggression und Haß einzelner Individuen gegen andere begleitet gewesen sein dürfte, sondern auch von positiven Empfindungen für die jeweiligen Gruppengenossen.

Egoismus und Altruismus sind in unserer (sozialen) Evolution innig miteinander verwoben. Dabei mag es zunächst paradox klingen, daß beide dem Überleben dienen, aber wir kommen gleich noch darauf zurück. Die Frage jedoch, ob der Mensch *von Natur aus* gut oder böse sei, stellt sich als irrelevant heraus. Er ist nämlich keines von beiden, er hatte zunächst – jenseits jeder Moral – „nur" das Problem zu überleben, und dazu war ihm, wie allen anderen Arten, jedes Mittel recht. Kooperation und Altruismus können freilich auch egoistischen Zielen dienen. Und wenn in unserer Evolution – im Interesse des Überlebens – keineswegs jeder gegen jeden war, dann bedeutet das natürlich nicht, daß der Gedanke der Menschlichkeit den Keim unserer Entwicklungsgeschichte bildete. Dieser Gedanke ist ein Spätprodukt der (soziokulturellen) Evolution, entwickelt zu einer Zeit, als der Mensch vor moralischen Problemen stand, die die längste Zeit seiner Evolution allerdings absolut keine Rolle gespielt hatten. Wer hätte denn auch in der Steinzeit solche Probleme ernsthaft denken könne ... (?) Es ist ja faszinierend, daß sich der Mensch überhaupt dazu aufschwang, sein Tun und Handeln nach moralischen Kriterien zu beurteilen und sich bemüht, Böses vom Guten zu scheiden. Aber zweifellos hat er sich damit sehr viel vorgenommen, und es sollte uns nicht wundern, daß „moralisches Scheitern" zu den Alltäglichkeiten im Leben unserer Spezies gehört. Damit wird zwar nichts entschuldigt, aber wir müssen uns ernsthaft mit der Frage beschäftigen, inwieweit moralisches Sollen im Rahmen unseres Könnens liegt.

Fortpflanzungsinteresse und Überleben

In Kapitel 3 habe ich, stichwortartig, die soziobiologische Sichtweise der Fortpflanzung im Zusammenhang mit dem Eigennutz erörtert. Nach dem Gesagten hat also jedes Lebewesen ein ausgesprochenes Fortpflanzungsinteresse und ist demnach egoistisch. Um so interessanter ist der Umstand, daß sich manche Lebewesen altruistisch verhalten, also auf Kosten eigener Fitness andere unterstützen. Allerdings ist der „gewöhnliche Altruismus" ein Phänomen, das sich nicht maßgeblich von Phänomenen wie der Nahrungsaufnahme oder dem Winterschlaf unterscheidet, weil er unter angemessenen Umständen die Fortpflanzungsinteressen des jeweiligen Altruisten fördern kann (Voorzanger 1994). Altruismus im weitesten Sinne ist somit

- keine Eigenart des Menschen, sondern kommt auch bei anderen Lebewesen vor,
- läßt sich aber (beim Menschen wie bei anderen Lebewesen) nur schwer vom Egoismus trennen.

„Helping behaviors are activities where people provide assistance in solving the problems of other people" (Clary 1994, S.93). („Helfende Verhaltensweisen sind Aktivitäten, mit denen Menschen anderen Menschen Möglichkeiten anbieten, ihre Probleme zu lösen.") In der Tat sind wir gewohnt, „Hilfe" als etwas spezifisch Menschliches zu sehen, müssen aber, nach den Ergebnissen der Soziobiologie, zur Kenntnis nehmen, daß auch andere Lebewesen dieses Phänomen „kennen". Kropotkin (1910) hatte also richtig gesehen. Doch damit können wir uns wahrscheinlich viel leichter anfreunden als mit der Vermutung, daß jedes altruistische Verhalten, wie die Soziobiologie nahelegt, dem Egoismus dient.

Egoismus, Eigennutz, Selbstliebe sind bei uns negativ besetzt. Dabei sollte doch sogar dem gläubigen Menschen bekannt sein, daß uns einst geheißen wurde, den Nächsten zu lieben *wie sich selbst*. Die Selbst- oder Eigenliebe also als Voraussetzung der Begegnung anderer Menschen? Ja, gewiß, kennen wir doch alle aus eigener Erfahrung manche Menschen, die sich selbst nicht ausstehen können und ganz unangenehme Zeitgenossen sind, während die, die sich selbst mögen und sozusagen zu sich selbst stehen, in der Regel wesentlich freundlicher sind – nicht nur zu sich selbst, sondern auch zu den Menschen ihrer Umgebung. Intuitiv wissen wir ja über die Freuden der Selbstliebe, aber die Moralapostel wollten uns diese Freude schon immer nehmen. Erfrischend ist daher die Aussage des Ethikers Mackie (1980, S. 221): „Wir müssen wünschen, daß die Menschen es nicht nur für erlaubt, sondern auch für richtig und geboten halten, das zu fördern, was ihrer Ansicht nach ihrem eigenen Wohl dient." Den Egoismus darf man nicht offen zur Schau tragen, das wußte schon Voltaire (1764 [1985, S. 71 f.]), als er spöttisch bemerkte, man brauche den Menschen nicht zu beweisen, „daß sie sich von Eigenliebe leiten lassen. Diese Eigenliebe dient unserer Selbsterhaltung. Insofern gleicht sie dem Fortpflanzungsorgan. Auch dieses ist ... uns lieb und wert, bereitet uns Freude – und wir müssen es verstecken."

Verstecken wir also ruhig unsere egoistischen Neigungen – wir werden sie dadurch nicht aus der Welt schaffen! Es ist merkwürdig: Auf der einen Seite ist jeder Mensch der Veranlagung seiner Spezies (und der aller anderen Organismenarten) gemäß in erster Linie daran interessiert, möglichst lange am Leben zu bleiben und ein gutes Leben zu haben, auf der anderen Seite wird uns aber gesagt, daß egoistisches Verhalten schlecht sei und wir uns um das Wohl anderer kümmern sollten. Wir haben gute

Gründe für die Annahme, daß die, die solches von uns fordern, das nur tun, um ihre eigenen egoistischen Interessen zu befriedigen.

Wenn Mackie (1980, S. 167) meint, daß Uneigennützigkeit zwar ein Interesse für andere artikuliert, „jedoch nur für solche, die in einem besonderen Verhältnis zum Handelnden stehen; Kinder, Eltern, Freunde, Arbeitskollegen und Nachbarn", dann bringt er damit im Grunde ein fundamentales Prinzip der Soziobiologie zum Ausdruck: *Verwandtschaftsselektion*. Demnach halten Blutsverwandte in der Regel stärker zusammen. Individuen unterstützen einander um so eher, je mehr Gene sie gemeinsam haben. Denn damit unterstützen sie immer zumindest indirekt auch ihre eigenen Gene. „Selbst wenn ein Blutsverwandter auf Kosten eines anderen lebt und sich fortpflanzt, wird zumindest ein Teil der genetischen Information des ‚Ausgenutzten' in die nächste Generation befördert" (Sommer 1994, S. 191). Altruismus zahlt sich also genau dann aus, wenn sein Nutznießer auch Gene des Altruisten in die nächste Generation befördert. Daher ist die Unterstützung von engen Verwandten in der Tierwelt relativ weit verbreitet. Man denke beispielsweise an die Brutpflege. Umgekehrt gebietet eine enge Verwandtschaft zwischen zwei oder mehreren Individuen auch deren gegenseitige Schonung im Falle von Rivalität. Daraus erklärt sich z. B. auch, warum bei kannibalistischen Spezies der Verzehr von Verwandten vermieden wird (vgl. Pfennig 1997). Aus demselben Grund verbot eine alte Seefahrerregel den ansonsten als Notmaßnahme akzeptierten Kannibalismus bei den eigenen Blutsverwandten (vgl. Vogel 1989).

Der kritische Leser wird hier freilich erstens darauf verweisen, daß es Tieren doch kaum bewußt sein kann, wer ihre nächsten Verwandten sind (wenn man einmal absehen will von

Tiermüttern, die mit ihren Jungen von vornherein, naturgemäß auf sehr enge Weise verbunden sind), und zweitens vielleicht an die vielen tragischen Fälle erinnern, in denen ein Mensch seine ganze Familie ausrottet (was ja leider offenbar ständig irgendwo in der Welt vorkommt). Was ersteres betrifft, möchte ich mit Dawkins (1994) antworten. In der Natur kommt es nicht darauf an, daß sich irgendwer etwas *bewußt* macht. Anatomische Strukturen oder Verhaltensmerkmale müssen ihren Trägern bloß Vorteile bringen. So ist ein Schneckenhaus eine vollkommene logarithmische Struktur, ohne daß die Schnecke die geringste Ahnung von Logarithmen hat. Hinsichtlich der Familientragödien darf ich bemerken, daß sie – so tragisch auch jeder einzelne Fall ist – nun doch die Ausnahme und nicht die Regel darstellen. Gerade weil uns mit unseren engen Verwandten gewöhnlich tiefere Gefühle verbinden, reagieren wir besonders empfindlich auf solche Tragödien. Sicher, Vatermord und Brudermord sind auch in Mythen bzw. Religionen traditionelle Themata. Ihnen steht aber die alltägliche Erfahrung entgegen, daß Familienangehörige einander stark unterstützen und oft wirklich sehr fest zusammenhalten, vor allem, wenn es gilt, gemeinsame Interessen nach außen zu verteidigen. Das entspricht auch unserer Erwartung. Eine Mutter wird zu ihrem Sohn häufig auch dann noch stehen, wenn dieser bei einem terroristischen Anschlag mehrere Menschen getötet hat. Verwandtschaft kann man schließlich nicht aufkündigen.

Selbstverständlich spielt für das „Zusammenhalten" insbesondere bei Menschen nicht nur die genetische Verwandtschaft ihre Rolle. Wichtig ist auch das Moment der *Vertrautheit.* So kann man zu einem alten Schulfreund oder Kriegskameraden aufgrund vieler gemeinsamer Erlebnisse und gemeinsam bewältigter Probleme auch eine sehr gute Beziehung entwickeln, eine

Beziehung, die in manchen Fällen sogar besser sein kann als die zu den eigenen Eltern oder Geschwistern. In jedem Fall aber ist davon auszugehen, daß wir dazu neigen, einzelne Personen zu bevorzugen, mit ihnen sozusagen Bündnisse einzugehen, von denen wir andere ausschließen. Von Natur aus neigen wir mithin zum *Nepotismus*, zur Bevorzugung bestimmter uns vertrauter Personen, mit denen wir entweder genetisch eng verwandt sind oder mit denen uns gemeinsame Erlebnisse, gemeinsame Interessen usw. besonders verbinden. An solche Personen wenden wir uns üblicherweise auch mit Problemen. Je einflußreicher unsere Verwandten und Freunde sind, um so besser für uns, denn dann können wir große Vorteile gewinnen, mit ihrer Hilfe Probleme auf „unkonventionelle" Art lösen, Vorschriften umgehen usw. Zum Ärger der Gesetzgebung, die ja gerade gegen diese Tendenzen ankämpft (als ob Vertretern gesetzgebender Instanzen die Bevorzugung fremd wäre und sie sich über alles „Menschliche" stellen könnten!). Es gibt Paragraphen wie den der „verbotenen Intervention", der aus soziobiologischer Sicht ziemlich unsinnig ist, aber in „legalen Gesellschaften", also Sozietäten, die sich gleichsam auf eine abstrakte Ebene abgehoben haben, seinen Sinn erfüllen soll: Er soll verhindern, daß sich Leute mit ihren Freunden und Sympathisanten auf unlautere Weise Vorteile verschaffen, durch Allianzen oder „Seilschaften" die staatliche Ordnung umgehen und leichter ans Ziel kommen als andere, die solchen Allianzen und Seilschaften nicht angehören. Damit entstand ein grundsätzlicher Konflikt zwischen der menschlichen Natur und den Erfordernissen der (legalen) Kontrolle in Massengesellschaften (vgl. Campbell 1978, Wuketits 1997a). Wer nun aber glaubt, daß z. B. wichtige Posten im Staat grundsätzlich ohne Rücksicht auf die in unserer Natur schlummernden Neigungen besetzt werden, ist ein Träumer. Schließlich versuchen alle, ihr Fortpflanzungsinteresse durchzusetzen, auch wenn dieses beim heutigen *Homo sapiens* längst nicht immer in der Produktion von Nachkommen seinen Niederschlag finden muß. Es ist ein offenes Geheimnis, daß sich Bettgenossen in der Regel einander auch außerhalb der Betten Vorteile verschaffen. Eben deswegen ist es ja so schlimm, wenn sich eine Staatsanwältin von einem Angeklagten zum Koitus verführen läßt oder ein Polizist mit einer Tatverdächtigen in deren (oder seinem) Bett landet ...

Soziale Organismen haben viele Formen der Kooperation entwickelt, um sich selbst Vorteile zu verschaffen. Oft ist die Kooperation nur von kurzer Dauer. Wenn sie auf große Beute aus sind, dann jagen Löwen in Gruppen, ein kleineres Beutetier wird von einem einzelnen Löwen verfolgt (vgl. Dugatkin 1997). Ohne voreilig Analogien zu konstruieren, erinnert uns solches Verhalten doch auch an uns selbst. Um sich Vorteile zu verschaffen oder ein Problem zu lösen, schließen wir uns auch oft kurzfristig anderen Artgenossen an, die jeweils vor dem gleichen Problem stehen, aber ansonsten mit uns nichts zu tun haben (wir müssen mit ihnen weder befreundet noch verwandt sein). Beispiele dafür sind Reisegruppen, die vom Reiseveranstalter betrogen wurden – man ist mit den anderen Reisenden nur über dieses eine Problem verbunden – oder Menschen, die in den Labyrinthen einer Behörde umherirren und sich zusammenschließen, weil sie *gemeinsam* besser ans Ziel kommen. (Einen einzelnen Antragsteller kann ein Beamter noch ruppig abweisen, bei vielen, die gleichzeitig zu ihm vordringen, gerät er in die Bredouille.)

Überall in der Tierwelt geht es letzten Endes ums Überleben. Darum geht es auch beim Menschen. Selbstverständlich kann Überleben hier nicht „ewiges Leben" bedeuten, weil kein Lebewesen dazu geschaffen ist, für immer am Leben zu bleiben. Aber die Dauer seines Lebens nutzt das Individuum, um seinem Fortpflanzungsinteresse nachzukommen, seine Gene weiterzugeben und so sein genetisches Überleben zu garantieren. Diesem fundamentalen Trieb ist jener Umstand zu verdanken, daß jeder individuelle Organismus auch alles tut, um innerhalb der Lebensspanne seiner Art möglichst lange am Leben zu bleiben. Er sucht Nahrung, schützt sich vor Feinden und schließt sich, wann immer es für ihn vorteilhaft ist, mit Artgenossen zusammen. Die Bildung von Sozietäten unterschiedlicher Formen und Größen kommt daher bei sehr vielen Organismenarten vor und hat sich in der Evolution als eine sehr stabile Strategie erwiesen. Die Gruppe bietet dem Individuum Schutz vor Feinden, kollektives Jagen und Sammeln erhöht die Wahrscheinlichkeit von Nahrungsfindung, und schließlich werden zumindest in einigen Fällen die eigenen Nachkommen auch von anderen Mitgliedern der Gruppe betreut (vgl. König 1997). Freilich zahlt das Individuum dafür seinen Preis: Es ist gezwungen, mit den anderen Gruppenangehörigen zu kooperieren, unter Umständen Rangordnungen zu akzeptieren, mit anderen die Beute zu teilen usw. Sein Egoismus geht damit zum Teil in einen „Gruppenegoismus" über.

Kooperation darf also nicht mit „echtem" Uneigennutz verwechselt werden (Lindauer 1991). Dieser dürfte in der Natur extrem selten sein, tritt aber auch beim Menschen mit keiner großen Häufigkeit auf. Selbstaufopferung für andere und Großzügigkeit ohne jede Hoffnung auf Belohnung ist die seltenste unter den menschlichen Verhaltensweisen (Wilson 1978). Daher versprechen selbst Religionen den wirklich guten und tugendhaften Menschen eine Belohnung im Jenseits, das ewige Leben im Paradies. Kooperation und vor allem Altruismus müssen sich letztlich doch irgendwie auszahlen. Anders ist offenbar kaum ein Mensch dazu zu bewegen. Ausnahmen mag es ja immer geben, aber sogar der Geschlechtstrieb erlaubt die eine oder andere Ausnahme, einige Menschen also, die sich tatsächlich lebenslang in sexueller Enthaltsamkeit üben. Aus evolutionsbiologischer bzw. soziobiologischer Perspektive ist die Aufopferung und (im Extremfall) der Einsatz des eigenen Lebens einer Mutter oder eines Vaters für ihre oder seine Kinder nachvollziehbar, während mit der Forderung, das eigene Leben *für die Gemeinschaft* zu opfern bei jedem Individuum einen prinzipiellen Konflikt auslösen muß (siehe auch Pugh 1978). Zum Märtyrer sind wir wahrlich nicht geboren. Es ist aber interessant, daß gerade Märtyrer und Helden, die ihr Leben z.B. im Krieg für ihre Kameraden opfern, besonderes Ansehen und großen Respekt genießen. Ich vermute dafür zwei Gründe. Zum einen sind diejenigen, die dem mutigen Verhalten eines anderen ihr Leben verdanken, „naturgemäß" dankbar, daß sie noch am Leben sind. Zum zweiten wird der tote Held wahrscheinlich deshalb glorifiziert, „weil man spürt, daß man selbst in vergleichbaren Situationen nicht den Mut und die Kraft hätte, so zu handeln" (Wuketits 1993a, S. 77). Das wäre dann vielleicht ein Beispiel dafür, daß uns mitunter auch das Gute fasziniert. Aber Mißtrauen ist selbst hier angebracht. Schließlich bringen ja viele von uns auch Extremsportlern und Autorasern Bewunderung entgegen, obwohl jedenfalls letztere nicht nur ihr eigenes, sondern auch das Leben anderer Menschen gefährden.

Im allgemeinen wird von uns nicht verlangt, für andere etwas auf Kosten des eigenen Lebens zu tun. Jeder weiß, daß eine derartige Forderung unrealistisch ist. (Nur militärische Organisationen sind auch hier die Ausnahme. Aber zum Glück eignet sich nicht jeder zum Helden.) Erste Hilfe bei Unfällen, Nachbarschaftshilfe usw. sind moralische Forderungen, denen auch viele Menschen selbstredend nachkommen. Einem alten Mann nicht über die Straße zu helfen oder einer Frau nicht zu helfen, den Kinderwagen mit ihrem Baby in die Straßenbahn zu schieben – das sind unmoralische Unterlassungen oder Unhöflichkeiten, die sich wohl die meisten von uns nicht leisten würden. In diesen Fällen wird Hilfe erwartet. Wird aber jemand zufällig Zeuge eines Bankraubs, dann erwarten von ihm nicht einmal die Bankangestellten, daß er sich – unter Einsatz seines Lebens – dem bewaffneten Räuber tapfer entgegenstellt um das Geld der Bank zu retten. Unseren altruistischen Neigungen sind Grenzen gesetzt, womit wir ja alle, einschließlich des Gesetzgebers, immer gerechnet haben.

Am leichtesten fällt es uns, genau dann altruistisch zu handeln, wenn wir aus einer solchen Handlung auch direkte oder zumindest indirekte Vorteile erwarten dürfen. In diesem Zusammenhang sprach Spencer (1886, S. 672) von *ego-altruistischen* Gefühlen und verstand darunter

Gefühle (im höheren Sinne), die, während sie eigene Erfreuung gewähren, zugleich eine Erfreuung bei Anderen voraussetzen: – die Repräsentation dieser Erfreuung bei Anderen ist selbst eine Quelle der Freude für uns, nicht zwar an sich, wohl aber wegen der entfernteren Vortheile für uns selbst, die erfahrungsgemäß mit ihr sich verknüpfen.

Wir wissen, Geschenke machen meist nicht nur dem Beschenkten Freude. Sie stabilisieren Partnerschaften und sind ein Motor des sozialen Lebens. Großzügigkeit kann sich bezahlt machen – sie ist aber nicht mit dem strikt Uneigennützigen gleichzusetzen. Wie eng das Schenken schließlich mit dem Fortpflanzungsinteresse verbunden ist, muß ich wohl nicht näher ausführen. Durch ein hübsches Geschenk für eine Frau bringt ein Mann – auch wenn er es nicht unumwunden zugeben wird – oft wortlos die Einladung zum Koitus zum Ausdruck. Herzerweichende Liebesfilme und -romane mögen ja ein anderes Bild von der Beziehung der Geschlechter zueinander vermitteln, aber über die Tatsachen des Lebens dürfen sie uns nicht hinwegtäuschen.

Fortpflanzungsinteresse bzw. (genetisches) Überleben ist ein bestimmender Faktor unseres sozialen Verhaltens, den wir nicht nur nicht ignorieren dürfen, sondern in unsere Überlegungen betreffend Moral und Unmoral, Gut und Böse einbeziehen müssen. Im Vorfeld jeder Moral hat die natürliche Auslese altruistisches Verhalten überall dort gefördert, wo die sich so verhaltenden Individuen Reproduktionsvorteile für sich gewinnen. Der „reine" Altruist aber, der sein „Ego" völlig aufgibt, kann sich in keiner Population stark ausbreiten. So sind auch Menschen, die zur vollständigen Preisgabe ihrer Eigeninteressen bis zur Selbstzerstörung bereit sind, ebenso „gestört" wie jene, die zu keiner Kooperation und keinem Altruismus fähig sind und sich absolut „antisozial" verhalten (vgl. McGuire et al. 1994). Egoismus und Altruismus sind in der sozialen Evolution jedenfalls nicht als Widersprüche zu betrachten, sondern nur als zwei Seiten derselben Medaille (siehe auch Wuketits 1995a,c). Im Vordergrund steht immer das Überleben.

„Wie du mir, so ich dir"

Besondere Aufmerksamkeit verdient jedoch der *reziproke Altruismus*, das Prinzip *tit for tat* oder, im Volksmund gesagt, „wie du mir, so ich dir" (vgl. z. B. Axelrod 1987, Barash 1980, Trivers 1971, Voland 1993, Wilson 1975, Wuketits 1997a, b). Das ist das Prinzip der gegenseitigen Hilfe, bei dem es keine Gewinner und keine Verlierer gibt, das aber doch allen Beteiligten Vorteile verschafft. Da Reziprozität nicht immer direkt erfolgt, sondern oft erst nach längerer Zeit, da sie häufig ein gewisses Erinnerungsvermögen betreffend empfangener Leistungen voraussetzt, ist sie beim Menschen am besten dokumentiert. Dabei ist sie vor allem in folgenden Zusammenhängen anzutreffen (Trivers 1971):

- In Zeiten der Gefahr und der Krise, beispielsweise bei Unfällen;
- bei der Nahrungsteilung;
- bei der Hilfe, die wir Verletzten, Kindern oder alten Menschen angedeihen lassen;
- bei der Verborgung von Geräten und Instrumenten;
- beim Austausch von Ideen.

Nahrungsteilung ist kein Privileg des Menschen, sie ist bei verschiedenen sozial lebenden Spezies (etwa Schimpansen, Pavianen und Wölfen) nachgewiesen. Und Delphine helfen ihren verwundeten Artgenossen. Aber alle hier erwähnten Zusammenhänge sind beim Menschen am besten dokumentiert und jedem von uns aus der eigenen Alltagserfahrung hinreichend bekannt.

Es sollte vorausgeschickt werden, daß der reziproke Altruismus mit Moral im engeren Sinn nichts zu tun hat, sondern „nur" wichtige Funktionen für den Zusammenhalt von Gruppen erfüllt. Leiht man z. B. jemandem ein Buch, dann erwartet man nicht nur, daß man das Buch wieder zurückbekommt (eine Erwartung, die sich leider nicht immer erfüllt), sondern auch, daß man sich gleichsam im Gegenzug von der betreffenden Person ein anderes Buch borgen kann. Etwas heikler ist schon die Weitergabe von Ideen oder gar „Geheimnissen". Wenn ich einer bestimmten Person etwas anvertraue, dann erwarte ich, daß diese Person die betreffende Information für sich behalten, aber auch, daß sie mir ebenfalls Vertrauen entgegenbringt und mich gelegentlich vielleicht auch mit vertraulichen Informationen versorgen wird. Darin liegt allerdings nicht nur die Wurzel für feste, intime Bindungen zwischen Menschen und für die Bildung von Sympathiegruppen. Die Spionage funktioniert im wesentlichen nach demeselben Prinzip, wird aber moralisch geächtet und streng bestraft. In vielen Ländern steht darauf die Todesstrafe. Landesverrat ist gewissermaßen die Kehrseite des Ethnozentrismus. Da dieser einen elementaren Bestandteil im Selbstverständnis der Völker und Kulturen darstellt, gelten Verräter als verabscheuungswürdige Subjekte. Gleichzeitig ist die jeweils andere Seite bereit, dem „Überläufer" gutes Geld anzubieten, vorausgesetzt, er kann mit wirklich relevanten Informationen dienen.

Der reziproke Altruismus funktioniert allerdings am besten in der Kleingruppe. Als Prinzip des „Gebens und Nehmens" ist er, wie schon Malinowski (1942) ausführte, die Basis der sozialen Struktur in allen Klans und Stammesgesellschaften, deren Mitglieder einander persönlich kennen. Persönliche Bekanntschaft ist auch in anderen Gesellschaftsformen ein gutes Mittel der sozialen Kontrolle. „Das werde ich deinem Vater sagen", „Wir werden das unter uns ausmachen", „Wir werden keinen Richter brauchen" – diese und ähnliche alltägliche Redewendungen, bringen zum Ausdruck, daß wir uns im allgemeinen auf die „Kleingruppenmoral" verlassen. Diese hat sich in den Sympathiegruppen unserer steinzeitlichen Vorfahren entwickelt, als von Gut und Böse im moralischen Sinn noch nicht die Rede war. Die Kehrseite davon ist, daß der reziproke Altruismus in anonymen Großgesellschaften nicht mehr gut, oft überhaupt nicht funktioniert. Denn, wie Mohr (1987, S. 82 f.) schreibt:

Die Größe dieser Sympathiegruppen blieb naturgemäß begrenzt. Wir können in der Geschichte verfolgen, wie mühsam die Ausdehnung der Sippen- und Klan-Solidarität auf größere menschliche Verbände war, etwa seinerzeit in der griechischen Polis. Und bis jetzt hat man noch bei keinem Lebewesen Anzeichen für einen echten Altruismus gefunden, der sich ohne Diskriminierung auf die ganze Art oder auch nur auf eine Population erstreckte ... Es gibt in praxi keinen ethischen Kosmopolitismus; die potentiell friedfertige, altruistische Moral der Kleingruppe bleibt auf „Sippe" und „Stamm" begrenzt.

Ich bitte, diese Aussagen im Auge zu behalten, weil sie uns in den nächsten Kapiteln noch wiederholt beschäftigen werden. Hier interessieren uns primär die Grenzen des (reziproken) Altruismus. Jeder von uns kann zu diesem Problem die eigene Alltagserfahrung heranziehen und das Problem selbst beurteilen.

Der Leser ist eingeladen, darüber nachzudenken, ob er jedem beliebigen, ihm persönlich nicht bekannten Menschen ein Buch leihen würde; ob er ihm fremden Menschen prinzipiell vertraut; wie häufig er das Bedürfnis verspürt, mit fremden Menschen über seine persönlichen Probleme zu sprechen; ob ihn eine Eisenbahnkatastrophe mit zahlreichen Toten in einem fernen Land ebenso berührt wie der Tod eines engen Freundes. Diese Liste ließe sich fast beliebig fortsetzen, aber es ist klar, worauf ich hinaus will. Wie bereits gesagt, bevorzugen wir im sozialen

Umgang Verwandte und uns persönlich bekannte Personen. Das ist eine Folge unserer „pleistozänen Moral" (Ruse 1991), die uns auch verstehen läßt, daß der reziproke Altruismus nicht beliebig ausdehnbar ist. Wir sind für die Vetternwirtschaft geboren. Unser Rechtssystem kämpft zwar dagegen an, aber nur mit sehr mäßigem Erfolg. Korruptionsaffären gehören zu den ständigen Skandalen in praktisch allen Ländern der Welt, und wie man in jüngster Zeit lernen konnte, sind auch höchste Beamte der Europäischen Union nicht ganz frei vom Verdacht der Korruption. Die Empörung darüber ist eigentlich überflüssig. Was haben wir denn erwartet? Wie sollte sich unsere „pleistozäne Moral" in kürzester Zeit ändern? Unsere politischen und ökonomischen Organisationen scheinen einen Menschen vorauszusetzen, der sich längst von den biosozialen Wurzeln seines Verhaltens getrennt hat – aber ihre Vertreter wissen von diesen Wurzeln nichts, oder wollen davon nichts wissen, verhalten sich jedoch natürlich ebenso ihrem alten stammesgeschichtlichen Erbe gemäß. Sie bauen monströse politische und wirtschaftliche Gebilde, die ihnen – und uns allen – längst über den Kopf wachsen und wundern sich über „menschliches Versagen" in diesen Gebilden. Wenn man die menschliche Natur kennt, muß man sich eher im Gegenteil darüber wundern, daß nicht noch mehr Entgleisungen passieren.

Ein altes somalisches Sprichwort lautet: „Ich und Somalia gegen die Welt; ich und mein Clan gegen Somalia; ich und meine Familie gegen den Clan; ich und mein Bruder gegen die Familie; ich gegen meinen Bruder." Das Sprichwort hätte selbstverständlich in allen anderen Ländern erfunden werden können. Anders gewendet könnte das Sprichwort auch folgendermaßen lauten: „Zunächst komme ich, dann kommen mein Bruder und meine Familie, dann unsere Sippe, danach erst kommt unser Land –

und die ‚Welt' interessiert uns eigentlich nicht." Der reziproke Altruismus funktioniert demnach sozusagen in aufsteigender Reihe immer schlechter. Daher gelten Steuer- oder Versicherungsbetrug als Kavaliersdelikte, und Menschen, die dabei besonders „erfolgreich" sind, genießen sogar eine gewisse Sympathie (vgl. S. 47). Die eigene Großmutter auszurauben, ist jedoch etwas ganz anderes ...

Mithin tritt uns auch das Böse, in unserer Bewertung, gleichsam in abgestufter Form entgegen. Die Steuer- oder Versicherungsbetrüger schneiden dabei recht gut ab und liegen am unteren Ende der Skala, die Kinderschänder und Frauenmörder kommen als die wirklich Bösen an die Spitze. Wie die auf- oder absteigende Reziprozität zeigt, gibt es aber auch das „absolut Böse" nicht. Schon der Darwinist Carneri (1871, S. 183) meinte dazu folgendes:

Das Böse als Princip in allen seinen Formen, die wir mit dem Sammelnamen Teufel bezeichnen können, ist der riesige Nonsens, in welchen aller Theismus bei nur einiger Consequenz einmünden muß. Der den Himmel will, muß die Hölle mit in Kauf nehmen; schade nur, daß es, um der Angst vor der Hölle zu entrinnen, keine sicherern Mittel gibt, als um in den Himmel zu kommen.

Zwar glaube ich nicht, daß viele meiner Leser das Problem haben, der Hölle entgehen oder in den Himmel kommen zu müssen, aber die meisten werden sich fragen, wie sie handeln sollen, um zumindest „relativ gute" Menschen zu sein. Und mancher wird bemerken, daß altruistisches Handeln sehr wohl über die Kleingruppe hinausgeht und wir uns somit der Hoffnung hingeben dürfen, daß es mit uns moralisch aufwärts geht. In manchen Situationen, in denen wir einem anderen Menschen – oft genug einem Fremden – Hilfe angedeihen lassen, erwarten wir offenbar gar keine Gegenleistung. Wie stimmt das mit dem Gesagten überein?

Mancher springt angesichts eines Ertrinkenden spontan ins Wasser und fragt sich dabei kaum (auch, weil er gar keine Zeit dazu hat), welche Gegenleistung er wohl dafür bekommen wird. Handelt es sich bei einem solchen Menschen um einen echten Altruisten? Oder um einen Selbstmordkandidaten? Ich glaube (vgl. Wuketits 1993a), daß der so Handelnde einem uralten „Instinkt" folgt, der zu einer Zeit entwickelt wurde, als Kooperation und gegenseitige Hilfe eine Überlebensfrage *aller* waren und man erkannt hatte, daß das eigene Überleben nur mit der Hilfe der anderen bewältigt werden kann und die anderen ebenso auf die Hilfe derer zählten, denen sie bereits geholfen hatten. Für viele unserer Hilfeleistungen ist offenbar nicht die persönliche Bekanntschaft mit den Hilfeempfängern eine Voraussetzung; oft genügt bloß das Wissen, daß sich jemand in einer Situation befindet, die wir selbst schon erfahren haben. Wurde uns in dieser Situation – vielleicht von einem Fremden – geholfen, dann erinnern wir uns daran und sind bereit, einem anderen (Fremden) zu helfen.

Der Mensch wird (verständlicherweise) mit einem „kindlichen Egozentrismus" geboren (Piaget 1973), schließlich will er ja am Leben bleiben, lernt aber allmählich, daß er Teil einer Gemeinschaft ist, daß andere Menschen ihre eigenen Bedürfnisse haben und diese auch mit einer gewissen Berechtigung zum Ausdruck bringen. So kann sich beim Individuum ein Gefühl für reziproken Altruismus entwickeln. Dieses Gefühl entwickelt er um so leichter, als eine stammesgeschichtlich entstandene Neigung dafür vorhanden ist. „Der ‚sozial reife' Mensch wird also einerseits seine eigenen Interessen durchzusetzen versuchen, er wird aber – und sei es nur in Erwartung eigener Vorteile – die anderen berücksichtigen und mit ihnen kooperieren" (Wuketits 1997b, S. 1100).

Brüderlichkeit, eines der Ideale der Aufklärung, konnte im weltweiten Maßstab niemals durchgesetzt werden. Es ist gewiß bemerkenswert, wenn sich Menschen z. B. in Deutschland mit politischen Gefangenen in China solidarisch erklären und für diese sogar auf die Straße gehen. Ein derartiges Verhalten ist bei anderen Spezies nicht einmal in Ansätzen zu erwarten. Die Gorillas im Frankfurter Zoo protestieren nicht, wenn einige ihrer „Brüder" in Afrika abgeknallt werden, weil sie gar nichts davon wissen können. Daher könnte man meinen, daß *Homo sapiens* sich durchaus zu einem humanen Wesen im Sinne seiner eigenen Ideale von Menschlichkeit entwickelt hat und nun dabei ist, den reziproken Altruismus weit über seine Sympathiegruppen hinaus auszudehnen. Aber der Schein trügt. Es ist relativ leicht, sich für die Freilassung von politischen Gefangenen auszusprechen, solange diese in einem fernen Land eingesperrt sind. Würde aber jeder von uns auch nur einem dieser Menschen kostenlos Quartier geben? Wären wir alle ohne weiteres bereit, all diese Menschen „bei uns" als *Brüder und Schwestern* aufzunehmen? Wie, um nur ein Beispiel zu geben, die Diskussion um die doppelte Staatsbürgerschaft gezeigt hat, ist es bei vielen von uns um die Ideen der Brüderlichkeit und Solidarität nicht so gut bestellt. Das „Weltbürgertum" bleibt ein frommer Wunsch.

„Es fehlt uns", schreibt Ardrey (1972, S. 85), „das angeborene Gebot, das unsere sexuellen Impulse zum Nutzen eines selektiven Gemeinwohls lenkt." Gäbe es aber ein Gebot dieser Art, dann gäbe es wahrscheinlich auch keine Verbrechen. Doch es gäbe dann auch kaum jenes Mißtrauen, mit dem jeder Mensch – der eine mehr, der andere weniger – dem Fremden begegnet.

Es gehört zu den bemerkenswerten und bedenklichen Merkmalen unserer heutigen Massengesellschaften, daß sich die in uns vorhandene Neigung zum reziproken Altruismus sozusagen ins Böse verkehren kann. So ist es in Großstädten durchaus nicht immer ratsam, jedem, der um Hilfe ruft, auch sofort zu Hilfe zu eilen, da es sich dabei um einen üblen Trick handeln kann: Jemand täuscht vor, daß er Hilfe braucht, um damit nur ein potentielles Opfer anzulocken. Gleichzeitig wollen vor allem in den urbanen Großgesellschaften viele Menschen mit den Problemen ihrer „Mitmenschen" nichts zu tun haben. Sie sehen und hören nicht, daß ihr Nachbar spätabends regelmäßig seine Frau verprügelt oder daß ein alter Mann die Treppe hinuntergestoßen wurde. Solches zu sehen oder zu hören bringt ja schließlich nur Ärger ... Um so eifriger sind sie aber bei der Sache, wenn der Hund des Nachbarn in ihrem Garten seinen Stoffwechselvorgängen freien Lauf ließ – diese „Schweinerei" lassen sie sich natürlich nicht bieten.

Es mag vielleicht sonderbar klingen, aber es stimmt mit unseren heutigen Kenntnissen der menschlichen Natur durchaus überein – daß nämlich mit der Größe der Gesellschaft, mit der Zahl ihrer Mitglieder, das soziale Band nicht stärker, sondern schwächer wird und sich das Eigeninteresse auf Kosten anderer dramatisch erhöht. Unsere heutige Gesellschaft westlicher Prägung, die sich in sehr kurzer Zeit zu einer Ellbogen- und Konsumgesellschaft entwickelt hat, fördert, unterstützt durch eine aggressiv gewordene Werbung einen „pathologischen Egoismus", der es Kindern und Jugendlichen erschwert, den Weg aus dem schon erwähnten kindlichen Egozentrismus zu finden (Wuketits 1997b). Mir fällt dazu eine Fernsehwerbung ein, die irgendeine Eiscreme damit anpreist, daß ein ziemlich dümmliches jugendliches Gesicht genußvoll daran leckt und sagt: „Was, teilen? Nein, ha, ha ..." Das ist ein wirklich guter Weg, vor allem sozial unreife Menschen in eine „Egoismus-Falle" (Nuber 1994) zu locken.

Wie Eltern mehrerer Kinder wissen, ist es schwer genug, ihren Sprößlingen deutlich zu machen, daß sie mit ihren Geschwistern Spielsachen oder Süßigkeiten teilen sollen. Das entspricht durchaus der soziobiologischen Erwartung. Jedes Kind will zunächst die ungeteilte Zuneigung seiner Eltern und wehrt sich oft vor allem gegen jüngere Geschwister. Doch wenn es eine halbwegs „normale" Erziehung genießt, lernt es, daß auch die Geschwister gewisse Rechte haben und die elterliche Fürsorge genauso verdienen. So kann aus dem Kind mit der Zeit ein guter „reziproker Altruist" werden. Aber die Verlockung, *alles* haben zu können, *nichts* mit anderen teilen zu müssen, ist groß. Sie wird durch eine Gesellschaft verstärkt, die Werbeeinschaltungen erlaubt, welche das Teilen als lächerlich hinstellen. Auf diese Weise wird die von Schurken und Bösewichten aller Art ausgehende Faszination verstärkt.

Aber man sollte die Gefahren nicht übersehen, die eine solche Gesellschaft gerade für das Individuum darstellt. Der Mensch, der in besagte Egoismus-Falle gerät, muß nämlich seine vermeintliche individuelle Freiheit mit individueller Einsamkeit bezahlen. Und nicht nur das. Zum Wesen unserer Konsumgesellschaft gehört, daß sie – durch gezielte Werbeeinschaltungen – die Befreiung des Individuums von den Zwängen seiner Gesellschaft propagiert, mit dieser Propaganda aber nichts anderes will als „den manipulierten Menschen, der sein Ego pflegt und dadurch aller sozialen Instinkte verlustig geht, so daß er am Ende als hilflose Kreatur dasteht (und erst recht jener Leute bedarf, die ihn manipuliert haben!)" (Wuketits 1997b, S. 1101). Daher geben uns ja alle Einkaufszentren, Autofirmen, Banken,

Kreditkartenunternehmen, Versicherungen, Telefongesellschaften, Tourismusbetriebe, Fluggesellschaften und – natürlich – auch alle Politiker mit Nachdruck zu verstehen, daß sie *für uns* da sind. Nehmen wir's ihnen nicht übel – selbstverständlich wollen sie in erster Linie Profit machen oder, im Falle der Politiker, gewählt werden. Daher tun sie *für uns* gerade das, was sie brauchen, um ihre Ziele zu erreichen.

Das Prinzip der Reziprozität bezieht sich allerdings nicht nur auf den sozial positiven Aspekt des Teilens und der gegenseitigen Hilfe, sondern hat auch seine Kehrseite, nämlich in der Vergeltung und *Rache*. Wer uns Böses tut, dem wünschen wir nichts Gutes, und mancher bleibt nicht beim bloßen Wunsch, sondern schreitet zur Tat. Unsere legalen Systeme verbieten die persönliche Verfolgung von Missetätern durch die Geschädigten selbst. Auch an einem Massenmörder darf keine private Rache geübt werden, in jedem Fall behalten sich die Gerichte eine allfällige Bestrafung vor. Wenn freilich der Vater seines ermordeten Kindes den Mörder selbst stellt und erschießt, dann darf er in der Regel, obwohl seine Tat illegal war, von der Öffentlichkeit, ja vielleicht selbst von der Justiz, ein gewisses Verständnis erwarten. Schließlich hat er sein eigenes Fleisch und Blut gerächt. Vogel (1989, S. 41) schreibt dazu allgemein folgendes:

In vielen Gesellschaften fordert der gewaltsame Tod eines Verwandten die „Blutrache" als rechtmäßige Vergeltung: Mord ist moralisch gerechtfertigt, wenn dadurch die „Blutschuld" der Tötung eines Verwandten getilgt wird. Blutsverwandte sind zu schützen, und dazu ist jedes Mittel recht: Der Zweck heiligt die Mittel!

Auch hier liegt ein gutes Beispiel für unsere Doppelmoral vor. Das Töten anderer Menschen ist unmoralisch, aber in bestimmten Fällen wird es eben akzeptiert und gilt mitunter sogar als moralisch. Die Blutrache ist in vielen Gesellschaften ein legitimes Mittel, selbst einen anderen Menschen aus der eigenen Sozietät zu töten (vgl. Meyer 1981).

Ein gutes Beispiel dafür, wie einerseits Vergeltung gefordert, andererseits das positive Element der Reziprozität Freunden oder auch Fremden gegenüber vollständig eliminiert werden kann, ist wieder der Krieg:

Der Krieg ist ein rechtsfreier Raum, eine Zeit des Wahns, in der keine Verbote mehr gelten und Greueltaten häufig ungesühnt bleiben, ja nicht einmal zu Protokoll genommen werden. Eine Verschwörung des Schweigens umgibt viele Vorfälle, die zumindest Schuldgefühl und Scham mit sich bringen müßten, fielen sie nicht in eine Zeit, in der die Moral suspendiert ist (Watson 1997, S. 248 f.).

Im Krieg herrscht im allgemeinen das Prinzip vor: „Töte ich nicht meinen Feind, dann wird er mich töten." Ein Prinzip der „vorwegnehmenden Reziprozität" also. Dieses erlaubt, wie nicht erst – wenn auch besonders – das 20. Jahrhundert gezeigt hat, alle nur denkbaren Formen der Grausamkeit gegen den jeweiligen Feind bzw. gegen Menschen, die einfach zu Feinden erklärt wurden.

Beim Wunsch nach Rache kann uns wieder das Alte Testament als „Haltegriff" dienen. „Der Herr sprach zu Moses: ,Nimm Rache für die Israeliten an den Medianitern" (4 Moses 31, 1-2). Und nachdem die Sieger heimgekehrt waren, war Moses erzürnt, weil sie alle Frauen ihrer Gegner am Leben gelassen hatten, und befahl: „So tötet nun von den Kindern alle Knaben und von den Frauen jene, die schon mit einem Manne verkehrt haben! Aber alle Mädchen, die noch mit keinem Manne verkehrt haben, laßt für euch am Leben" (4 Moses 31, 17-18).

„Wie du mir, so ich dir" – das kann also einerseits gegenseitige Hilfe und soziale Stabilität bedeuten, andererseits aber auch den Wunsch nach Vergeltung und Rache. Wie es scheint, ist der Rache-Gedanke in keiner unserer Gesellschaften aufgegeben worden. Wo Blutrache und Lynchjustiz per Gesetz abgeschafft wurden, nimmt sich der Staat mit seinem Justizapparat das Recht heraus, Vergeltung zu üben, und das nicht selten in Form der Todesstrafe (vgl. S. 115). Das Prinzip der gegenseitigen Hilfe wiederum funktioniert, wie gesagt, am besten in kleinen, überschaubaren Gesellschaften. Selbst in solchen Sozietäten gibt es die Tendenz, bei der Hilfeleistung „alte, helfende Partner" zu bevorzugen (Vos und Zeggelink 1997). Das bedeutet also nochmals, daß der reziproke Altruismus seine Grenzen hat – jedenfalls was seine in uns verwurzelten (genetischen) Anlagen betrifft. Schließlich bevorzugen wir in unserem Bekanntenkreis auch Menschen, die ähnliche Interessen haben wie wir. Freilich nur solange, wie sie – wegen ihrer Interessen – nicht unsere Konkurrenten werden.

Mir fällt dazu ein böser Witz ein, der an der Universität Wien gelegentlich erzählt wird (jedoch auf praktisch alle beliebigen Institutionen überall in der Welt übertragen werden kann): Zwei Professoren treffen einander vor dem Hauptportal ihrer (Wiener) Universität und sehen, daß die schwarze Fahne gehißt wurde. „Schauen Sie", sagt der eine zum anderen, „da ist offenbar einer unserer Kollegen gestorben. Wissen Sie, wer es ist?" Darauf antwortet der andere: „Nein, weiß ich nicht, aber mir ist jeder recht."

Erweist sich unter solchen Umständen nicht die ganze Ethik als überflüssig? Nun, immerhin räumt auch Dawkins (1994, S. 322) ein: „Als einzige Lebewesen auf der Erde können wir uns gegen die Tyrannei der egoistischen Replikatoren auflehnen." Nur sind wir bisher darin nicht sonderlich erfolgreich gewesen, auch, weil wir von dieser „Tyrannei" nichts wissen wollten und lieber an Utopien gebastelt haben. Moral war ein „Nebeneffekt" in der Evolution des Menschen (Bateson 1989). Unsere Fähigkeit, über Gut und Böse nachzudenken, hat uns geholfen, bestimmte Verhaltensweisen als für uns günstig im Sinne des Durchsetzens unserer Lebensinteressen in der Gruppe zu erkennen und andere Verhaltensweisen abzulehnen. Moral, so darf man behaupten, ist daher eine biologische Kategorie (Wuketits 1990b). Denn was wir heute mit Ausdrücken wie „Hilfsbereitschaft", „Entgegenkommen", „Nächstenliebe" usw. bezeichnen und als moralisch richtig bewerten, sind Eigenschaften, die somit auf der Stufe unserer steinzeitlichen Ahnen schon ausgeprägt waren, ohne daß damit jemand *bewußt* Moralprinzipen verbunden hätte. Allgemein gesagt, können sich Menschen moralisch durchaus richtig verhalten, auch wenn sie gar nichts von Moral – oder gar Moralphilosophie – wissen. Die Aufforderung, wir sollten uns – durch die Moral – gegen unsere eigene Natur auflehnen, ist schon ein wenig mit dem Zuruf an einen Ertrinkenden vergleichbar, sich doch am eigenen Schopf aus dem Wasser zu ziehen (siehe auch Heschl 1998). Welche Lösungen zeichnen sich also ab, wenn wir uns nun wirklich bemühen sollten, moralisch stets richtig zu handeln? Oder sind wir, wie ich schon wiederholt fragte (Wuketits 1993a, 1994a, 1998b), zur Unmoral, zum Bösen verurteilt? Ich hoffe, daß die nächsten beiden Kapiteln hierbei etwas zur Aufklärung beitragen werden.

An Versuchen, das Böse zu bekämpfen, hat es in unserer Kulturgeschichte nie gefehlt, und der Vorstellungen über den „guten Menschen" gibt es fürwahr sehr viele. Vor allem haben sich weitblickende Denker häufig die Frage gestellt, warum

Menschen nicht miteinander in Frieden leben können und wie ein dauerhafter Friede möglich wäre. In seiner bemerkenswerten Schrift *Zum ewigen Frieden* bemühte sich Kant, das Prinzip der Reziprozität auszudehnen und sprach klugerweise vom „wechselseitigen *Eigennutz*", der schließlich, den Frieden unter den Völkern stiften sollte: „Es ist der Handelsgeist, der mit dem Kriege nicht zusammen bestehen kann, und der früher oder später sich jedes Volkes bemächtigt" (Kant 1795 [1987, S. 64]). Heute hat jener „Handelsgeist" so gut wie alle Völker erfaßt – den Krieg verhindert hat er allerdings nicht, sondern, im Gegenteil, in vielen Fällen erst begünstigt. Bekanntlich sind z. B. reiche Erdölvorkommen in bestimmten Ländern nicht nur ein Motiv für den friedlichen Austausch, sondern – wie die jüngste Geschichte zeigt – durchaus auch ein „guter" Grund für kriegerische Auseinandersetzungen. Und der „Handelsgeist" vieler Menschen manifestiert sich keineswegs nur im Austausch von Gütern des täglichen Gebrauchs. Waffenhandel (illegaler, aber auch legaler!), Menschenhandel und der Handel mit menschlichen Organen sind die Schattenseiten des menschlichen „Handelsgeistes".

Wie man es auch dreht und wendet: Das Böse bahnt sich immer seine Wege, und jede soziale, politische, ökonomische und technische Innovation bietet ihm erstaunliche neue Möglichkeiten. Die Ursachen dafür können wir nur in uns selbst finden, und nirgends sonst. Konnte man in früheren Zeiten dafür noch Teufel und böse Dämonen strapazieren, und können sich auch heute noch Menschen vieler Kulturen bei manchen ihrer Handlungen auf böse Geister berufen, so ist auf der Basis der naturwissenschaftlichen Erkenntnisse über den Menschen – vor allem aus der Sicht der Evolutionstheorie – der Mensch immer der alleinige Urheber aller seiner Taten und folgt bei dem, was er tut, oft uralten, durch natürliche Auslese entstandenen Verhaltensantrieben, die einst weder gut, noch böse waren, sondern nur seinem Überleben dienten. „Überleben" kann ja nicht schlecht sein, womit wir aber offensichtlich moralische Schwierigkeiten haben, sind verschiedene Verhaltensstrategien, mit denen Menschen ans Ziel kommen. Aber diese Schwierigkeiten liegen häufig bloß darin, daß wir falsche Vorstellungen vom Menschen haben und unseren Moralvorstellungen ein Menschenbild zugrunde legen, das mit der Wirklichkeit, der Wirklichkeit des menschlichen Lebens, nichts oder nicht viel zu tun hat. Das Leben des Menschen ist nun einmal im allgemeinen komplexer und „reicher" als es der enge Horizont eines Moralapostels erlaubt. Bleibt die Frage, wie sich jemand zu einem Moralapostel entwickeln kann. Unter anderem wahrscheinlich dadurch, daß er eine besondere Enge in seiner eigenen Entwicklung erfahren hat und die „Freiheit", die er gern hätte, anderen nicht gönnt.

5. Eine Biologie der Moral (und Unmoral)

Die Dankbarkeit der meisten Menschen ist nichts als eine geheime Begierde nach größeren Wohltaten.

FRANCOIS DE LA ROCHEFOUCAULD

In den blutigsten Zeiten leben freundliche Menschen.

BERTOLT BRECHT

Warum Egoisten hilfsbereit sind

Die olympischen Götter der alten Griechen waren ausgesprochene Egoisten, Figuren mit einem ausgprägten Hang zur Verwirklichung persönlicher Ziele, zur Verstärkung ihrer Macht, zur Selbstbehauptung (Furley 1995). Jesus Christus hingegen soll *für uns* am Kreuz gestorben sein und gilt somit als Musterbeispiel für Selbstlosigkeit und Selbstaufopferung. Geholfen hat das zwar, im nachhinein besehen, niemandem, aber unzählige Menschen sind nach wie vor beeindruckt von dieser sinnlosen Tat. Einen gewissen Eindruck hinterlassen ja schließlich auch terroristische Selbstmordkommandos, die für irgendwelche dubiose Ziele, im Namen ihrer Propheten und Ideologien bereit sind, ihr Leben aufzugeben (und das anderer Menschen ebenso auszulöschen).

Wie ich bereits bemerkt habe, ist Selbstaufopferung ohne jede Gegenleistung äußerst selten (vgl. S. 128), sie ist gewissermaßen eine (sozio-)biologische Anomalie. Nach allem, was wir heute über unsere eigene Spezies und unsere nächsten Verwandten in der Tierwelt wissen, ist eine bestimmte Portion Egoismus bzw. Selbstliebe ein wichtiger Faktor unseres Überlebens. Daher mag es paradox scheinen, daß gerade Egoisten ein relativ hohes Maß an Kooperation entwickeln und hilfsbereit sind (vgl. z. B. Dahl 1991, Schüßler 1995, Vogel 1992, Wuketits 1994c). Sollte man nicht das Gegenteil erwarten? Sind Egoisten nicht unangenehme Menschen, die mit anderen Menschen nichts zu tun haben wollen – und wenn, dann nur insofern, als sie andere Menschen bloß mißbrauchen, um ihre eigenen Ziele zu erreichen? Nein, keineswegs.

Sicher, viele Moralphilosophen pflegen ein Menschenbild, das dem Egoismus nur wenig Raum läßt, und unsere Kultur veranlaßt uns, den selbstlosen Märtyrer zu verehren und ihn vielleicht sogar nachzuahmen. (Glücklicherweise ahmen ihn nicht zu viele wirklich nach!) Andererseits pflegt unsere Ellbogen- und Konsumgesellschaft das Ideal eines Menschen, der sich, ohne Rücksicht auf Verluste, seinen Weg bahnt und seine Karriere macht. Irgendwie sind wir ja mittlerweile gewohnt, von Menschen, die sich sozusagen hinaufarbeiten, nicht unbedingt nur Gutes zu erwarten. Aber nein, es sind keineswegs die brutalen Typen, die ihre Ziele erreichen, die Revolverhelden, die jeden, der sich ihnen in den Weg stellt, eliminieren, die finster dreinblickenden Beamten, die jeden Antrag ablehnen. Es sind die „netten Kerle", die zuerst ans Ziel kommen (Dawkins 1994), wobei freilich ein „netter Kerl" nicht unbedingt das Musterbeispiel für Moral sein muß, jedenfalls nicht nach den Kriterien, die ein lebensfremder Moralist hierzu zur Verfügung hat.

Es fällt Eltern nicht schwer, zu erkennen, daß sich ihre Sprößlinge oft besonders dann artig verhalten, wenn sie etwas wollen. Kinder sind häufig sehr geschickte Taktierer und lernen schnell, daß sich Artigkeit auszahlt. Einem freundlichen Kind wiederum kann der Erwachsene nicht so leicht einen Wunsch abschlagen. Aber bei uns Erwachsenen liegen die Dinge ja im Prinzip auch nicht wesentlich anders. Freundlichkeit kann geradezu betören. Obwohl wir oft wissen, daß sie nur gespielt ist, ist sie uns angenehm. Freundliche Menschen, sagt man, haben mehr vom Leben. Das ist schon wahr, weil sie mit ihrer Art meist leichter ihre Ziele erreichen als unfreundliche Charaktere. Man stelle sich einmal vor, wir würden allen Menschen immer die Wahrheit ins Gesicht sagen (vgl. S. 59). Nur Trauer, Schmerz und Haß würden wir damit verbreiten und dafür sorgen, daß uns unsere Mitmenschen systematisch meiden.

Daher gibt es beispielsweise kaum unfreundliche Verkäufer. Freundlichkeit ist Teil ihres Erfolgs. Was will ein Verkäufer? Natürlich Profit. Er benimmt sich eigennützig, aber hinter seiner freundlichen Fassade verschwindet sein Egoismus, der potentielle Käufer läßt sich schnell davon überzeugen, daß er einen guten Kauf tätigen würde. Der Verkäufer eines Bekleidungsgeschäfts, der einer Dame im vorgerückten Alter frei heraus sagen würde, daß sie ein hoffnungsloser Fall sei und auch ein neues Kleid ihr ramponiertes Aussehen nicht mehr verdecken könne, wäre selbst ein hoffnungsloser Fall. Vertreter und Vertreterinnen bestimmter Dienstleistungsberufe sind besonders in Freundlichkeit geübt. So etwa Stewards und Stewardessen in Flugzeugen. Ihrer Freundlichkeit erfüllt einen wichtigen Zweck – sie vermittelt den Passagieren ein Gefühl der Sicherheit. Man stelle sich eine Stewardeß vor, die auf die Frage eines Passagiers diesen anschnauzt: „Lassen Sie mich doch in Ruhe, ich habe das Fliegen so satt ...!" Vermutlich wäre das dann auch ihr letzter Flug als Hosteß. Es ist keine Frage, unter freundlichen Menschen fühlen wir uns wohler, diejenigen, die sich also freundlich verhalten, leisten damit – ihrer eigennützigen Interessen eingedenk – einen Beitrag zum Wohlergehen anderer Menschen. Zumindest bis zu einer – objektiv schwer definierbaren – Grenze. Übertrieben freundliche Menschen, die einem ständig ins Gesicht grinsen, lassen sich nur zu leicht als hinterhältige Charaktere erkennen und verbreiten unter ihren Mitmenschen auch keine Freude.

Den Egoismus pauschal verteufeln können nur diejenigen, die von der menschlichen Natur keinen bloßen Schimmer haben und auch nicht wissen, wie das soziale Leben überhaupt funktioniert. Denn der Egoismus ist, wie schon Büchner (1872, S. 240) bemerkte, „an sich durchaus nichts Verwerfliches und bildet eigentlich die letzte und höchste Triebfeder aller unserer Handlungen." Aber zu einer funktionierenden Gesellschaft gehört auch die Fähigkeit ihrer Mitglieder, ihre eigennützigen Motive möglichst zu verbergen. Jemandem spontan Hilfe anzubieten, erhöht die Wahrscheinlichkeit reziproker Hilfeleistung; freundliches Verhalten führt im allgemeinen besser und schneller ans Ziel als ruppiges Auftreten. Daher sind, ob man das nun wahrhaben will oder nicht, Täuschungsmanöver elementarer Bestandteil einer jeden funktionierenden Gesellschaft. Der einzelne Mensch erkennt ja bald, daß bestimmte seiner Verhaltensweisen bei anderen Menschen willkommen sind – oder eben nicht:

Er sieht, daß er mit seinem eigennützigen Verlangen und seinen eigensüchtigen Wünschen und Begierden den Protest und die Ablehnung seiner Nächsten herausfordert. Und so belehrt ihn denn der graue Alltag darüber, daß er all jenen Neigungen zu entsagen habe, die das Mißfallen seiner Nächsten erregen, daß er sich all jener Gedanken, Gefühle und Wünsche zu entledigen habe, die von der Gesellschaft geächtet werden. Sein Erfolg in der Gesellschaft hängt daher ganz von seiner Fähigkeit ab, seine Nächsten über seine wahren Empfindungen und Neigungen hinwegzutäuschen. In diesem Bemühen wird er aber um so erfolgreicher sein, je mehr es ihm gelingt, sogar sich selbst etwas vorzugaukeln (Dahl 1991, S. 67).

Das kann aber auf die Dauer auch sehr anstrengend sein. Zumindest heimlich verspürt daher wohl jeder Mensch gelegentlich den Wunsch, sich ganz anders zu verhalten: seinem Chef einmal zu sagen, daß er ein Idiot sei, seinem Lehrer zu verstehen zu geben, daß er während des Unterrichts unverständlich vor sich hin murmelt und Mundgeruch verbreitet, einem Besucher deutlich zu machen, daß er völlig unerwünscht sei, der

Nachbarin zu sagen, daß sie doch in ein anderes Stadtviertel ziehen soll, da man ihr schrilles Gelächter nicht ausstehen kann ... Die alte Geschichte von „Dr. Jekyll" und „Mr. Hyde" bringt unsere diesbezüglichen geheimen Wünsche ziemlich drastisch auf den Punkt. Von allen geschätzt und geachtet zu werden, ist natürlich jedermanns Bestreben, aber dieses hat seinen Preis; es kostet viel Aufwand, sich die Achtung und Wertschätzung der Mitmenschen zu erarbeiten und auch zu erhalten. Daher wäre es schon sehr schön, von Zeit zu Zeit in die Rolle eines ganz anderen Menschen schlüpfen zu können – ohne jedoch die Achtung zu verlieren! Aus der Wirklichkeit des menschlichen Lebens kennen wir dieses Phänomen im sog. Doppelleben, das zu führen tatsächlich manche Menschen imstande sind ohne entdeckt zu werden. Im Extremfall führen solche Menschen einerseits das Leben biederer Bürger, die von ihrer Umgebung geschätzt werden, andererseits sind sie Mörder oder Serienkiller, und Jahre können verstreichen, bis ihre grauenvollen Taten ans Tageslicht kommen (vgl. Leyton 1989). Nette Kerle also erreichen nicht nur im „gewöhnlichen Leben" schneller ihr Ziel, sie können auch viel besser selbst ihre schlimmsten Greueltaten verbergen.

Der eine oder andere Leser wird gelegentlich mit Menschen konfrontiert sein, die nicht müde werden, darauf hinzuweisen, daß sie „alles korrekt machen", bei sich und anderen keine Lügen dulden, stets pünktlichst ihre Steuern bezahlen usw. Ich kann vor solchen Menschen nur warnen. Möglicherweise sind sie, in dem einen oder anderen Fall, harmlos und bloß verängstigt oder unfähig, „soziale Spiele" zu durchschauen und mitzumachen. Möglicherweise aber haben sie sehr viel zu verbergen und wollen sich nur selbst schützen, indem sie sich als tadellos hinstellen und vorgeben, ein moralisch einwandfreies Leben zu führen. Dann braucht man oft nur an der Fassade zu kratzen, und man wird solche Menschen als Heuchler überführen, im Extremfall sogar als Schwerverbrecher. Oder es handelt sich um Menschen, die sich, weil sie unfähig sind, die Eigeninitiative zu einem glücklichen Leben zu ergreifen, dem jeweiligen Herrschaftssystem vor die Füße werfen und stets als erste „Hurra!" brüllen, wenn ein „Führer" die Macht ergreift. (Das hatten wir ja schon einmal, aber die Gestalt des „Führers" ist, wie zu befürchten bleibt, fast beliebig austauschbar, solange er nur ausspricht, was viele ohnedies denken.) Dann sind diese moralischen Gartenzwerge sicher die ersten, die jeden verraten, der eine „verdächtige" Äußerung getan hat, seinen homosexuellen Neigungen nachgibt oder sich auch bloß aus dunkler Quelle eine Flasche Wein besorgt hat.

Im Zusammenhang mit Wein darf ich an die Prohibitionszeit in den USA erinnern,[5] die für unser Thema in mancher Hinsicht recht aufschlußreich ist. Gerade das Verbot alkoholischer Getränke führte dazu, daß sich viele Menschen diesen Getränken zuwandten (der Reiz des Verbotenen!). Der Genetiker Richard Goldschmidt bemerkte in seinen Lebenserinnerungen dazu, daß ihm damals „weniger die Prohibition als vielmehr der Trinkzwang auf die Nerven ging. Wo immer man auch zusammenkam, brachte jemand eine Flasche zum Vorschein, und Leute, die normalerweise nie daran gedacht hätten, am Tage Alkohol zu trinken, taten sich nun gütlich daran" (Goldschmidt 1963, S. 307). Das bedarf wohl keines weiteren Kommentars. Tatsächlich führte die Prohibition zu unerträglichen Zuständen, da sie

---

5 Die Prohibition, ein Gesetz, das die Herstellung und den Verkauf alkoholischer Getränke verbot, wurde in den USA 1919 beschlossen, mußte aber 1933 wieder aufgehoben werden.

die Kriminalität in hohem Maße begünstigte. Gleichzeitig waren Menschen, die irgendwo einen Tropfen Alkohol zu sich nehmen wollten, zu erstaunlichen kooperativen Leistungen bereit. Das kommt nicht überraschend, wenn man sich vergegenwärtigt, daß ja stets eine Hand die andere wäscht und das Individuum die eigenen Ziele oft nur erreichen kann, wenn es sich mit anderen, die die gleichen Ziele erreichen wollen, zumindest kurzfristig zusammentut. Gerade, wenn es darum geht, Gesetze zu umgehen oder zu brechen, die von einer signifikanten Zahl von Menschen als sinnlos empfunden werden, arbeiten viele Menschen, die ansonsten nichts miteinander zu tun haben, erstaunlich gut zusammen.

Der Gesetzgeber ist also stets gut beraten, sich die Gesetze, Vorschriften, Verbote, und Verordnungen, die er verabschieden will, sehr genau zu überlegen. Die Kooperation unter Individuen kann stärker sein als jedes Gesetz. Daher ist es auch wahrscheinlich so gut wie unmöglich, beispielsweise die Schwarzarbeit unter Kontrolle zu bekommen. Da beide, Arbeitgeber und Arbeitnehmer, davon profitieren und ihnen das Hemd näher ist als der Rock, kümmert sie der allfällige gesamtwirtschaftliche Schaden ihrer Kooperation herzlich wenig.

Die längste Zeit gab es in unserer Evolution, ich betone es noch einmal, weder irgendeine Form der Moral (nach heutigen Begriffen), noch legale Systeme, sehr wohl aber waren kooperative Aktivitäten innerhalb kleiner Gruppen verbreitet. Den einzelnen bewußt unterdrückende Maßnahmen und alle Formen der Tyrannei sind in erster Linie eine Reaktion auf die Bildung von Massengesellschaften (Leyhausen 1974). Da in uns allen aber noch die steinzeitliche Kleingruppenmoral steckt, reagieren wir umgekehrt auf solche Repressalien mit allen uns zur Verfügung stehenden Mitteln. Der Gesetzgeber mag ja da anders denken, aber gemäß unserer biosozialen Grundausstattung können wir nun einmal nicht so leicht einsehen, daß wir beispielsweise auf unserem eigenen Grundstück, in unserem eigenen Haus den Anbau einer Veranda von irgendeinem entlegenen Amt genehmigen lassen müssen, und daß die Vertreter dieses Amts das Recht haben, unser Vorhaben zu vereiteln, indem sie sich auf einen obskuren Gesetzesparagraphen berufen, den wir dreimal lesen müssen, bevor wir ihn überhaupt semantisch entschlüsseln können (ohne dann freilich seinen Sinn einzusehen). Generell gilt dazu, was Masters (1988, S. 282) mit folgenden Worten ausdrückt:

Eine höchst ungewöhnliche Kombination vom Umständen ist erfoderlich, damit eine Säugetierart bürokratische Regierungen und Gesellschaften sehr großen Umfangs aufrechterhält. Zwar ziehen diejenigen, die in einer zivilisierten Welt leben, viele Vorteile aus den kollektiven Gütern, die der Staat bereitgestellt hat, eine evolutionäre Perspektive zeigt indes, daß solche Sozialsysteme theoretisch und praktisch verwundbar sind.

Selbst einige Soziobiologen und Befürworter einer evolutionären Ethik scheinen vor den letzten Konsequenzen des evolutionstheoretischen Ansatzes zum Verständnis von Moralsystemen allerdings zurückzuschrecken und beeilen sich, Moral sozusagen in die Sphäre der menschlichen Freiheit zu delegieren. So bemerkt z. B. Christian Vogel ungeachtet seiner Überzeugung, daß unser Moralverhalten in unserer Stammesgeschichte verwurzelt ist, folgendes:

Moral und Ethik bedürfen weder einer evolutionsbiologischen Legitimation, noch ist eine solche überhaupt möglich, denn die biogenetische Evolution hat gar keine moralische Dimension. Insofern gibt es auch keine Möglichkeit, das menschliche Sittengesetz auf naturwissenschaftliche Grundlagen zu stellen. Selbstverständlich muß unsere Ethik unsere natürlichen Neigungen übersteigen (Vogel 1992, S. 181).

Und an anderer Stelle sagt Vogel (1988, S. 217), daß zwar die tatsächlich praktizierte Moral unserer Natur viel näher kommt als „naturferne" ethische Ideale, daß wir aber „nicht umhin können, ‚naturfernere' ethische Ansprüche an uns zu stellen".

Ich stimme aber mit Vollmer (1986, S. 57) darin überein, daß es eine sinnvolle Strategie sei, „mit dem anzufangen, was wir ‚schon immer tun', mit einer Untersuchung dessen, was wir ‚schon immer' für wahr und was wir ‚schon immer' für richtig halten". Das bedeutet also: Unser tatsächliches Verhalten, unsere Neigungen, in dieser oder jener Situation dieses oder das zu tun, muß der Ansatzpunkt jeder Ethik sein. Was dem Postulat einer „realistischen Ethik" entspricht, die sich nur mit Angelegenheiten befaßt, welche auch eine entsprechende Wirkung auf ethische Objekte hervorrufen, und die sich damit als Sozial-, Verhaltens-, Zweck- und Erfolgsethik charakterisieren ließe (Kadlec 1976).

Wenn es mithin eine Neigung in uns gibt, mit anderen zu kooperieren, um unsere (egoistischen) Ziele zu erreichen – und es besteht kaum ein Zweifel daran, daß eine solche Neigung tatsächlich existiert –, dann braucht daraus zwar keine Legitimation abgeleitet zu werden für irgendeine Form des moralischen oder unmoralischen Verhaltens, aber diese Neigung wird unser Verhalten maßgeblich mitbestimmen. Kämpfen wir gegen sie durch Normen und Gesetze an, dann erzeugen wir Widersprüche in unserem Leben und rufen Konflikte zwischen konkretem, gewohntem Handeln und einem „Handlungsideal" herbei, die natürlich keinerlei positive ethische Wirkung zeitigen können. Hingegen gewinnt das (aus egoistischen Gründen) mit anderen kooperierende Individuum ein persönliches „Plus", kann damit aber sozusagen auch ein soziales „Plus" erzeugen, wenn die anderen ihre Freude und ihren Spaß an der Kooperation haben (vgl. Leinfellner 1993).

Um jedoch unser Leitthema nicht aus den Augen zu verlieren: Selbstverständlich braucht die Kooperation zwischen zwei oder mehreren Individuen keinen moralischen Zielen zu folgen. Intrigen, Verschwörungen, organisiertes Verbrechen usw. zeigen, daß Menschen besonders auch dann kooperativ handeln können, wenn sie verbrecherische Absichten hegen. Und wer wollte leugnen, daß von einem „perfekten Verbrecherteam" eine gewisse Faszination ausgeht. Wenn es sich dabei um ein junges Verbrecherpärchen wie Bonnie und Clyde handelt, dann empfindet wohl mancher sogar eine gewisse Sympathie.[6] Geradezu perfekt kooperieren auch die drei Musketiere in Alexandre Dumas' gleichnamigem Roman. Da sie obendrein auf der Seite der Schwachen und Unterdrückten kämpfen, ist man geneigt, ihnen beinahe alles zu verzeihen. Demgegenüber genießen internationale Verbrecherbanden, die junge Mädchen in die Prostitution treiben und mit ihnen wie mit irgendeiner Ware handeln, selbstredend nicht die geringste Sympathie. Mit Recht empfinden wir diesen modernen Sklavenhandel als verabscheuungswürdig. Daß die allermeisten von uns Verbrechen gegen Kinder, vor allem „organisierte" Kinderschändung, als ganz besonders schlimm empfinden, entspricht der soziobiologischen Erwartung. Dabei geht es nicht nur darum, daß, um

---

6 Clyde Barrow (1909-1934) und Bonnie Parker (1911–1934) brachten es in den USA (und darüber hinaus) zu legendärer wie trauriger Berühmtheit. In ihrer kurzen, 21 Monate dauernden „Karriere" verübten sie zahlreiche Raubüberfälle, erbeuteten jedoch nie mehr als jeweils 1500 $. Schließlich wurden sie aber von einem Freund verraten und starben im Kugelhagel der Polizei an einer Straßensperre.

es etwas kraß zu sagen, Kinder Vehikel unserer Replikatoren sind (die meisten sind ja mit uns nicht im engeren Sinne genetisch verwandt), sondern Kinder, vor allem Säuglinge und Kleinkinder, wecken bei jedem „normalen" Menschen den „Hegeinstinkt" (der wiederum aus genetischen Gründen zu unseren Neigungen gehört).

Nach dem Gesagten wird es manchen sicher verwundern, daß – wovon wir uns im täglichen Leben immer wieder überzeugen können – viele Menschen enttäuscht sind, wenn sie Hilfe durch andere nur erfahren, wenn diese anderen nicht „rein" altruistisch handeln, oder wenn sie bemerken, daß der Altruist quasi seine Hintergedanken hatte. „Ach, nur deshalb hast du mir also geholfen, weil du von mir was willst ...!" Da Selbstlosigkeit zu einer Tugend erhoben wurde und die Erziehung zum „reinen" Altruisten offenbar in der Entwicklung vieler Menschen ihre Rolle spielte und spielt, kann ein Mensch tatsächlich enttäuscht sein, wenn er bemerken muß, „wie's wirklich läuft". Aber man kann sich viele Enttäuschungen ersparen, wenn man einen realistischen Blick auf die menschliche Natur wirft und selbst ein „gesunder Egoist" wird. Was macht es denn schon aus, wenn mir ein anderer Mensch hilft, weil er sich von seinem helfenden Handeln selbst etwas verspricht? Hauptsache ist doch, daß mir geholfen wird. Selbstverständlich muß die Reziprozität nicht direkt erfolgen, selbstverständlich wird gerade der „wahre Egoist" keine unmittelbare Gegenleistung erwarten oder gar fordern. Schließlich genießen Helfer in ihrem sozialen Umfeld ein relativ hohes Ansehen – also haben sie schon einmal etwas davon, daß sie sich altruistisch verhalten. Man denke in diesem Zusammenhang daran, daß Menschen, die in Krisensituationen – bei Brandkatastrophen, Überschwemmungen, Erdbeben usw. – große Leistungen vollbringen, viel Mut beweisen und Menschenleben retten, schnell (auch durch die Medien) zu großem, wenn auch in der Regel nur kurzfristigem öffentlichen Ansehen gelangen. Und wer von uns möchte umgekehrt viel mit Leuten zu tun haben, die, als sie von uns einmal um Hilfe gebeten wurden, diese abgelehnt hatten! Wir brauchen uns auch nur an unsere Schulzeit zu erinnern. Der Klassenbeste in Mathematik, der alle anderen abschreiben ließ, genoß doch Sympathie und Ansehen, und zwar nicht nur wegen seiner Begabung in jenem Fach, sondern gerade auch – oder sogar primär – wegen seiner „sozialen Kompetenz". Aber er konnte erwarten, daß ihn die anderen in Fächern, die nicht seine Stärke waren, auch abschreiben ließen.

Unsere Neigung zur Kooperation mit anderen kann allerdings mitunter auch zu Interessenkonflikten führen, und zwar dann, wenn Menschen mit verschiedenen Interessen auf unsere Kooperation zählen. Wenn jemand z. B. zwei Freunde hat, die entgegengesetzte Interessen verfolgen, aber in gleichem Maße auf seine Loyalität und Mithilfe zählen, dann wird es heikel. Notfalls wird dann sein eigener Egoismus über sein Verhalten entscheiden. Wahrscheinlich wird es unumgänglich, einen der beiden Freunde zu enttäuschen, es sei denn, er verfolgt eine besonders geschickte Strategie und läßt beide im Glauben, daß er kooperiert. Dies setzt allerdings mangelnde Kommunikation zwischen den beiden voraus, denn beide müssen ja davon überzeugt bleiben, daß sie einen guten Freund haben. Leute, die es schaffen, sich keine Feinde zu machen, die (scheinbar) nur Freunde haben, mit allen „können", genießen Bewunderung. Sie sind aber nicht notwendigerweise mustergültige Menschen, „edel, hilfreich und gut", sondern unter Umständen bloß besonders geschickte Egoisten (und in diesem Sinn vielleicht doch „mustergültig").

Wer nicht so geschickt und vor allem bestrebt ist, seine egoistischen Motive seinen Mitmenschen gegenüber zu verbergen, oder gar mit der festen Überzeugung lebt, ein durch und durch selbstloser Mensch zu sein, der kann gar viele Enttäuschungen erleben (und an seinen Mitmenschen und an sich selbst verzweifeln). Watzlawick (1983) gibt dazu folgendes Beispiel: Man stelle sich eine Zweierbeziehung vor, die in der Hauptsache aus der Hilfe des einen für den anderen Partner besteht. Eine solche Beziehung kann nur zu zwei Ergebnissen führen, die für den Helfer gleich enttäuschend sind. Entweder bleibt die Hilfe erfolglos und der Helfer wird sich – nach einer gewissen Zeit der Anstrengung und Mühe – enttäuscht und verbittert aus der Partnerschaft zurückziehen. Oder die Hilfe ist erfolgreich, dann braucht ihr Empfänger den Helfer nicht mehr und die Beziehung bricht abermals auseinander. Realistische Beispiele dafür sind etwa Frauen mit der für sie fatalen Neigung, notorische Spieler oder Diebe mit ihrer unermüdlichen Zuneigung in Tugendbolde verwandeln zu wollen – worauf diese mit einer noch größeren Spielleidenschaft oder mit steigender Zahl von Diebstählen reagieren. Watzlawick (1983, S. 108) bemerkt dazu süffisant: „In bezug auf ihr Unglücklichkeitspotential sind diese Beziehungen fast perfekt, da die Partner in einer Weise zueinander passen und sich aufeinander einstellen, wie es in positiveren Beziehungen kaum möglich zu sein scheint." Die Motive solcher Frauen haben meines Erachtens durchaus etwas mit der Faszination des Bösen zu tun oder liegen sogar darin begründet. Es ist nicht anzunehmen, daß eine Frau mit einer derart ausgeprägten Neigung, einen Spieler oder Dieb auf den rechten Weg zu bringen, einem biederen Beamten das gleiche Maß an Zuneigung und Aufopferung entgegenbringen würde. Nicht zu vergessen sind schließlich jene Frauen, die verurteilten, in Gefängnissen sitzenden Schwerverbrechern brieflich ihre Liebe mitteilen und bereit sind, sie – unter so hoffnungslosen Umständen – sogar zu heiraten.

Das kann nicht heißen, daß Männer vor so zweifelhaften Beziehungen gefeit sind. Es gibt sogar prominente Beispiele. Der Philosoph Auguste Comte, Begründer der Soziologie, heiratete eine Prostituierte, die ihn oft verließ und viele Beziehungen zu anderen Männern unterhielt, wodurch sie aber seiner Zuneigung in keiner Weise verlustig ging. Er wollte sich – als Nichtschwimmer (!) – ins Wasser stürzen, um seiner Frau zu beweisen, daß er nicht untergehen werde.

Nun schrieb der Ethiker Lipps (1905, S. 57), daß der „wahre Mensch" Menschen will: „Der König im Reiche des Sittlichen, der wahre ‚König von Gottes Gnaden', – das ist eben der wahre Mensch – will, daß andere Könige seien." Aus soziobiologischer Sicht sind Aussagen dieser Art, um es deutlich zu sagen, blanker Unsinn. Der Mensch, jeder Mensch, braucht andere Menschen, um seine Interessen durchzusetzen, seine Ziele zu erreichen, und daher liegt ihm viel an der Gunst anderer Menschen. Mitunter sucht er sogar die Gunst von Verbrechern, da ihm diese – unter bestimmten Umständen – aufgrund ihrer einschlägigen Erfahrung sehr hilfreich sein können. Es ist keine Frage, daß wir uns am sozialen Leben erfreuen können und uns in Gegenwart anderer Menschen wohl fühlen. Aber die Ursache dafür ist nicht, daß wir „Könige von Gottes Gnaden" sind und alle anderen Menschen zu „Königen" erheben wollen. Wäre dem so, dann müßte es in unserer Welt ganz anders aussehen. Aus unserem sozialen Leben ziehen wir stets einen Nutzen, und sei es nur ein indirekter. Wir freuen uns über die Gemeinsamkeiten, die wir mit anderen Menschen haben, Interessen, die wir mit anderen teilen, wir informieren andere Menschen über unsere Freude und unser Leid, und hoffen auf Mitgefühl und Hilfe, wo immer wir ihrer bedürfen.

Damit verfolgen wir, allerdings in ziemlich ausgeklügelter Form, die Strategien aller sozial lebenden Organismen; nur daß wir unser Verhalten anderen Menschen gegenüber mit Wertvorstellungen verbinden und in der Lage sind, diese in abstrakte Formen zu gießen. Machen wir uns also nicht besser als wir sind. Die Alternative zum Bösen ist nicht das Gute in einem idealistischen Sinn, aber es ist keine schlechte Alternative, „uns am größten Gut, das wir besitzen, zu erfreuen: am sozialen Leben, einem Leben, das wir hier und ganz sicher nur einmal leben und in dem allein wir Teil der Welt, des Biokosmos und der menschlichen Gesellschaft sind" (Leinfellner 1993, S. 62 f.). Wir sollten also damit aufhören, den Egoismus pauschal zu verteufeln, weil er – entsprechend dosiert – uns und anderen Menschen zu großer Lebensfreude verhelfen kann, einer Freude, die dem rigorosen Moralisten jedenfalls versagt bleibt. Der mag zwar auf eine Belohnung im Jenseits hoffen, aber sein Leben hier und jetzt kann die „Hölle" bedeuten, in die er – durch seine mangelnde Lebensfreude – freilich auch andere hineinzieht. Und da er nicht weiß oder nicht wissen will, daß er nur einmal lebt, eben hier und jetzt, für eine begrenzte Zeit, weiß er auch nicht, welcher Annehmlichkeiten er sich selbst und andere beraubt.

Moralismus und Heuchelei sind schwer voneinander zu trennen. Wenige Philosophen haben es gewagt, die Binsenweisheit auszusprechen, die Nietzsche in seinem *Zarathustra* folgendermaßen auf den Begriff brachte:

„Du sollst nicht rauben! Du sollst nicht totschlagen!" – solche Worte hieß man einst heilig; vor ihnen beugte man Knie und Köpfe und zog die Schuhe aus. Aber ich frage euch: wo gab es je bessere Räuber und Totschläger in der Welt, als es solche

heilige Worte waren? Ist in allem Leben selber nicht – Rauben und Totschlagen? Und daß solche Worte heilig hießen, wurde damit die Wahrheit selber nicht – totgeschlagen? (Nietzsche 1883 [1923, S. 223]).

„Heilige Worte" sind gefährlich, heute wie ehedem, weil sie zu Taten führen können, die vielen Menschen das Leben verkürzen. Daher ist der wahre Egoist weder in Worten noch in Taten ein Heiliger. Aber er hat gute Chancen auf ein schönes Leben, und er neidet das schöne Leben auch anderen nicht, weil er ja vom Wohlergehen der anderen profitiert.

Warum wir oft nicht tun können, was wir tun sollen

Seit über 200 Jahren kommt kaum eine ernsthafte ethische Diskussion um Kants *kategorischen Imperativ* herum. In seiner *Grundlegung der Metaphysik der Sitten* hatte der Königsberger Weltweise festgehalten: *„Handle nur nach derjenigen Maxime, durch die du zugleich wollen kannst, daß sie ein allgemeines Gesetz werde"* (Kant 1785 [1972, S. 68]). Wer es ganz banal haben will, braucht nur die Toilette in einem ICE-Zug aufzusuchen, wo er die Aufforderung lesen kann: „Bitte verlassen Sie diesen Ort so, wie Sie ihn gern vorfinden möchten." Also, um Reinlichkeit wird gebeten; aber da wir alle Reinlichkeit wollen, sollten wir selbstverständlich auch unseren Beitrag dazu leisten. Ganz leicht scheint uns das allerdings nicht zu fallen.

In vielen Bereichen des täglichen Lebens verweigern viele Menschen einfach ihren Beitrag zum Gemeinwohl. Sie wünschen sich zwar saubere Toiletten z. B. in Eisenbahnen und öffentlichen Gebäuden und überhaupt eine saubere Umwelt, wollen im Straßenverkehr auf keine alkoholisierten Lenker stoßen usw.; sie akzeptieren also durchaus bestimmte Normen – aber nur für die anderen! Sie selbst nehmen sich sozusagen heraus und benehmen sich anders (vgl. Jesionek 1996). Wenn man sich jedoch vor Augen führt, daß unser Unrechtsbewußtsein, wie Hauptmann (1996, S. 368) bemerkt „mehr mit Steinzeit-Verhalten als mit objektiv nachweisbarer Sozialschädlichkeit zu tun" hat, dann sollten wir darüber weniger überrascht sein. Daher wird jeder Mörder und Totschläger, sofern er gefaßt wird, bestraft, aber die allermeisten Diktatoren und Tyrannen dieser Welt laufen frei herum, obwohl jeder einzelne von ihnen mehr Menschenleben auf dem Gewissen hat als jeder „gewöhnliche" Serien- oder Massenmörder. Und daher bekommt auch jeder

Fahrraddieb seine Strafe, während mancher Finanzjongleur, der Millionen verspekuliert und damit obendrein noch Existenzen anderer massiv gefährdet, straffrei bleibt – die Sozialschädlichkeit seines Handelns ist direkt nicht mehr nachvollziehbar.

Kants Imperativ drückt einerseits gleichsam eine soziobiologische Regel aus – „Wie du mir, so ich dir" (vgl. Kapitel 4) – , erhebt aber auch den Anspruch, ein allgemeingültiges *moralisches* Prinzip zu sein. Dieser Imperativ fordert uns allerdings dazu auf, *allen* Menschen die gleichen Rechte und Pflichten zuzuschreiben, die wir selbst wahrzunehmen haben – und von anderen genau das zu erwarten, was wir selbst zu leisten imstande sind (nicht mehr, aber auch nicht weniger). Damit taucht nun ein grundsätzliches Problem auf, ein Dilemma, mit dem sich jede Ethik herumzuschlagen hat: *Können* und *Sollen*. Hier muß ich etwas weiter ausholen.

Zunächst ist auf den *naturalistischen Fehlschluß* zu verweisen, weil dieser gerade dem evolutionären Ansatz immer wieder unterstellt wird (vgl. z. B. Pieper 1997). Seit David Hume wird in der Ethik allgemein akzeptiert, daß der Schluß von „Ist-Sätzen" zu „Soll-Sätzen" logisch unmöglich sei. Diesen Schluß bezeichnete George E. Moore eben als naturalistischen Fehlschluß. Moore argumentierte, daß die Aussage „Das ist gut" oder „Das ist wahrscheinlich gut" analytisch nie aus anderen Aussagen folgen könne (vgl. Kerner 1966). Zunächst bereitet uns das auch keinerlei Schwierigkeiten, weil das Vorliegen verschiedenster Tatsachen ohnehin zu keinen wertenden Aussagen führt. Die Tatsache, daß die Planeten um die Sonne kreisen, ist moralisch ebenso irrelevant wie beispielsweise der Wechsel der Gezeiten oder die Existenz verschiedener Pflanzenarten. Nur der tief religiöse Mensch wird vielleicht sagen, daß z. B. die Gesetze der Planetenbewegungen „gut" sind, weil sie auf einem gött-

lichen Plan beruhen und eben alles, was Gott gewollt hat, „gut"
sei. Aber selbst ein solcher Mensch wird aus diesen Gesetzen
schwerlich seine moralischen Verpflichtungen anderen Menschen gegenüber ableiten können. Denn die Art und Weise, wie
sich die Planeten bewegen, mag vielleicht etwas über die Güte
Gottes aussagen, aber nichts über die Moral des Menschen.

Ganz gleich, ob jemand religiös ist oder nicht, wird er wahrscheinlich leicht einsehen, daß das bloße Vorliegen verschiedenster Gegenstände in der Natur zu keinerlei moralischen
Verpflichtungen führt. Es ist also sicher richtig, daß uns das
„Sein" nicht direkt zum „Sollen" bringt. Ich sage „nicht *direkt*",
denn bestimmte Naturerscheinungen wie etwa stürmisches Wet-
ter oder dichtes Schneetreiben können – auch wenn sie für sich
selbstverständlich absolut wertfrei sind – das Verhalten eines
Menschen sehr wohl beeinflussen und ihn dazu verleiten, eben
anders zu handeln als er unter anderen Witterungsbedingungen
gehandelt hätte (vgl. Wuketits 1993a). Jedoch wird niemand
ernsthaft behaupten, daß ein moralischer Imperativ wie etwa
„Du sollst nicht töten" durch meteorologische Phänomene
begründet werden kann.

Etwas schwieriger wird die Situation jedoch, wenn wir Sein
und Sollen des Menschen betrachten. Um den naturalistischen
Fehlschluß zu vermeiden, dürften wir nicht sagen, daß sich
Menschen moralisch verhalten sollen, bloß weil sie existieren.
Andererseits ist man geneigt zu argumentieren, daß der Mensch
schon deshalb, weil ihm die Fähigkeit, zwischen Gut und Böse
zu unterscheiden, innewohnt, zu moralischem Handeln verpflichtet sei. Denn Absichten, Zwecke und Ziele, die in der Evolution der Organismen vor dem Auftreten des Menschen nicht
vorhanden waren, gewinnen mit dem seiner eigenen Existenz
und der Welt um ihn herum *bewußten* Menschen auf einmal

an Bedeutung (Simpson 1951). Aus diesem Grunde erwarten wir von Pavianen, Löwen, Störchen oder Laubfröschen keine Moral; sie und alle anderen Tiere können nie zwischen zwei oder mehreren Alternativen *rational* wählen. Wir Menschen können das schon – oder zumindest wird das im gängigen Bild vom Menschen als *animal rationale* unterstellt. Und wenn wir es als Tatsache nehmen dürfen, daß jeder „normale" Mensch ein Sittlichkeitsgefühl besitzt oder ein Empfinden für Werte, und daß dieses Gefühl oder Empfinden in der Evolution seiner Gattung entstanden ist und sich nicht aus übernatürlichen Prinzipien herleiten läßt (Simpson 1972), dann ist das Sollen vom Sein nicht mehr einfach zu trennen. Das Dilemma für den Ethiker besteht hier darin, daß zwar die evolutiven Wurzeln unserer Moral „weder eine Rechtfertigung des Bösen, noch eine Garantie für das Gute" darstellen (Oeser 1987, S. 48), daß aber die Unterscheidung zwischen Gut und Böse und unser Verhalten und Handeln – sei es zum Guten oder zum Bösen – von den evolutiven Rahmenbedingungen unseres Daseins nicht losgelöst werden können. Das Dilemma anders formuliert ist dieses: „Oft genug *sollen* wir etwas tun – aus moralischen, rechtlichen, pädagogischen Gründen –, was wir dann doch nicht leisten, nicht schaffen, nicht *können*" (Vollmer 1995, S. 70). Die Vermutung liegt auf der Hand, daß wir mit unseren ethischen *Sollensforderungen* unser *Können* als biologische Spezies oft übersteigen. Aus dem Sein kein Sollen ableiten, die menschliche Natur nicht als Rechtfertigung für (unmoralisches) Verhalten nehmen – das ist ja alles schön und gut, aber in der Praxis ist die Trennung des Sollens vom Können nicht haltbar.

Es ist trivial, daß dem Menschen – jedem einzelnen Menschen – physiologische Leistungsgrenzen gesetzt sind. So ist der Mensch beispielsweise dazu programmiert, pro Tag mehrere

Stunden zu schlafen. Der einzelne kann sich zwar dagegen wehren und sein Schlafbedürfnis bekämpfen. Eine Moralist könnte die Forderung aufstellen, daß maximal zwei Stunden Schlaf jeden Tag genug sind und der Mensch, anstatt ein Drittel seines Lebens zu verschlafen, mehr arbeiten oder Gott dienen sollte. Nehmen wir einmal an, daß diese Forderung gleichbedeutend neben Imperativen wie „Du sollst nicht töten" oder „Du sollst nicht stehlen" stünde. Was würde geschehen? Die Antwort ist klar. Selbst jene Menschen, die nichts anderes im Sinn haben als jede moralische Vorschrift zu befolgen, würden in größte Kalamitäten geraten. Nach einer gewissen Zeit mit maximal nur zwei Stunden Schlaf pro Tag würden sie ermüdet auf den Straßen zusammenbrechen, überall einschlafen oder mittel- bis langfristig große gesundheitliche Schäden davontragen. Ausnahmen kann es ja geben. Angeblich hat Hitler tatsächlich nur zwei Stunden täglich geschlafen, aber das hatte bekanntlich verheerende Auswirkungen. (Hätte er nur sein ganzes Leben verschlafen! – der Menschheit wäre einiges erspart geblieben.)

Ein anderes Beispiel sind sportliche Leistungen. Natürlich kann ein Läufer durch ständiges Training und entsprechende Diät Spitzenleistungen vollbringen und jeden „normalen" Menschen beim Laufen weit überbieten. Aber einen Läufer, der etwa eine Strecke von fünf Kilometern in einer Sekunde zurücklegt, wird es nie geben. Der moderne Hochleistungssport treibt zwar ziemlich bizarre Blüten und verlangt vom Läufer, vom Schifahrer, vom Schwimmer usw. mörderische Leistungen („Sport ist Mord„), aber die für unsere Spezies festgelegten physiologischen Grenzen sind nicht beliebig dehnbar. (Profitgierige Sportmanager scheinen das nur nicht zu wissen.)

Will man weitere Beispiele, dann denke man nur etwa daran, daß jeder Mensch, um zu überleben, essen und trinken muß, wobei es für den individuellen Menschen wieder nicht exakt festliegt, wieviel an Ressourcen er benötigt. Der eine braucht mehr, der andere weniger. Aber vollständig auf Nahrungs- und Flüssigkeitsaufnahme verzichten kann keiner. Wohl gibt es Asketen, die mit einem Minimum an Speisen und Getränken auskommen, aber auch sie stoßen an natürliche Grenzen. Niemand kann ein Jahr lang am Leben bleiben ohne etwas zu essen und zu trinken.

So wie es also physiologische Grenzen unseres Könnens im allgemeinen gibt, so gibt es auch – wie man selbstverständlich vermuten darf – physiologische Grenzen unserer Moral (vgl. Mohr 1987). Daraus ist folgendes Postulat abzuleiten: Moralsysteme müssen, um befolgt werden zu können, mit der physiologischen Leistungsfähigkeit des Menschen konform gehen; Moral muß also *lebbar* sein. Die traditionelle Sexualmoral der katholischen Kirche (vgl. S. 10) ist nicht lebbar, daher geraten Menschen, selbst wenn sie sich zu ihrer Kirche grundsätzlich bekennen, damit immer wieder in Konflikt.

Gemeinhin denkt man, daß der Mensch aber kraft seiner Vernunft und der in dieser begründeten *Freiheit* die Wahl hat, sich zu entscheiden, daß jedem Menschen stets mehrere Handlungsalternativen zur Verfügung stehen; wobei die freie Wahl erst gleichsam die Vorstufe zur „sittlichen Freiheit" wäre, und sich, wie es bei Windelband (1905, S. 104) so schön heißt, „die reife Sittlichkeit erst bei dem Menschen findet, der [dem] Zwang des Sittengesetzes sich willig fügt".[7] Man beachte: Ein Mensch soll sich *willig* einem *Zwang* fügen. Das erinnert an Aufforderungen wie „Sei spontan!" oder „Zwing' Dich dazu, locker zu sein!" Nein, so läßt sich moralisches Verhalten nicht begründen. Und was wäre, wenn wir gar keinen freien Willen hätten?

Unter vielen anderen Biologen und Philosophen hat z. B. Bernhard Rensch die Willensfreiheit dezidiert geleugnet und gemeint, unser Denken sei „determiniert durch erbliche Anlagen (Triebe, Begabungen ...) sowie nichterbliche Einflüsse (aktuelle Wahrnehmungen, Stimmungen, Affekte ...)" (Rensch 1979, S. 154), ohne daß damit jedoch, wie er (an gleicher Stelle) betonte, ethische und juristische Begriffe wie „Schuld", „Sühne" oder „Verantwortung" überflüssig wären, „weil sie als wichtige Determinanten im Denken der Menschen wirksam sind und weil sie von philosophischen Laien ohnehin nicht aufgegeben würden". Das ließe sich so interpretieren, daß wir gleichsam zur Moral verurteilt sind, denn – auch wenn (oder gerade weil) unser Wille nicht frei ist – wir sind *kulturell* dazu determiniert, unsere und die Taten anderer (moralisch) zu bewerten, jenen Menschen, die eine bestimmte Tat begangen haben, Schuld zuzuweisen und sie zur Reue zu bewegen oder zu bestrafen.

Aber die Frage, ob unser Wille frei ist oder nicht, ist vielleicht ohnedies nur eine Scheinfrage. Jedenfalls konnte sie bisher philosophisch nicht befriedigend beantwortet werden. Wie denn auch? Wenn ich mich frei wähne, bin ich vielleicht dazu determiniert, wenn ich aber die Willensfreiheit leugne, könnte meine deterministische Position auch Ausdruck meines freien Willens sein ...

---

7 Windelband rekurriert dabei auf Lessing und auf folgenden Dialog zwischen Nathan und dem Derwisch im dramatischen Gedicht Nathan der Weise (1779 [1996, S. 219]): „DERWISCH: Beim Propheten! Daß ich kein rechter bin, mag auch wohl wahr sein. Zwar wenn man muß – NATHAN: Muß! Derwisch! Derwisch muß? Kein Mensch muß müssen, und ein Derwisch müßte? Was müßt' er denn? DERWISCH: Warum man ihn recht bittet, und er für gut erkennt: das muß ein Derwisch."

Ergebnisse neuerer Disziplinen wie Neurobiologie, Psychobiologie, Soziobiologie usw. geben uns zunächst einmal einen Eindruck von den vielen komplexen Faktoren, die – ohne daß sie uns bewußt sind – unser Denken, Wollen und Handeln beeinflussen. Demnach sind wir zwar keine bloßen Marionetten unserer Neuronen oder Gene, weil wir über alles nachdenken und uns immerhin fragen können, wie wir handeln sollen, doch wird eben unser Denken und Handeln von in der Stammesgeschichte erworbenen (genetischen) Neigungen, Trieben, prägenden Erlebnissen in unserer Kindheit, Ängsten usw. ganz entscheidend mitgetragen. Und bekanntlich kann eine *Emotion* manchen rationalen Akt vereiteln. Das basale, unserer Art eigene Emotionsspektrum – das Sympathie und Empathie für andere einschließt – entwickelte sich in den Kleingruppen unserer phylogenetischen Vorfahren (Wimmer 1995). So wie andere für das soziale Leben unserer Spezies bedeutende Elemente haben also auch unsere Emotionen und Affekte tiefe phylogenetische Wurzeln. In der moralischen und juristischen Bewertung von Verbrechen findet dieser Umstand auch Berücksichtigung. Der „Mord im Affekt" wiegt weniger schwer als der geplante, rational kalkulierte Mord, der dem Täter die Alternative läßt, die Tat *nicht* zu begehen, sich *anders* zu entscheiden. Und der Dieb, der aus Hunger Brot und Wurst gestohlen hat, wird mildernde Umstände finden. Hunger ist rational nicht steuerbar, einem Verhungernden bleibt keine Alternative. Der moralische bzw. rechtliche Tatbestand ist im Hinblick auf die Lebensbedrohung durch Hunger irrelevant.

Die ultimaten Ursachen (vgl. S. 53) vieler unserer Handlungen sind uns gar nicht bewußt. Warum uns manche Menschen sympathisch, andere unsympathisch sind, warum wir manche Menschen begehren, andere abstoßend finden, warum wir auf die Tricks mancher Leute hereinfallen, warum wir uns an bestimmten Orten wohlfühlen, andere Orte meiden, warum viele von uns eine ausgesprochene Aversion gegen bestimmte Speisen empfinden, warum manche Menschen z. B. eine Spinnen-Phobie entwickeln – diese und viele andere Dinge sind uns bzw. den betreffenden Menschen keineswegs unmittelbar einsichtig. Das Gefühl, frei zu sein, ist oft nur eine Illusion, die uns unser Bewußtsein vermittelt, „leider nicht nur im Zustand der Selbstbestimmung, sondern auch bei emotionaler Hingabe an einen überstarken Antrieb, beispielsweise Gruppen-Aggressivität" (Hassenstein 1979, S. 221). Inwiefern ist es unter diesen Umständen überhaupt noch sinnvoll, von Freiheit zu sprechen? Vielleicht hat, wie in so vielem, Voltaire (1764 [1985, S. 236]) auch hier richtig gesehen, als er bemerkte:

> *In welchem Sinne darf man also sagen: ›Der Mensch ist frei?‹ In demselben Sinne, in dem man von der Gesundheit, der Kraft oder dem Glück spricht. Der Mensch ist nicht immer gesund, nicht immer stark, nicht immer glücklich. Eine große Leidenschaft oder ein großes Hindernis rauben ihm seine Freiheit, sein Handlungsvermögen.*

Eine große Leidenschaft oder große Hindernisse können uns in der Tat auch daran hindern, so zu handeln, wie es uns moralisch geboten scheint. Auch Menschen, die die Moralprinzipien ihrer Gesellschaft grundsätzlich akzeptieren, können daher unter bestimmten Umständen – im Affekt, im berauschten Zustand, im Zustand des Verliebtseins, nach großen Entbehrungen usw. – „unmoralisch" handeln.

So gesehen ist der Mensch – *jeder* Mensch – also nur bedingt „moralfähig". Unserer Moralfähigkeit sind viele Grenzen gesetzt. Diese Grenzen definieren sich aus der Evolution unserer Gattung als Kleingruppenwesen, aus unseren jeweiligen Erbanlagen, aus prägenden Erlebnissen in unserer Kindheit usw. Es sind keine starren Grenzen, aber sie sind nicht beliebig dehnbar. Wie aber kann man dann noch erwarten, daß sich jemand in Anbetracht bestimmter seiner Handlungen *schuldig* zu fühlen habe? „Man könnte", schrieb Ziehen (1914, S. 452), „... dem Menschen eine schlechte Handlung ebensowenig als Schuld zurechnen, wie einer Blume ihre Häßlichkeit." Ließe sich auf diese Weise nun aber nicht jedes unmoralische Verhalten entschuldigen? So wie es einfach „schöne" und „häßliche" Blumen gibt, die man wegen ihres Aussehens nicht loben oder tadeln darf, so gäbe es dann also „gute" und „böse" Menschen, wobei letztere nicht zur Verantwortung gezogen werden dürften. Dabei aber kann man es selbstverständlich nicht bewenden lassen.

Man kann z. B. Eltern, deren Kind einem Sexualattentäter zum Opfer gefallen ist, kaum zu verstehen geben, der Mann habe aufgrund seiner Triebstruktur halt so handeln müssen, Menschen seien nun einmal verschieden und manche leider bösartig, wogegen man eben nichts machen könne. Die Eltern wiederum könnten in diesem Fall sagen, daß sie aufgrund der durch den Verlust ihres Kindes in ihnen geweckten Gefühle den Täter nun leider töten müssen, da sie nicht in der Lage seien, ihren Gefühlen auf andere Weise Ausdruck zu verleihen. Wenn also niemand eines Verbrechens für schuldig befunden werden könnte, dann würde auch niemand, der – und sei es auf grausamste Weise – Rache übt, Schuld auf sich laden. So aber funktioniert unsere Gesellschaft nicht, und wir dürfen annehmen, daß selbst auf prähistorischem Niveau subtile soziale Mechanismen dafür sorgten, daß nicht jeder alles tat, was ihm unmittelbar in den Sinn kam – und wenn, daß der „Delinquent" Sanktionen erwarten mußte. Die gibt es schließlich auch in tierischen Sozietäten. Wehe dem jungen Wolf, der die Rangordnung seines Rudels mißachtet und sich mit dem Leitwolf anlegt!

In der Evolution des Menschen wurde, im Vorfeld einer bewußten Unterscheidung zwischen Gut und Böse und aller (bewußt aufgestellten) Moralprinzipien, die Schädlichkeit bestimmter Verhaltensweisen von Individuen innerhalb einer Gruppe früh „erkannt". Da alle Individuen ihr Reproduktionsinteresse verfolgten und die Gruppenbildung diesem Interesse entgegenkam, mußten sich auch die Gruppe stabilisierende Mechanismen entwickeln. Mit dem Freiheitsproblem im philosophischen Sinn hatte das alles natürlich nichts zu tun. Auch heute können der philosophische Diskurs über Willensfreiheit und seine möglichen Resultate nicht *alle* Probleme, die sich aus der sozialen Interaktion von Menschen ergeben, vom Tisch fegen. Man sollte unterscheiden zwischen

– einem *theoretischen* Problem der Freiheit (das möglicherweise für immer unlösbar bleiben wird) und
– den *praktischen* Erfordernissen des Lebens in einem sozialen System, das nicht zuletzt Menschen voreinander schützen soll.

Setzt sich beispielsweise ein Autofahrer betrunken ans Steuer und verursacht er einen Unfall, der für andere letale Folgen hat, oder tötet ein Mensch im Drogenrausch andere Menschen, dann handelt es sich um Taten, die erstens nicht beabsichtigt waren und zweitens von Leuten begangen wurden, die keinerlei Kontrolle über sich selbst hatten (also „unfrei" waren). Das muß aber nicht bedeuten, daß wir solche Taten für unbedenklich erklären oder ihre eigentlichen Ursachen – Alkoholismus am Steuer oder Drogensucht – nicht bekämpfen dürfen.

Eines der Grundprobleme jeder Gesellschaft besteht darin, den einzelnen in seiner Entfaltung nicht zu behindern und seine

Eigeninteressen zu respektieren, gleichzeitig aber dafür zu sorgen, daß ein einzelner die Entfaltung anderer nicht behindert. Jeder soll also, einfach gesagt, zum Zug kommen können. Wenn man an diesem Prinzip festhält, dann ist es klar, daß niemandem erlaubt sein darf, andere Menschen in ihren Möglichkeiten zu beschneiden, ihre Ziele zu vereiteln oder sie gar zu töten. Den mit Ethik vertrauten Leser erinnert dieses Prinzip sicher an den *Utilitarismus*. Das ist die moralphilosophische Position, die, grob gesprochen, das Wohl jedes Menschen zur Grundlage der Moral erklärt (vgl. z. B. Mackie 1981). In neuerer Zeit hat etwa Singer (1984) Argumente dafür präsentiert. Wenn man von verschiedenen Detailproblemen absieht, die ein Ethiker im Utilitarismus erblicken kann, scheint diese Position durchaus vernünftig und einsichtig. Was sollte man sich mehr wünschen als eine Welt, in der nur zufriedene und glückliche Menschen leben, in der das Handeln des einzelnen der Gemeinschaft dient und diese umgekehrt dem einzelnen nützlich ist, eine Welt des größtmöglichen Glücks für alle!

Nach allen unseren bisherigen Erfahrungen hat es eine solche Welt freilich nie gegeben. Zu allen Zeiten wurden in praktisch allen Gesellschaften Menschen der eigenen oder einer anderen Gesellschaft unterdrückt, gequält und gepeinigt, betrogen, ausgeraubt, getötet (und in manchen Fällen aufgefressen) und auf vielfältige Weise an der Erfüllung ihrer persönlichen Wünsche gehindert. Nicht selten waren (und sind es) Regierungen, Staaten, die – wie paradox! – gerade im Dienste der „sozialen Ordnung" auf grausamste Weise gegen Menschen gehandelt haben (und immer noch handeln). So nimmt auch der harte ökonomische Wettbewerb im modernen Kapitalismus auf das Wohlergehen des einzelnen ebensowenig Rücksicht wie der Kommunismus die Ziele und Wünsche des Individuums berücksichtigte. Daneben gibt es stets auch einzelne Sadisten, Psycho- und Soziopathen, Schwerverbrecher, Terroristen, Berufskiller – die Palette ist sehr bunt! -, die anderen Menschen enormen Schaden zufügen und eben auch nicht davor zurückschrecken, Menschenleben auszulöschen. *Sie* sind am Wohergehen der anderen nicht im geringsten interessiert. Singer (1984, S. 295) ist beizupflichten, wenn er sagt: „Die meisten von uns wären nicht in der Lage, glücklich zu sein, wenn sie mit voller Absicht daran gingen, sich allein zu vergnügen, ohne sich um jemand anderes oder sonst etwas zu kümmern." Aber es gibt eben auch Ausnahmen. Und in unserer von Profit und Kapital gesteuerten Welt wird gerade jener gefährliche, pathologische Egoismus gefördert, der weder unsere Gesellschaft zu stabilisieren vermag, noch dem einzelnen zu einem glücklichen Leben verhilft (vgl. S. 138).

Daß wir häufig nicht tun können – oder jedenfalls nicht tun wollen –, was moralisch und rechtlich vorgesehen ist (und also getan werden *sollte*), hängt allerdings nicht zuletzt damit zusammen, daß wir in komplexen sozialen Systemen die Folgen unseres Tuns kaum noch einschätzen können. Unser Steinzeitgehirn war auf solche Systeme nicht vorbereitet. So wissen wir alle zwar, daß ein funktionierendes Gemeinwesen unter anderem darauf beruht, daß alle ihren Beitrag dazu in Form von steuerlichen Abgaben leisten. Wohin aber unsere Gelder tatsächlich fließen, was womit finanziert wird, ob die Politiker, wie sie uns glauben lassen, damit *für uns* wirtschaften, ob sie überhaupt vernünftig wirtschaften – das kann der einzelne kaum noch nachvollziehen. (In sehr vielen Fällen ist es jedoch evident, daß die Steuergelder verschwendet werden.) Unser „natürlicher Erkenntnisapparat" ist nicht dazu geschaffen, in diesem Dschungel Klarheit und Einsicht zu gewinnen. Da wir von Natur aus auch dazu neigen, Lust zu gewinnen und Unlust zu vermeiden, liegt das Problem hier klar auf der Hand. Staatliche Abgaben führen bei keinem „normalen" Menschen zu Lustgewinn. Das weiß der Gesetzgeber natürlich auch, tut aber paradoxerweise alles, um die Unlust beim Steuerzahler zu fördern, indem er nämlich immer kompliziertere und selbst für Fachleute nicht mehr durchschaubare Steuergesetze erfindet (vgl. Helsper 1989). Schließlich kann auch er sein Steinzeitgehirn nicht überlisten. Mit steigender Komplexität dieser Gesetze wächst jedoch nicht nur die Unlust des Steuerzahlers, sondern auch die Möglichkeit der Abgabenhinterziehung. Darauf freilich reagiert der Gesetzgeber mit noch komplizierteren Verordnungen und Gesetzen und brütet rigorose Steuereintreibungsmaßnahmen aus – und wundert sich zunehmend über die sinkende „Steuermoral" (eigentlich ein komisches Wort, nicht wahr?). Daß Finanzämter auch die Existenz einzelner Menschen ernsthaft bedrohen und im Extremfall zerstören können, ist die andere Seite der „Steuermoral". Ein befreundeter Steuerberater erzählte mir von einem Unternehmer, der seinen Betrieb schließen mußte, weil ihm die Finanzbehörden exorbitant hohe Steuervorauszahlungen aufgebrummt hatten. Vor etwa 15 Jahren nahm sich ein Gastwirt in Niederösterreich das Leben, als er von Steuerfahndern besucht wurde. Vielleicht sind dem Leser ähnliche Beispiele bekannt.

Auch in vielen anderen Bereichen läßt sich zeigen, daß unser Erkenntnisapparat auf komplexe (soziale) Systeme nicht vorbereitet war und mithin die Diskrepanz zwischen Können (bzw. Wollen) und Sollen nicht zu überwinden in der Lage ist. Ein gutes Beispiel ist die *Makro-Kriminalität*, jene Verbrechensform, die heute mit vielen internationalen Syndikaten immer mehr an Bedeutung gewinnt (und die Polizei, Staatsanwälte und Richter überfordert), sich aber auch in der Regierungskriminalität, im Staatsterrorismus oder in Kriegsverbrechen manifestiert (und immer manifestiert hat). „Diese Delinquenz", so Hauptmann (1996, S. 369), „ist typischerweise sehr diskret, abstrakt, komplex vernetzt und entzieht sich dadurch nicht nur dem unmittelbaren Eindruck unserer ‚Sinne', sondern sehr oft zugleich auch einer formal-juristischen Erfassung." Kriegsverbrechen sind zwar nicht „diskret", aber trotzdem – allein schon wegen der meist großen Zahl von Geschädigten und der unüberschaubaren Lage – schwer nachzuvollziehen.[8]

Und wiederum ist der sprichwörtliche kleine Eierdieb juristisch in einer schlimmeren Situation als der Diktator, auf dessen Konto Tausende ermordete Menschen gehen ... Man weiß das ja ohnehin: Die „Ankläger" sind schnell zur Stelle – „Haltet den Dieb!", „Hängt ihn auf!" Seinerzeit im Wilden Westen war Pferdediebstahl ein Vergehen, für welches der Täter gelyncht werden konnte. Aber niemand hat je wirklich diejenigen zur Verantwortung gezogen, die die amerikanische Urbevölkerung systematisch verfolgt und ganze Indianerstämme ausgerottet haben. Was Wunder, daß vom wirklich Bösen (vgl. Kapitel 2) eine besondere Faszination ausgeht. Denn schon ob seiner Dimension ist es schwer zu „fassen", und obendrein handeln die wahrhaft großen Verbrecher nicht selten unter Berufung auf das Gute und geben „höhere Beweggründe" für ihre

---

8 Der Ausdruck „Kriegsverbrechen" ist für sich bemerkenswert, weil er Verbrechen kennzeichnet, die in einem Krieg begangen werden, als ob der Krieg als solcher nicht schon ein großes Verbrechen wäre! Die Ermordung von Zivilisten, Frauen und Kindern, Massenvergewaltigungen und Plünderungen sind ja „nur" spezifische Begleiterscheinungen von Kriegen. Sie werden (mit Recht) geahndet, während aber diejenigen, die Kriege anzetteln, Regierungschefs oder Militärs, (zu Unrecht) meist strafffrei bleiben. Aber für den Krieg selbst finden sich immer wieder moralische Rechtfertigungen (vgl. 78).

Taten an oder können glaubhaft machen, daß die anderen – ganze Stämme, Völker und Kulturen – die Bösen sind und eliminiert werden müssen.

Unser Rechtswesen, auch wenn es sich „neutral" und „gerecht" gibt, ist oft nur ein kläglicher Ausdruck dieser Doppelmoral, seine Vertreter sind bereit, sich politischer Willkür unterzuordnen und folgen obendrein (natürlich!) ihren Eigeninteressen. Das Rechtswesen ist eben nur eine menschliche Erfindung. „Seine Schwäche zeigt sich insbesondere in seinem Umgang mit der starken Form des Bösen, wo es sich offenbar mit bloßer Effekthascherei begnügt: die Kleinen hängt und die Großen laufen läßt" (Watson 1997, S. 390).

Die in unserem Erkenntnisapparat verwurzelte Neigung zu einseitigem Wahrnehmen und Denken, zu kurzfristigem Planen und zur „Kurzzeitmoral" zeigt sich besonders deutlich in einem Bereich, der erst seit sehr kurzer Zeit Gegenstand ernster ethischer Reflexionen ist. Ich meine den ökologischen Bereich, das Walten des Menschen in seiner natürlichen Umwelt und sein Verhalten gegenüber anderen Arten. Die *ökologische Ethik* ist eine sehr junge ethische Disziplin, denn erst spät kam der Mensch überhaupt auf die Idee, daß nicht nur der Umgang mit seinen Artgenossen, sondern auch die Art und Weise, wie er andere Lebewesen behandelt, moralisch relevante Fragen aufwirft. Die Literatur zu diesem Thema ist inzwischen mächtig angewachsen, ich empfehle als ersten Überblick z. B. den von Birnbacher (1980) herausgegebenen Sammelband. Im vorliegenden Zusammenhang möchte ich dazu nur zwei Punkte hervorheben:

1. Die längste Zeit konnte sich offenbar kaum jemand vorstellen, daß unser rücksichtsloses Vorgehen in der Natur, daß die Zerstörung unserer natürlichen Umwelt irgendeine negative

Konsequenz für uns selbst haben könnte. Sorglos haben wir also Treibgase in der Luft versprüht, Sümpfe und Teiche trockengelegt, Wälder gerodet, unzählige Pflanzen- und Tierarten ausgerottet. Diese Prozesse setzen wir, ungeachtet der mittlerweile sehr vielen Warnungen, weiterhin fort. *Homo sapiens* ist eine gewaltige Naturkatastrophe (Wuketits 1998a), die meisten seiner Vertreter wollen das allerdings nicht hören und sind sich der Dimensionen seines schädigenden Verhaltens auch nicht bewußt. Sicher, wenn jemand in einem Park ein paar Blumen zertritt oder eine Bierdose wegwirft, kann er heute dafür bestraft werden. Industriebetriebe, die mit ihren Abfällen die Umwelt vielleicht für Jahrzehnte verseuchen und unzähligen Lebewesen enorme Schäden zufügen, haben es da schon leichter, weil die „Qualität" ihrer Schädigung von Pflanze, Tier und Mensch eine ganz andere ist, ebenso schwer nachvollziehbar wie der politische Massenmord oder subtile Formen der Wirtschaftskriminalität.

2. Die moralische Forderung, *alle* Lebewesen zu schützen, ist für den Menschen jedoch nicht lebbar. Albert Schweitzer propagierte die Ehrfurcht vor dem Leben, vor allem Leben, womit aber kein brauchbares Moralprinzip vorliegt (vgl. Wolf 1993). Wir Menschen haben im allgemeinen nicht zu allen Organismenarten die gleiche Einstellung, manche finden wir schön und schützenswert, andere finden wir häßlich und ekelhaft, und wollen sie daher nicht um uns haben (vgl. S. 23). Ehrfurcht vor Moskitos beispielsweise kann von niemandem erwartet werden, und es wird nur wenige Menschen geben, die in ihrem eigenen Garten Giftschlangen willkommen heißen und Würmer im Schlafzimmer als liebe Mitgeschöpfe begrüßen. Und kann man einem hungernden Menschen in der Dritten Welt zumuten, aus moralischen Gründen die Tötung und den Verzehr eines Tieres

zu unterlassen?! Unseren in der Stammesgeschichte erworbenen Neigungen gemäß werden wir die Notwendigkeit, andere Spezies zu schützen, nur dann einsehen, wenn diese uns angenehm sind oder – und vor allem –, wenn wir sie als unsere eigene Lebensgrundlage brauchen. Eine ökologische Ethik kann daher jene Neigungen nicht ignorieren.

Mit anderen Worten: Der Mensch muß sich sozusagen selbst überlisten, wenn er bestimmten seiner Moralforderungen gerecht werden will. Was allerdings auch nicht immer einfach ist.

Das beste Argument für den Artenschutz besteht aus diesen Gründen wohl darin, daß der Mensch im Dienste des *eigenen* Überlebens *seine* Lebensgrundlagen nicht zerstören soll, daß ihm die unterschiedlichsten Pflanzen- und Tierarten (unabhängig von ihrem Aussehen) von *Nutzen* sein können, nicht nur als Nahrungslieferanten, sondern beispielsweise auch als Träger wirksamer Stoffe für die Bekämpfung von Krankheiten. Da die Natur keine Moral und kein Recht kennt, wird sie uns auch nicht anklagen, egal, wie wir uns den anderen Geschöpfen gegenüber verhalten. Aber dieses Verhalten kann eine negative Rückwirkung auf uns selbst haben, so daß wir – wenn wir uns denn selbst etwas wert sind – darüber nachdenken müssen, wie wir mit anderen Lebewesen umgehen sollen. Hier bedarf es der rationalen Einsicht; stammesgeschichtlich, unseren phylogenetischen Neigungen gemäß sind wir nicht dazu geschaffen, allen Kreaturen dieses Planeten unsere hütende Hand zu reichen und sie zu schützen.

Diese Neigungen sind aber eine der Quellen unseres *Orientierungswissens* (Mohr 1996). Wenn uns dieses Wissen gleichzeitig die Frage beantwortet, was wir tun sollen (und nicht tun dürfen), dann ist jene, aus unserer biologischen Substanz fließende Quelle im ethischen Sinn keineswegs ausreichend. Wie gesagt, wir bedürfen bei vielen unserer Handlungen der rationalen Einsicht. Aber Teil dieser Einsicht müßte es auch sein, die phylogenetisch alten Antriebe in unserem Verhalten zu erkennen, jene Antriebe, die uns schließlich zu dem gemacht haben, was wir heute sind, und die nicht einfach als „schlecht" bezeichnet werden dürfen, uns aber – auch in moralischer Hinsicht – Grenzen setzen. Nicht wenige Biologen bzw. Evolutionstheoretiker sahen, wie z. B. Dobzhansky (1958), im Kampf gegen diese Grenzen gewissermaßen den Sinn unseres Daseins und die Hoffnung auf eine große Zukunft unserer Spezies. Ich komme gleich noch darauf zurück. Aber, dies vorweg, ich denke nicht, daß ein verbissener Kampf gegen unsere Anlagen wirklich zielführend sein kann. Er kann ja selbst nur Ausdruck von Neigungen (und Abneigungen) sein, die tief in uns sitzen und uns daher in die Irre leiten. Seit langem ist bekannt, daß die individuell variable anatomische und physiologische Ausstattung des Menschen einzelne Persönlichkeitsmerkmale fördert oder gar determiniert (Mottram 1944). Menschen können unter ihrem Aussehen leiden oder damit sehr zufrieden sein. Beides kann sie zu irrationalen Handlungen verführen. Für die ganze Spezies *Homo sapiens* gilt das, im übertragenen Sinn, auch. Wenn wir meinen, anders sein zu sollen als wir sind, dann sollten wir ernsthaft darüber nachdenken, *wie* wir sein wollen und insbesondere, was wir erreichen wollen und zu welchem Preis.

Was ist das moralische und rechtliche Versagen einzelner Menschen gegen einen *Überwachungsstaat*, in dem sich die „Moral" in einigen wenigen Führern und ihren ergebenen, marionettenhaften Handlangern konzentriert, die ihrerseits bereit sind, andere Menschen zu malträtieren (und gar zu töten)! Aber genau darauf – ich übertreibe nicht – läuft heute selbst in den demokratischen (und angeblich demokratischen) Ländern vieles hinaus. Auch wenn es paradox klingt, ist der Ruf nach Recht und Ordnung oft schlimmer als alles, was uns aus der Tiefe unserer Stammesgeschichte an Neigungen und Verhaltenseigenschaften beeinflußt. Orwells Visionen dürfen jedoch nicht die Alternative zu unserer „Steinzeitmoral" sein! Vielmehr sollten wir, die wir uns als „zivilisierte" und „aufgeklärte" Menschen betrachten, sehen, wie wir mit unserem alten stammesgeschichtlichen Erbe umgehen können, um es so einzusetzen, daß es uns hilft, etwas von den Idealen unserer Humanität *im wirklichen Leben* zu erreichen. Das ist eine recht bescheidene Forderung, die sich aber im Rahmen unserer moralischen Grenzen bewegt und Aussicht auf Verwirklichung hat. Der Überwachungsstaat hingegen fördert nur das wirklich Böse, indem er nur relativ wenigen Individuen erlaubt, ihre steinzeitlichen Verhaltensantriebe voll auszuleben. Leider hat er nach wie vor auch – nicht schlechte – Aussichten, verwirklicht zu werden.

Kann Moral „natürlich" sein?

Eine Verbindung zwischen Natur und Moral, Biologie und Ethik wurde spätestens seit dem 19. Jahrhundert – seit der Begründung der Evolutionstheorie – immer wieder hergestellt, allerdings unter verschiedenen „Vorzeichen" und mit unterschiedlichen Ergebnissen (siehe auch Alexander 1987, Wuketits 1993b):

1. Thomas H. Huxley, der große Mitstreiter und Fürsprecher Darwins, sah zwar moralisches (unmoralisches) Verhalten in der Evolution verwurzelt, meinte aber, daß unsere ethischen Ziele der Evolution *widersprechen* müßten. Die Aufgabe des *Homo sapiens* besteht, nach Huxley, in einem ständigen Kampf gegen seine eigene Natur und in der Entwicklung einer Zivilisation, die sich von den Zwängen der Natur befreit (vgl. Williams 1988). Das mindeste, was ein solcher Standpunkt nahelegt, ist, daß wir aus der Tatsache der Evolution nichts über die moralische Verantwortung des Menschen ableiten können (vgl. Greene 1963).

2. Sein Enkel, Julian Huxley, vertrat die gegenteilige Auffassung. Er meinte, daß uns der Blick auf die evolutionären Prozesse helfen müßte, zwischen Gut und Böse zu unterscheiden und daß das „Gute" im Sinne der Evolution auch moralisch gut sei. „Anything which promotes open development is right, anything which restricts or frustrates development is wrong. It is a morality of evolutionary direction" (Huxley 1953, S. 167).[9] Ähnlich argumentierte z. B. auch Lorenz (1963, 1974, 1983),

---

9 „Alles, was eine offene Entwicklung fördert, ist richtig, alles, was die Entwicklung einschränkt oder hemmt, ist falsch. In der evolutionären Richtung gibt es Moralität."

der nicht müde wurde, unsere Verantwortung für die anderen Geschöpfe auf diesem Planeten zu betonen und die „Naturentfremdung" des *Homo sapiens* in seiner Zivilisation anzuprangern. („Verhausschweinung" des Menschen war sein einprägsamer Ausdruck.)

3. Eine große Gruppe von Autoren versucht zwar den naturalistischen Fehlschluß (siehe oben) zu vermeiden, um aber gleichzeitig die Bedeutung der Biologie für die Ethik herauszustellen. Beispiele sind, ich nenne hier nur zwei, Mohr (1987, 1992b) und Vogel (1988, 1989). Viele andere Beispiele ließen sich anführen. Sie laufen alle darauf hinaus, daß das Moralverhalten zwar in der Evolution verwurzelt sei, diese aber keinerlei Rechtfertigung für – unmoralisches – Handeln liefern könne.

Man darf aber auch den Sozialdarwinismus nicht vergessen, dessen Vertreter der Meinung waren, daß wir unsere Wertvorstellungen und Normen aus der Natur direkt abzuleiten haben, daß jene „brutale", in der Natur wirkende Kraft (natürliche Auslese), die manche Organismen überleben läßt, andere nicht, uns zum Maßstab für die Organisation unserer Gesellschaften werden sollte (vgl. z.B. Koch 1973). Die Konsequenzen dieser Auffassung sind jedermann bekannt, sie fanden in den Konzentrationslagern der Nazis ihren „endgültigen" Ausdruck. Ich möchte mich darüber an dieser Stelle nicht weiter auslassen. Daß die Gesetze der Natur uns moralisch verpflichten würden, ist allerdings eine alte Idee, die – schon lange vor dem Sozialdarwinismus und Nationalsozialismus – in unterschiedlicher Weise zum Ausdruck gebracht wurde. Sie wurde jedoch im Dritten Reich mit unbeschreiblicher „Konsequenz" in die Tat umgesetzt. Darwin selbst war, um das auch an dieser Stelle zu betonen, alles andere als ein Sozialdarwinist. Um so bemerkenswerter ist der Umstand, daß seine Theorie der natürlichen Auslese so oft als *normative* Theorie für menschliches Handeln genommen wurde (siehe auch Flew 1984).

Die Grundthese jeder evolutionären Ethik – die stets eine *naturalisierte Ethik* ist (vgl. z. B. Wuketits 1998c) –, kann jedoch ungeachtet ihrer unterschiedlichen Akzentsetzungen wie folgt formuliert werden:

Das soziale Verhalten des Menschen – einschließlich dessen, was wir jeweils als moralisches (oder unmoralisches) Verhalten bezeichnen – hat sich in seiner Evolution als biologische Spezies entwickelt und ist daher in seiner Natur verwurzelt. Moralsysteme sind „natürlich gewachsen", auch wenn sie später eine Eigendynamik entwickelt haben und gegen die menschliche Natur gerichtet sein können.

Dabei bleibt nochmals zu betonen, daß *Homo sapiens* von Natur aus eine *soziale* Spezies ist und unter „Evolution" hier seine „biosoziale" Entwicklung verstanden werden muß.

Weitblickende Moralphilosophen haben freilich längst erkannt, daß auf den Beitrag der Biologie im Diskurs über Moral (und Unmoral) nicht mehr verzichtet werden kann. So schreibt z. B. Patzig (1995, S. 95), die (Sozio-)Biologie könne „uns gut erklären, wie es dazu kommen konnte, daß Menschen als sozial lebende Säugetiere die Elemente einer kooperativen Moral entwickelten." Doch schränkt er sogleich ein, die moralische Reflexion folge, „einmal in Gang gekommen ... , ihren eigenen Entwicklungstendenzen und emanzipiert sich im Menschen auch von ihren biologischen Anfangsbedingungen". Das eben glaube ich nicht (mehr). Unsere archaische „Moral", die noch keine Moral war, folgt uns nach wie vor auf Schritt und Tritt. Der Börsenspekulant, der sich über einen fetten Gewinn freut, ist im Prinzip in der gleichen Lage (und in der gleichen psychischen Verfassung) wie der steinzeitliche Jäger, dem es gelang, ein großes Tier zu überlisten und zu töten. Und der Bankangestellte, dem es gelingt, befördert zu werden, indem er seinen Nebenbuhler durch Intrigen „ausschaltet", handelt dem Prinzip nach nicht anders als ein paläolithischer Hominide, der seinem Konkurrenten die Beute wegnahm. Das alles ist einsichtig und eigentlich trivial, es will nur niemand hören. Daher wird gegen den evolutionären Ansatz in der Ethik lautstark protestiert.

Die Argumente, die gegen die evolutionäre Ethik vorgebracht werden, lassen sich – nach Vollmer (1986) – in drei Gruppen zusammenfassen:

1. Der Mensch sei, so wird behauptet, in seinen Entscheidungen und Handlungen *frei* (siehe oben!), frei von biologischen Bedingungen.

2. Die Biologie, insbesondere die Evolutionstheorie kann, so wird argumentiert, für die Ethik nicht fruchtbar gemacht werden. Jeder Versuch, Biologie mit Ethik zu verbinden, führt demnach zum naturalistischen Fehlschluß.

3. Der Mensch mag zwar, was selbst manche Kritiker der Soziobiologie in Betracht ziehen, genetisch „geprägt" sein, in allen moralisch relevanten Fragen aber kann er *gegen* seine Gene handeln.

Daß, wie auch Vollmer (1986) meint, alle drei Behauptungen falsch sind, wird den Leser dieses Buches nach dem bisher Gesagten nicht überraschen.

Man muß schon eine Position einnehmen, die die Evolution völlig ignoriert, um solche Behauptungen aufzustellen und zu vertreten. Und man muß eigentlich auf beiden Augen blind sein, wenn man ernsthaft behauptet, der Mensch könne sich *unabhängig* von den biologischen Bedingungen seiner Existenz zum Handeln entscheiden. Als ob der Mensch außerhalb seiner „natürlichen Entwicklung" stünde!

Leinfellner (1998, S. 203) bemerkt folgendes: „Societal interactions [are] the empirical realizations of theoretically possible solutions of serial societial conflicts." („Die sozialen Interaktionen [sind] die empirischen Verwirklichungen der theoretisch möglichen Lösungen von regelmäßig auftretenden sozialen Konflikte.") Soziale Konflikte sind „normal", und keineswegs die Ausnahme. Die Frage ist nur, wie wir sie lösen: Mit Zähnen und Fäusten oder durch intelligente Strategien, die keinen der Kontrahenten schädigen. Der wahre (nicht der pathologische!) Egoist ist hier eindeutig im Vorteil. Da er nicht beschädigt werden und aus der Situation profitieren will, wird er Strategien ersinnen, die ihm aus dem Konflikt Vorteile verschaffen. Im Mindestfall wird er darauf bedacht sein, seine Haut zu retten. Auch seinem Gegner gönnt er ohne weiteres Vorteile und will ihn nicht beschädigt sehen, wenn nur er selbst aus dem Konflikt gut aussteigt. Ein derartiges Verhalten ist als „natürlich" zu bezeichnen, wenn man sich abermals vor Augen führt, daß es bei Lebewesen im allgemeinen in erster Linie darauf ankommt, zu überleben. Ein Tier überlebt nicht nur dann, wenn es Art- und Gruppengenossen beseitigt; es überlebt auch – und mit höherer Wahrscheinlichkeit –, wenn es mit anderen seiner Gruppenangehörigen kooperiert und Konflikte mit ihnen auf friedliche Weise regelt, also sozusagen Kompromisse eingeht. Beim Menschen ist das genauso.

Wie „natürlich" ist also unsere Moral? Halten wir dazu zunächst nochmals zweierlei fest:

– Unser Verhalten und Handeln wird – daran ist nicht zu rütteln – von egoistischen (Überlebens-)Interessen – gesteuert.

– Diese Interessen beziehen aber andere durchaus mit ein, weil wir als soziale Lebewesen zur Verwirklichung vieler unserer Ziele anderer Menschen bedürfen.

Die moralische Forderung, zu kooperieren und anderen Menschen zu helfen, folgt daher unserer Natur und ist als „natürlich" zu bezeichnen. Zumindest wird dieser Forderung in der Regel in Klein- bzw. Sympathiegruppen (in bestimmten Situationen auch außerhalb solcher Gruppen) ohne weiteres entsprochen. Die moralische Forderung, *allen* Menschen zu helfen, geht jedoch weit über unsere Natur hinaus, ist also nicht mehr „natürlich". Der einzelne könnte diese Forderung sozusagen auch aus technischen Gründen nicht erfüllen. Niemand ist in der Lage, *allen* Armen, Schwachen, Kranken und sonstwie Hilfsbedürftigen auf der Erde zu helfen. Das können nur internationale Organisationen. Daß diesen dabei bisher auch kein großer Erfolg beschieden war, ist allerdings nicht zu übersehen. Das bedeutet freilich nicht, daß solche Forderungen nicht aufgestellt werden dürfen.

Nehmen wir ein anderes Beispiel. Die moralische Forderung, die eigenen Kinder und Enkelkinder nicht zu vernachlässigen, sondern sie zu unterstützen, ihnen ein Heim zu bieten usw. ist „natürlich", weil sie unserer genetischen Disposition entspricht (und im Dienste des genetischen Überlebens zu erfüllen ist). Aber die moralische Forderung, *allen* Kindern Hilfe angedeihen zu lassen, ist nicht „natürlich". Trotzdem darf sie aufgestellt werden, und es gibt Kinderdörfer und ähnliche Institutionen, deren Vertreter sich Kindern widmen, die nicht ihre eigenen oder Nachkommen ihrer Geschwister, sondern „fremde" Kinder sind. Keineswegs aber haben solche Institutionen einen weltweit durchschlagenden Erfolg zu verzeichnen.

Ein drittes Beispiel. Die biblische Aufforderung „Wachset und mehret euch" (der wir einen moralischen Status beiräumen können), ist „natürlich", sie entspricht ohnehin einer grundlegenden Neigung des Menschen (und aller anderen Lebewesen).

Das Gebot der Keuschheit jedoch, auch wenn es aufgestellt werden darf und de facto aufgestellt wurde (siehe nochmals S. 103) ist nicht „natürlich" und kann auch von den allermeisten Menschen nicht befolgt werden.

Ich will damit sagen, daß vieles im Sozialverhalten des Menschen – vieles davon, was gemeinhin als moralisch richtig bewertet wird – keineswegs erst moralischen Vorschriften entspringt. Vielmehr folgen verschiedene dieser Vorschriften biologischen bzw. biosozialen Neigungen, die bei unserer Spezies seit jeher schon existiert haben (und eines moralischen „Überbaus" eigentlich nie bedurften). Daher ist es legitim, verschiedene der geltenden Grundforderungen der Ethik auf biologische Notwendigkeiten zurückzuführen (Wickler 1991). Aus der Rückführbarkeit mancher moralischer Forderungen auf biologische bzw. biosoziale Prinzipien folgt jedoch nicht,

– daß *alle* moralischen Normen sozusagen biologisch vorgegeben sind oder

– daß (umgekehrt) *allen* biologischen Verhaltensprinzipien eine moralische Relevanz zukommt.

Wie auf S. 101 bereits gesagt wurde, ist der Hinweis, bestimmte Verhaltensweisen oder Neigungen eines Menschen seien „natürlich" und daher moralisch gut, in vielen Fällen völlig unbrauchbar (und obendrein höchst gefährlich). Dennoch braucht die Vermutung nicht von der Hand gewiesen zu werden, daß sowohl für moralisches als auch für unmoralisches Verhalten – oder das, was wir jeweils als „moralisch" oder „unmoralisch" bezeichnen – genetische Komponenten und angeborene Rahmenbedingungen vorliegen (Paxton George 1992). Moral ist ja nicht vom Himmel gefallen. Viele gesellschaftliche Normen etablierten sich schon zu einer Zeit als noch niemand abstrakte Vorstellungen von Moral entwickelt hatte. Und umgekehrt vermochten selbst ausgeklügelte Moralsysteme unmoralisches Verhalten nicht aus der Welt zu schaffen.

Epikur, der nicht unsympathische Philosoph der Lebensfreude, meinte, daß jedes Lebewesen von Geburt an den Schmerz als größtes Übel empfindet und daher vor ihm flieht (vgl. Schmidt 1911). Aus biologischer Sicht ist es klar, daß jedes Lebewesen, den Menschen eingeschlossen, dazu neigt, jedem Übel aus dem Weg zu gehen und Schmerz als unangenehm empfindet. Und wie ist es beim Masochisten? Selbst er bestätigt diese basale Tendenz: Da ihm Schmerzen Lust bereiten, geht es ihm doch wieder nur um angenehme Empfindungen. Ich erwähne das, um nochmals die Sinnlosigkeit einer bloßen Verbotsethik zu unterstreichen, die den Menschen angenehmer Empfindungen berauben will (und daher nie Aussicht auf Erfolg haben konnte). Jedem von uns wohnt der Wunsch nach einem angenehmen Leben inne, einem Leben ohne Pein und Schmerz. Dies ist sozusagen ein natürlicher Wunsch. Für die Ethik könnte daraus ein wesentliches Prinzip folgen: Da *jeder* Mensch „naturgemäß" ein schmerzfreies Leben wünscht, ist es auch keinem Menschen erlaubt, einem anderen Schmerzen zuzufügen. Das müßte auf allgemeine Zustimmung stoßen, insbesondere, wenn wir die Fähigkeit des Menschen zum Mitleid berücksichtigen (vgl. S. 66).

Die Wirklichkeit sieht freilich anders aus. Da gibt es Menschen, Sadisten, denen das Leid anderer Menschen Befriedigung bereitet; da werden Menschen von anderen Menschen vergewaltigt, gemartert, totgeschlagen. Es gehört zu den dunklen Seiten unserer Natur, daß wir unter gegebenen Randbedingungen zu Grausamkeiten fähig sind, die die „positiven" sozialen Veranlagungen unserer Spezies überschatten, ja, daß wir in unserer angeblich so zivilisierten Welt bestimmte Grausamkeiten sogar fördern, z. B. Boxkämpfe. Unsere Zivilisation schafft also Rahmenbedingungen für das Böse, gibt dem Bösen Gelegenheit, sich seine Wege zu bahnen, als ob sie stillschweigend eingestehen würde, daß es ja ohnehin keine andere Möglichkeit gäbe. Aus einer Studie in den USA geht hervor, daß in den Tagen nach einem Boxmeisterschaftskampf im Schwergewicht (mit starker Medienresonanz) die Zahl der Morde in den Tagen danach erheblich ansteigt (vgl. Watson 1997). Das intensive *Miterleben* eines solchen Kampfs, die (unbewußt motivierte) Sympathie für einen der beiden Gegner und der Drang zur Nachahmung sind wohl dafür verantwortlich. Gute Regisseure wissen, wie sie einen Film zu gestalten haben, damit er die Zuseher „packt". Albert Camus, ein Autor, dem wir kein Spezialwissen in Verhaltensforschung zu unterstellen brauchen, jedoch ein Feingefühl für subtile Töne und Untertöne menschlichen Verhaltens attestieren müssen, gibt in seinem packenden Buch *Der Fremde* eine Beobachtung seiner Hauptfigur, des Herrn Meursault, wieder: Die Kinos des Stadtviertels spien eine Flut von Zuschauern auf die Straße – „Die jungen Leute unter ihnen wirkten entschlossener als sonst, sie hatten sicher einen Abenteuerfilm gesehen" (Camus 1969, S. 26). Nach einem Boxkampf wirken viele (nicht nur junge!) Leute auch entschlossener als sonst, und demonstrieren ihre Entschlossenheit im Extremfall dadurch, daß sie einen anderen töten, um nicht nur möglichst nahe an ihr Vorbild heranzukommen, sondern dieses noch zu überbieten.

Ein Boxkampf, also ein Kampf mit bloßen Fäusten ohne „Waffengewalt", stellt den Rangordnungskampf zweier Männchen in seiner ursprünglichen – bei Wirbeltieren weit verbreiteten – Form dar, während etwa das Fußballspiel die Jagd zweier Männerhorden nach einer Ersatzbeute repräsentiert (Remane 1950). Beide vermögen Millionen von Zusehern zu begeistern, von denen sich viele (in ihrem Miterleben) bis zur völligen Preisgabe jeder Vernunft „mitreißen" lassen. Die Anhänger einer Fußballmannschaft erleben überdies noch ein starkes „Wir-Gefühl" (vgl. S. 81), welches ihnen Sicherheit und ungeahnte Kräfte verleiht. (Wehe, wenn sie losgelassen ...) Diese Kräfte sind, wie die vielen Fußballschlachten mit Verletzten und Toten zur Genüge demonstrieren, nicht leicht zu bändigen. Die Steinzeit läßt hier also grüßen. Auf dem Fußballplatz machen auch ansonsten biedere und ruhige Menschen häufig geradezu eine Persönlichkeitsveränderung durch, was sich in unartikulierten Lauten, im Trommeln mit Fäusten und blindwütigen (oft zum Glück nur verbalen) Attacken äußert (vgl. Löbsack 1992). Fußball ist eine Erfindung unserer Zivilisation – es ist also interessant zu sehen, wie unter bestimmten Bedingungen dieser Zivilisation archaische Verhaltensmerkmale unserer Spezies zum Vorschein kommen und sogar noch in starkem Maße gefördert werden. Was sich in der Evolution einmal durch natürliche Auslese stabilisiert hat, kann nicht in kurzer Zeit gezähmt werden.

Aber unsere Zivilisation ist ohnehin nicht das Gegenteil, sondern in vieler Hinsicht nur der Spiegel unserer steinzeitlichen Existenz. Mit ihren subtilen Mitteln verleiht sie unseren prähistorischen Verhaltensantrieben neue Kräfte, indem sie uns beispielsweise Handfeuerwaffen zur Verfügung stellt und schnelles Töten ermöglicht. Überhaupt fördert sie den unbewußten Wunsch nach schneller Triebbefriedigung, was in der Werbung bestens ausgenutzt wird („Kaufen Sie *jetzt*, zahlen Sie *später*!"). Es liegt in unserer Natur, alles, was wir sofort haben können, auch sofort und ohne Umwege zu nehmen. Das wissen vor allem auch professionelle Diebe. Wenn das „Genommene" oder leicht „Bekommene" sich auch noch in einen direkten Zusammenhang mit Rangordnung stellen läßt, dann ist es um so besser:

„Marketingstrategen kennen ihre Pappenheimer. Sie nennen ganz plump ihre Produkte ‚Prestige' oder ‚Privileg', ‚Consul' oder ‚Commodore'" (Verbeek 1998, S. 192). Freilich sind nicht alle Strategien so leicht zu durchschauen, aber an das Steinzeitgehirn des *Homo sapiens* zu appellieren, zahlt sich allemal aus.

Selbstverständlich pochen wir auf unsere Freiheit, unseren freien Willen (siehe oben), so daß auch Autoren – Biologen, Verhaltensforscher, Anthropologen –, die um die biologische Bedingtheit unseres Verhaltens wissen, gern ein Schlupfloch öffnen, um die Enttäuschung dann doch erträglicher zu machen. Dazu nur ein typisches Zitat:

All social practices and ethical attitudes are based on physiological needs, urges, and limitations woven in the human fabric during the evolutionary and experiential past. But within the constraints imposed by the biological determinants of his nature, man can make responsible choices. He has the privilege and the responsibility of shaping his self and his future (Dubos 1968, S. 117).[10]

Wir mögen ja das Privileg haben, unsere Zukunft zu gestalten, aber wir können die Rechnung nicht ohne unsere Vergangenheit machen. Die hängt uns nämlich nach und beeinflußt auch ganz entscheidend unser moralisches/unmoralisches Verhalten. Es stimmt schon, daß wir selbst in unseren moralischen Entscheidungen zwar nicht rational, aber „intuitiv" älteren unserer Neigungen und Verhaltensantriebe nur zu bereitwillig

---

10 „Alle sozialen Praktiken und moralischen Haltungen beruhen auf physiologischen Erfordernissen, Trieben und Begrenzungen, die im Gebilde des Menschen durch seine evolutive Vergangenheit und seine individuellen Erfahrungen zusammengestrickt werden. Aber innerhalb seiner biologischen Bedingungen kann der Mensch eine verantwortungsvolle Wahl treffen. Er hat das Privileg und die Verantwortung, sich selbst und seine Zukunft zu gestalten."

Zugeständnisse machen – daher rührt letztlich unsere Faszination für das Böse.

Theologen neigen nach wie vor zu der der Ansicht, daß es nicht sinnvoll sei, über die Herkunft des Bösen zu diskutieren, ohne die Existenz eines guten Gottes anzunehmen (vgl. z. B. Riedlinger 1995). Jede christliche Lehre über die Natur enthält grundsätzlich die Erwartung, daß die Schöpfung als solche – und damit alles Leben – gut sei (Cobb 1988). Ganz anders stellen sich die Dinge für einen Evolutionstheoretiker dar. Er sieht in der Natur nichts Gutes, aber auch nichts Böses, da sich der Wettbewerb ums Dasein und die natürliche Auslese völlig unabhängig von diesen – vom Menschen geschaffenen – Wertungen abspielen. Das als „böse" apostrophierte Verhalten unserer Spezies sieht er als Folge von egoistischen Verhaltensstrategien, die immer wieder zu Konflikten zwischen Individuen führen. Aus prinzipiellen Gründen nicht einzusehen ist, warum gerade in der Welt eines *guten* Gottes das Böse eine so weite Verbreitung erfahren hat. Der Evolutionstheoretiker hat mit dem Bösen – jedenfalls auf der Ebene der Beschreibung und Rekonstruktion – keine besonderen Probleme. In einer Welt, in der es in erster Linie um das (genetische) Überleben geht, in der jedes Lebewesen sozusagen sehen muß, wo es bleibt, kann eben nur der Egoismus die basale Triebkraft des Verhaltens darstellen. Andererseits muß, gerade aus evolutionstheoretischer Sicht, die Entstehung von Moralvorstellungen – beim Menschen – „gute" Gründe haben: „Because we believe in right and wrong ... we are (biologically) fitter than otherwise. This belief lays upon us obligations" (Ruse 1988, S. 416). („Da wir glauben, daß es das Gute und das Böse gibt, sind wir [biologisch] tauglicher als wir andernfalls wären. Dieser Glaube legt uns moralische Verpflichtungen auf.")

Unsere Moral ist „natürlich", sofern sie alles enthält, was in jedem von uns positive Gefühle weckt. Das Geben, das Darreichen von Geschenken – um nur ein Beispiel zu nehmen – verschafft in der Regel sowohl dem Empfänger als auch dem Geber Genugtuung und gehört zu den Universalien unseres Sozialverhaltens, auch wenn Geben und Bewirten bei verschiedenen Kulturen unterschiedliche Ausgestaltungen erfahren haben (vgl. Eibl-Eibesfeldt 1984a, 1998). Moralsysteme, die darauf Bezug nehmen, haben eine gewisse Aussicht auf Erfolg. Auch in komplexen sozialen Systemen (Staaten) kann darauf nicht verzichtet werden, wie jeder Staatsbesuch zeigt. Der Gast wird fürstlich bewirtet und kann meist ein Geschenk mit nach Hause nehmen. Auf der anderen Seite versuchen solche Systeme, dem Geben und Nehmen per Gesetz Schranken aufzuerlegen, um die Korruption zu verhindern. Vor allem in den Industrieländern verlief die soziale bzw. politische Entwicklung gegen den Nepotismus, gegen eine Strategie der familiären Verquickung (Schubert 1983). Da diese Entwicklung nicht unseren (natürlichen) Neigungen entspricht, war (und ist) sie auch nicht von dem gewünschten Erfolg gekrönt. Dazu braucht man sich nur die unzähligen Skandale in Politik und Wirtschaft auf nationaler und internationaler Ebene zu vergegenwärtigen, die in den Medien fortgesetzt für Schlagzeilen sorgen. So wichtig eine „antinepotistische" Entwicklung in komplexen sozialen Systemen auch sein mag – in nächster Zukunft wird ihr wahrscheinlich kein absoluter Erfolg beschieden sein, weil sie sehr alten und robusten sozialen Strategien zuwiderläuft.

Ich leugne keineswegs die Bedeutung des sozialen Lernens. Durch Vorbildwirkung und andere erzieherische Maßnahmen kann der einzelne dazu angehalten werden, manchen der in uns stammesgeschichtlich tief verwurzelten Neigungen entgegenzuhandeln. In gewissem Sinne ist es erstaunlich, daß wir Jäger und Sammler uns tatsächlich in vielerlei Hinsicht zivilisiert benehmen und bereit sind, Moral- und Rechtssystemen Folge zu leisten, die die längste Zeit unserer Evolution praktisch undenkbar waren und uns zu Verhaltensweisen zwingen, die uns nicht genehm sind. Es darf uns aber auch nicht überraschen, daß diese Systeme zerbrechlich sind. Das Hemd bleibt uns näher als der Rock, und wenn es um das eigene Überleben – und das Überleben unserer kleinen Gruppen – geht, vergessen wir die guten Vorsätze und die uns von „künstlichen" Moral- und Rechtssystemen aufoktroyierten Regeln des Verhaltens. Moral- und Rechtssysteme sind viel variabler als die stammesgeschichtlich alten Antriebe unseres Verhaltens.

Die Frage, ob Moral „natürlich" sei, ist also in gewissem Sinne zu bejahen. Normen und Werte wurden geschaffen, um Leben zu ermöglichen und zu erhalten. Damit folgen Moralsysteme den in unserer Natur verwurzelten Verhaltensantrieben und Erwartungen. In gewissem Sinne aber ist Moral auch „unnatürlich". Überall, wo vom einzelnen verlangt wird, die unserer Spezies eigenen biologischen Neigungen zu überwinden, stoßen wir daher auf Probleme grundsätzlicher Art. Die Sexualethik der katholischen Kirche ist ebenso ein Beispiel dafür wie etwa das undurchschaubare Dickicht unserer Steuergesetze. Eins müssen wir daher nochmals festhalten: Kein Moralsystem, kein Verbot, kein Gesetz vermochte aus *Homo sapiens* den Idealtypus des guten Menschen zu machen. In allen Gesellschaften gab und gibt es zumindest vereinzelt Normenbrecher. Es scheint, daß wir auch in Zukunft damit leben werden.

Ich will damit nicht sagen, daß alle moralischen Anstrengungen unnütz sind. Zum Teil folgen wir bestimmten Moralprinzipien ohnehin schon aufgrund unserer Neigung, und zum

Teil sind wir in der Lage, Moralprinzipien rational einzusehen und zu befolgen. Aber die Hoffnung, daß *alle* Menschen einmal nur noch in guter Absicht einander begegnen werden, daß das Böse in seinen verschiedenen Spielarten eines Tages verschwinden wird, ist unbegründet. Statt sich dieser Hoffnung hinzugeben, sollten wir daher vielmehr den Tatsachen ins Auge sehen und uns fragen, wie wir mit unseren Neigungen – zum Guten wie zum Bösen – umgehen können. Bloße Gebote und Verbote und immer kompliziertere Gesetzestexte werden dabei nicht helfen. Dem Gesetzgeber mag das Ideal vorschweben, alle Gesetzeslücken zu schließen. Mit jeder geschlossenen Lücke wird er aber auch einer neuen Form von Vergehen und Straftaten die Tür öffnen und so (ungewollt) das Böse fördern. Eine vollständig regulierte Gesellschaft wäre äußerst gefährlich. Sie wäre dazu geeignet, beim einzelnen Unmut, Wut und Haß zu erregen, die sich in allerlei bösen Taten ein Ventil suchen würden.

6. Erbsünde und Erblast

Der Profit bezwingt die Ideologie,
denn die Konsumenten wollen sich nicht nur
an der Gewißheit des Guten laben,
sondern auch am Schauder des Bösen.
UMBERTO ECO

Leben mit dem Bösen

Man stelle sich einmal vor, was geschähe, wenn es das Böse plötzlich nicht mehr gäbe; ich meine, wenn kein Mensch mehr einen anderen belügen oder sonstwie täuschen würde, wenn niemand mehr einen Diebstahl, einen Einbruch, eine Vergewaltigung, einen Mord verüben und niemand mehr Kriege anzetteln würde, wenn alle Menschen einander in Frieden und Eintracht, mit gegenseitigem Respekt und in der Absicht, einander zu helfen, begegneten. Menschen mit humaner und humanistischer Gesinnung könnten unter diesen Umständen äußerst zufrieden sein. *Homo sapiens* hätte ein Stadium seiner Entwicklung erreicht, das mancher utopische Gesellschaftsentwurf vorgezeichnet hatte. Aber auch sehr „realistische" Denker, die man nicht unter die Utopisten einordnen kann, haben ja in dieser Richtung gedacht. Beispielsweise Bertrand Russell. Man wird, meinte er, in intellektueller und auch moralischer Hinsicht wahrnehmen müssen, daß wir Menschen eine Familie sind, und daß kein Zweig dieser Familie auf Kosten der anderen existieren oder glücklich werden kann, wenn er die anderen zerstört (Russell 1976). Betrachten wir die Sache aber einmal unter einem anderen Gesichtspunkt.

Also, gesetzt den Fall, *alle* Menschen wären auf einmal gut und alles von dem, was wir auch nur annähernd als Verbrechen betrachten, würde plötzlich verschwinden. Ganze Berufsgruppen wären dann aber auch überflüssig, Polizisten, Richter, Staatsanwälte, Henker, Rechtsanwälte, Gerichtsdiener, Bewährungshelfer – sie hätten keinerlei Funktionen mehr und müßten ihre Berufe an den Nagel hängen. Weltweit müßten die Militärs abrüsten, das „Soldatentum" hätte ausgedient, und alle Leute, die direkt oder auch nur indirekt damit zu tun haben (bzw. hatten) müßten ihre Geschäfte aufgeben: die Soldaten selbst, Waffenhersteller und -händler, Vermittler von Waffenlieferungen, Lehrer an Militärakademien, Betreiber von Kantinen in Kasernen und an militärischen Stützpunkten, Verteidigungsminister und Beamte ihrer Ministerien. Natürlich würden unter solchen Umständen auch alle Geheimdienste ihre Funktion verlieren. Ebenso überflüssig wären Kontrolleure in Straßenbahnen und anderen öffentlichen Verkehrsmitteln, private Wachorgane in Büros, Banken usw., Detektive in großen Warenhäusern, Zoll- bzw. Grenzbeamte, Notare und Steuerprüfer, Ethiker und Priester. Diese Liste ließe sich leicht – in beliebiger Reihenfolge – verlängern.

Ein solches Szenario, in dem das Böse in seinen unterschiedlichen Formen abwesend ist, kann sich wahrscheinlich niemand von uns wirklich vorstellen. Zugleich vermittelt uns aber gerade dieses Szenario auch, wie sehr unsere gesellschaftlichen Institutionen auf das Böse eingestellt sind, welchen Aufwand sie betreiben, um „die Bösen" zu behindern, zu verfolgen und zu bestrafen, und in welchem Maße sie sich selbst des Bösen bedienen, um eben dieses zu bekämpfen. Die Situation ist mehr als nur paradox: Da wünscht man sich einerseits eine Welt des Guten, doch hat man sich längst in einer Welt des Bösen eingerichtet; da predigen allerlei Leute das Ideal vom guten Menschen und leben – oft ganz ausgezeichnet! – vom Bösen. Ich werde daher den Verdacht nicht los, daß in unserer Gesellschaft kaum jemand das vollständige und endgültige Verschwinden des Bösen ernsthaft wünscht. Selbst das unschuldige Opfer einer bösen Tat hegt (zumindest in der Regel) wiederum bösartige Gedanken, es wünscht den Täter in die sprichwörtliche Hölle oder möchte persönlich Rache üben. Das erinnert mich abermals an George Orwells *1984*, wo „die Partei" das Feindbild „Immanuel Goldstein" erfindet und die endgültige und vollständige Vernichtung des „Goldsteinismus" propagiert. Gerade diese Propaganda ist ein wichtiges Mittel, um die Parteigenossen zusammenzuhalten und gefügig zu machen. Ohne Goldstein hätten die ganzen organisierten Haßtiraden keinen Sinn.

War es im Kalten Krieg nicht ganz ähnlich? Hatte der erklärte Feind – auf beiden Seiten – nicht eine wichtige soziale und politische Funktion? Vielleicht kam es gerade wegen dieses wechselseitig sorgfältig gehegten Feindbildes nicht zum atomaren Schlagabtausch. Insoweit hätten, zynisch gesagt, Feindbilder eine wichtige Funktion – zumindest, solange sie nur „Bilder" bleiben. (Es war aber nie ausgeschlossen, daß jemand – willkürlich oder aus Versehen – den falschen Knopf drückt. Natürlich ist es heute nach wie vor möglich, daß sich jemand, irgendwo in der Welt, sogar bewußt zu *diesem* Knopfdruck entschließt. Die Gefahr eines Atomkriegs ist noch lange nicht gebannt.)

Offensichtlich ist der Mensch ein verwirrtes Lebewesen, ein Lebewesen, das sich – zumindest seit der Entstehung seiner Hochkulturen – bemüht, moralische Richtlinien für sein Verhalten zu finden und Rechtssysteme zu begründen, seither aber (wie schon zuvor) alles nur Erdenkliche tut, um seine eigenen Artgenossen, sofern sie ihm irgendwie nicht genehm sind, zu beseitigen. Kaiser, Könige und Fürsten haben zu allen Zeiten ihre Konkurrenten und andere, ihnen unliebsame Zeitgenossen, in den Kerker werfen und töten lassen; Psychopathen wie Hitler wollten ganze Völker ausrotten (was ihnen zumindest teilweise sogar gelungen ist); alle Vertreter politischer Parteien versuchen, heute wie ehedem, ihren jeweiligen Gegnern Böses zuzufügen und sie herunterzumachen (jede „Entgleisung" eines Angehörigen der jeweiligen Gegenpartei ist ihnen daher willkommen); auch viele Wissenschaftler beschränken sich bei der Durchsetzung ihrer Theorien nicht nur auf empirische Forschungsergebnisse und logische Argumente, und sie freuen sich keineswegs über den Erfolg von Kollegen (vgl. S. 142). Unsere Neigung, Eigeninteressen durchzusetzen, ist sicher viel stärker als uns bewußt ist, und viel stärker als es Moralsysteme zulassen. Die aber haben, wie in diesem Buch schon oft betont wurde, ohnedies nur dann eine Chance, befolgt zu werden, wenn sie den menschlichen Neigungen nicht grundsätzlich widersprechen.

Ein Beispiel, das zeigt, wie gut wir gelernt haben, mit dem Bösen zu leben, ist der Horrorfilm (vgl. Schuller 1993). Da treten ungeheure Gestalten auf – die ja doch nur eine Verzerrung *menschlicher* Gestalten sind – und erstechen, erschlagen, erwürgen und zersägen Menschen. Dieses Genre erfreut sich großer Beliebtheit. Es braucht ästhetischen Kriterien keineswegs zu entsprechen (und entspricht ihnen auch kaum!), aber es fasziniert. Dracula und Frankensteins Monster sind „klassische" Gestalten, die in unzähligen Varianten gut vermarktet worden sind. Der „Horror" geht freilich auch von nicht-menschlichen Wesen aus, man darf – in einem Film oder auch einem Roman – nur die Schockwirkung nicht verfehlen. Feuerspeiende Drachen, King Kong, der Weiße Hai oder bösartige außerirdische Wesen (*aliens*) sind allemal geeignete Objekte für die Versinnbildlichung des Bösen – und sie faszinieren. Aber je mehr wir davon zu sehen bekommen, je mehr sich die Medien, Fernsehen, Videofilme und Kino durch das Böse ihre eigene Faszination sichern, um so mehr vermischt sich die Realität mit der Fiktion (auf letztere wollen wir offenbar nicht verzichten, als ob uns unsere *wirkliche* Welt, mit dem alltäglich und dem wirklich Bösen nicht genügte).

„In der Wiederholung von Erschlagen, Erstechen, Zersägen, im Anhäufen von Leichenbergen, in denen Blut, Abfall und Körperfetzen sich mischen ..., zerfallen alle kategorialen Unterschiede von Leben und Tod, von Mensch und Natur" (Schuller 1993, S. 347). In Romanen und (besonders) Filmen, die sich auf solche Ungeheuerlichkeiten konzentrieren, wird eine gefährliche Botschaft vermittelt, daß nämlich zwischen Leben und Tod kein Unterschied besteht, daß das Foltern, Töten, Zerstückeln und vielleicht auch Essen von Menschen eher die Norm als die Ausnahme bilden. Im Dritten Reich – das sich leider nicht bloß in einem Roman oder Film „verwirklicht" hat – vermittelten die Hekatomben von grausam getöten Menschen manchem wohl auch ein Bild der Normalität (schließlich wurden viele von denen, die an dieser „Normalität" öffentlich zweifelten, auch grausam getötet). Insofern folgt ein Horrorfilm „nur" der Wirklichkeit – und bleibt hinter dieser oft (wegen seines durchschaubaren Anspruchs) weit zurück. Anders gesagt: Die Realität menschlicher Grausamkeiten holt die fiktiven Grausamkeiten oft leicht ein. Massenmörder und Serienkiller, Terroristen und Bombenleger, Sadisten und staatlich beauftragte Folterer, denen kein Mittel fremd ist, um anderen Menschen Schlimmstes anzutun – sie alle sind ja der lebende Beweis dafür, daß wir im Grunde genommen der erfundenen Horrorgestalten gar nicht bedürfen. Wie groß aber muß die Sehnsucht des Menschen nach dem Bösen sein, wenn er zusätzlich zu seinen ohnedies kaum noch zu übertreffenden „Eigenleistungen" die Wirkung übermenschlicher böser Mächte und Kräfte erfindet! Diese Mächte und Kräfte dienen freilich auch der Entlastung. Was der Mensch im Sinne des Bösen – des wirklich Bösen! – zu praktizieren imstande ist, projiziert er gerne in eine imaginäre Welt des Horrors, um damit seine eigenen Taten, selbst die schlimmsten Greueltaten, zu rechtfertigen. So bedarf das Christentum des Satans – seine Gestalt rechtfertigt alle Untaten seiner „guten" Verfolger (vgl. Brittnacher 1993).

Hätten die Religionen das Böse nicht zu bekämpfen, wären sie unglaubwürdig – und überflüssig (so wie, auf profaner Ebene, alle Vertreter des Rechts). Auch Religionen leben also sozusagen vom Bösen. Wie gesagt, wenn es das Böse plötzlich nicht mehr gäbe, würden ganze Berufsstände ihre Berechtigung verlieren.

Selbstverständlich handelt es sich hier um ein Phänomen der neueren Kulturgeschichte. Der *Homo erectus* vor einer Million Jahren brauchte noch keine Hüter der Moral, keinen Satan, um seine eigenen Taten „ins rechte Licht zu rücken" – für ihn zählte nur das nackte Überleben. Auch heute ist das nackte Überleben unser erstes Anliegen, aber wir haben das Problem, darüber hinaus moralische Standards befolgen zu müssen, das Überleben in gewissem Sinne zu regeln, und zwar so, daß unsere egoistischen Interessen die Interesen anderer nicht verletzen. In Anbetracht unseres stammesgeschichtlichen Erbes ist das keine leichte Aufgabe.

Unsere Kulturgeschichte hat dieses Erbe nicht beseitigt, sondern das Böse und die von ihm ausgehende Faszination noch in vieler Hinsicht gefördert, indem sie Religionen bzw. Ideologien geschaffen hat, die ihrerseits auf die „Urkräfte" unserer Psyche zählen dürfen. Safranski (1997, S. 326) schreibt dazu folgendes:

Die totalitären Ideologien dieses Jahrhunderts und die neueren Fundamentalismen geben schauerliche Beispiele. Sie behaupten zu wissen, was die Welt zusammenhält; sie wollen das Ganze begreifen und greifen nach dem ganzen Menschen; sie geben ihnen die Geborgenheit einer Festung mit Sehschlitz und Schießscharte; sie kalkulieren mit der Angst vor dem offe-

nen Lebensgelände, vor dem Risiko der menschlichen Freiheit, die stets auch bedeutet: Ungeborgenheit, Alleinstehen, Ungewißheit.

So konnte sich das Böse selbst in seinen grauenhaftesten Formen immer seine Wege bahnen. Und wir sind darüber erschrocken, können uns aber seiner Attraktionskraft offenbar nie ganz entziehen.

In der Mythologie können die bösen Gestalten übrigens sowohl männlichen als auch weiblichen Geschlechts sein. Man soll sich also, weil in der christlichen Religion der Satan männlich ist, nicht zu dem Glauben verleiten lassen, das Böse sei maskuliner Natur. Immerhin hatte der Satan selbst weibliche Verbündete (Hexen), und die Kulturgeschichte des Bösen kennt darüber hinaus zahlreiche „weibliche Hauptfiguren". Man denke, um nur ein Beispiel zu nennen, an die drei *Gorgonen* (Stheno, Euryale und Medusa) der griechischen Sage: geflügelte Schreckgestalten mit Schlangenhaaren, deren Anblick jeden Menschen versteinerte. Man vergesse auch nicht, daß es, der biblischen Überlieferung zufolge, *Eva* war, die den Mann verführte und damit die Erbsünde in die Welt setzte.

In der Verbrechensstatistik kommt die Frau allerdings seltener vor als der Mann. In den Industrieländern sind verurteilte Übeltäter zu 80% männlichen Geschlechts, in Ländern mit anderer Kultur und Tradition (z. B. Indien) macht der Anteil der Männer dabei sogar 95% aus (vgl. M. Wuketits 1998). Die Gründe dafür mögen vielfältig sein, liegen aber in der Hauptsache wohl darin, daß nach den herrschenden Rollenvorstellungen – und den diesen Vorstellungen vorausgehenden biologischen Geschlechtsunterschieden – Frauen der Zugang zu verschiedenen sozialen Sphären die längste Zeit verwehrt geblieben ist. Als Täterin konnte sich die Frau also bislang nicht so gut entfalten. (Kindesmörderinnen gibt es in verschiedenen Kulturen, doch handeln sie dabei, wie erinnerlich – vgl. S. 18 – einer sozialen Norm gemäß und sind daher nicht als Mörderinnen im eigentlichen Sinn einzustufen.) Allerdings zeigt ein sorgfältiger Blick auf die Geschichte (bis in die jüngste Vergangenheit), daß auch Frauen mitunter sehr wohl zu Greueltaten fähig sind, die uns Schrecken einjagen (vgl. z. B. Bolte und Dimmler 1997). Unter ihnen gibt es Giftmörderinnen, despotische Herrscherinnen und Terroristinnen.

Diesen Umstand finden viele deshalb besonders überraschend, weil sie dem „zarten Geschlecht" in der Regel nicht viel zutrauen. Und da den traditionellen Rollenbildern gemäß Frauen mehr passiv als aktiv sind, kommen sie als Schwerverbrecherinnen, wie man meinen will, kaum in Frage. Wird eine Frau dann doch zur Mörderin oder verübt sie gar einen Terroranschlag, kann sie (in der Männerwelt) schon einige Gänsehäute verursachen. Denn eine Frau „tut so etwas nicht" – und wenn sie's tut, ist sie schockierend und faszinierend zugleich. Die Faszination des Bösen ist, wie mir scheint, doch immer dann am größten, wenn man es (das Böse) gar nicht erwartet hat. Frauen sind (oder waren zumindest bisher) meist einer stärkeren sozialen Kontrolle unterzogen als Männer, so daß auch ihre Gelegenheiten zu verbrecherischen Taten seltener sind (oder jedenfalls bisher seltener waren). „Die Täterin hat also mit einem viel größeren sozialen und legalen Stigma zu kämpfen als der Täter, was schon auf der Ebene des Unbewußten die Verbrechensrate bei Frauen beeinflußt" (M. Wuketits 1998, S. 142). Sprengt aber eine Frau alle Fesseln der Konvention und entzieht sie sich jeder sozialen Kontrolle, dann muß sie etwas Besonderes sein – man kann sich ihrer Faszination nur schwer entziehen, auch wenn man (Mann!) das nicht ohne weiteres offen zugeben wird.

Wie wir es auch drehen und wenden – als Faktum bleibt, daß das Böse in unserer Welt, in der Welt des Menschen, überall seinen Platz hat, daß der Mensch nicht nur in der Lage ist, selbst Böses zu tun, sondern auch in seinem Geiste allerlei böse Kreaturen geboren hat, die ihm als Surrogat dienen und zu allen nur erdenklichen (Un-)Taten fähig sind. Satanskult und schwarze Messen (verbunden mit Ritualmord) vermögen auch in unserer angeblich doch so aufgeklärten Gesellschaft manche Menschen in den Abgrund zu ziehen. Die zerstörerische Kraft vieler Sekten zieht vor allem Jugendliche in ihren Bann und verursacht an ihnen oft irreparable psychische Schäden. Daß sich manche Menschen überhaupt dazu verleiten lassen, Mitglieder einer dubiosen Sekte zu werden, hängt gewiß nicht zuletzt von dem uns – einer sozialen Spezies! – eigenen Bedürfnis ab, irgendwo dazuzugehören. Dieses Bedürfnis nutzen auch alle totalitären Regierungssysteme aus. Labile, unzufriedene und sich einsam fühlende Menschen, Menschen ohne Perspektive und ohne soziale Bindung sind daher ihre idealen Opfer. Sie erkennen jedoch die Gefahren des jeweiligen Systems nicht – und wenn, dann zu spät – und bemerken nicht, daß sie in ihr eigenes Verderben laufen, da ihnen das jeweilige System keinerlei Spielraum erlaubt. Das Fehlen von Alternativen zählt zum Wesen jedes totalitären Staates, dessen Repräsentanten damit auch jede Gewalt rechtfertigen können (Hacker 1974). Für Sekten gilt, mutatis mutandis, dasselbe. Demjenigen, der seine „Seele" an sie verkauft hat, bieten sie keine Alternative.

Bemerkenswert und bedenklich ist, daß verschiedene Organisationen, deren einziges Ziel in der Entmündigung des Individuums besteht und deren Vertreter vor keiner Gewalttat zurückschrecken, vorgeben – ja, häufig sogar glaubhaft machen können –, daß sie im Dienste des Guten handeln. Die Paradoxie, daß

Gutes unter Anwendung des Bösen zu erreichen versucht wird, daß die Absicht des Guten sogar das Böse rechtfertigt, wurde schon erwähnt (man denke nur nochmals an die Todesstrafe). Gut und Böse sind also oft innig miteinander verwoben. Man sollte sich daher vor Leuten, die vorgeben, nur unser Gutes und Bestes zu wollen, wirklich hüten! In der Gestalt des Guten ist das Böse besonders gefährlich, weil es eben als solches gar nicht erkennbar gemacht wird. Mithin braucht es auch keinen moralischen Ansprüchen zu genügen.

Unsere Bilanz ist also ernüchternd. Seit dem Menschen seine eigene Existenz und seine eigenen Taten bewußt sind, handelt er häufig – gegen sein besseres Wissen – gegen das Gute und für das Böse. Der Mensch selbst hat ja Gut und Böse erfunden, moralisch falsches von moralisch richtigem Verhalten geschieden. Das moralische Scheitern gehört jedoch zu seinem täglichen Leben, was er oft gar nicht bemerkt – oder, besser gesagt: was viele Angehörige seiner Spezies nicht bemerken (oder nicht bemerken wollen). Soll uns das wirklich wundern? Wir haben uns ja längst daran gewöhnt, mit dem Bösen zu leben, ganz gleich, in welchen Gestalten es daherkommt bzw. welche Gestalten wir selbst ihm verleihen.

Der französische Matrose Henri Martin wurde 1951 von einem Kriegsgericht zu fünf Jahren Gefängnis verurteilt, bloß weil er Flugblätter gegen den französischen Indochinakrieg verfaßt und verteilt hatte. Jean-Paul Sartre beteiligte sich seinerzeit an der Kampagne zu seiner Freilassung (vgl. Sartre 1983). Man entscheide nun selbst, wer hier „gut", und wer „böse" war: der Matrose, der eine Handlung seiner Regierung nicht gutheißen konnte, da sie einen Gewaltakt darstellte, oder seine Regierung, die einfach keinen Widerspruch duldete und deren Vertreter den Krieg für „gut" befanden? Beispiele dieser und ähnlicher Art finden sich viele. Im nachhinein werden Menschen, die gegen unmoralische oder kriminelle Aktivitäten ihrer jeweiligen Regierung protestiert hatten, zu Helden stilisiert. Meist nützt es ihnen allerdings nichts mehr. Auch im Dritten Reich gab es einige Unerschrockene, die nicht nur das ganze verbrecherische System durchschauten, sondern auch offen dagegen ankämpften. Leider war ihnen kein langes Leben gegönnt. Jenes System duldete keine alternativen Lebensentwürfe.

Aus allen Erfahrungen in unserer Geschichte können wir lernen, daß das Böse über das Gute obsiegt, wenngleich uns – einigen von uns – die Illusion des Guten stets erhalten geblieben ist. So ganz wollen wir – einige von uns – die Dominanz des Bösen nun doch nicht einfach hinnehmen.

Der Wille zum Guten

Ist es unter den gegebenen Umständen nicht erstaunlich, daß der Mensch sein Bestreben, moralisch richtig zu handeln, niemals aufgegeben hat? Daß jedenfalls manche Angehörige seiner Spezies stets ernsthaft darüber nachgedacht haben, wie ein Leben unter moralischen Prämissen zu führen sei? Das Böse fasziniert, aber das Gute ist niemals aufgegeben worden, und selbst triviale Romane und Filme geben uns daher immer wieder zu verstehen, daß das Gute über das Böse obsiegt. Tatsächlich ist nicht zu leugnen, daß der Wille zum Guten fortgesetzt seinen Ausdruck gefunden hat.

In diesem Buch war wiederholt die Rede von der dem Menschen eigenen, in seiner Stammesgeschichte verwurzelten Kleingruppenmoral. In kleinen Gruppen (Sympathiegruppen, vgl. S. 119) funktionieren jene von uns (moralisch) geschätzten Prinzipien des Sozialverhaltens recht gut. Zu den großen Leistungen unserer Kulturgeschichte gehört die Idee, diese Prinzipien, weit über die Kleingruppe hinaus, auf die ganze Menschheit auszudehnen, jeden einzelnen Menschen zum *Weltbürger* zu erziehen (vgl. Treml 1998). Der Wille zum Guten zeigt sich wohl nirgends besser als in diesem Bemühen, allen Menschen mit Sympathie zu begegnen. Schon Charles Darwin, der ein großer Humanist war, hatte darüber sehr klare Vorstellungen und seine eigene Utopie, die er freilich mit vielen von uns teilte (vgl. Wuketits 1997c). Er war davon überzeugt, daß unsere sozialen Instinkte in Zukunft immer stärker ausgebildet seien und wir daher in die Lage kommen werden, unsere Sympathie auf alle Angehörigen unserer Spezies und schließlich auch auf die anderen Geschöpfe dieses Planeten auszudehnen, da „die Sittlichkeit tatsächlich seit den frühesten Zeiträumen der Menschheitsgeschichte eine aufsteigende Linie verfolgt habe" (Darwin 1871 [1966, S. 159]).

Demnach müßten wir zum einen alle Formen des Ethnozentrismus und Nationalismus abbauen und *alle* Menschen allmählich als unsere Brüder und Schwestern betrachten. Darüber hinaus müßten wir, zum anderen, auch allen übrigen Lebewesen unsere Sympathie bezeugen und sie in unsere ethischen Überlegungen einbeziehen. „Rücksichtnahme gegenüber Tieren", schreibt dazu Nida-Rümelin (1996, S. 8), „ist nicht nur dann ethisch gefordert, wenn dabei menschliche Interessen tangiert sind." Wir sollten also, mit anderen Worten, die Ethik über die menschlichen Interessen hinaus auch auf andere Lebewesen ausdehnen. In neuerer Zeit war in diesem Zusammenhang bereits von einer „Wohlfahrtsbiologie" die Rede, dem Studium von Lebewesen und ihrer Umwelt unter Berücksichtigung ihres Wohlbefindens (Ng 1995).

Ein oberflächlicher Blick auf die Menschheitsgeschichte mag zu dem Glauben verleiten, daß es *moralischen Fortschritt* gibt. Der Fortschrittsgedanke insgesamt ist mit der Idee einer „moralischen Höherentwicklung" des Menschen eng verbunden (vgl. Wuketits 1998a). Auch Darwin (1871) glaubte an eine solche Höherentwicklung. Seiner Meinung nach hat sich das moralische Gefühl aus sozialen Instinkten entwickelt. Der Mensch sei – durch seine Kultur -- in der Lage, diese Instinkte ständig zu verbessern und auszudehnen. Dieses „moralische Argument" spielte bei seiner Konzeption der Stammesgeschichte des Menschen eine wichtige Rolle (vgl. Pennock 1995). Er sah darin sogar einen Trost für all jene, denen der Gedanke der Abkunft des Menschen von einer „niedrigeren Lebensform" unangenehm war (Oeser 1990). Auch viele andere Autoren seines Jahrhunderts dachten ähnlich optimistisch wie Darwin über die

Zukunft des Menschen. Sie vermuteten hinter der moralischen Höherentwicklung des Menschen einen geradezu naturgesetzlichen Verlauf: „Gewohnheit wurde Sitte, Sitte wurde Gesetz, das Gesetz wurde der Regulator der socialen Organisation ..., weckte das Gefühl der Pflicht, wurde die Grundlage für die Moral" (Diercks 1881, S. 19).

Wenn wir uns nun vor Augen führen, daß in unserer Zivilisation die Leibeigenschaft aufgehoben und die Sklaverei abgeschafft wurde, daß Menschenrechte formuliert wurden, daß wir ein „soziales Netz" geschaffen haben, welches auch gestrandete Existenzen auffangen soll, daß Pensionen alten und nicht mehr arbeitsfähigen Menschen eine unbeschwerte Existenz garantieren sollen, daß schließlich Tierschutzgesetze auch unsere „geringeren Brüder" vor (unseren eigenen) Übergriffen zu bewahren haben – ja, wenn wir uns das und noch anderes vergegenwärtigen, dann können wir leicht zu der Überzeugung gelangen, daß wir vor allem in diesem Jahrhundert einen gewaltigen sozialen und moralischen Fortschritt erzielt haben. Wir könnten uns sogar in der Annahme bestärkt fühlen, daß es so etwas wie eine Entwicklung zum Guten gibt, daß das Gute und das Böse vorgegeben sind und wir sie – im Dienste einer Förderung des Guten – nur zu entdecken brauchen (Settle 1983). Aber natürlich ist der Mensch ein illusionsbedürftiges Lebewesen mit der Neigung, seine eigene Natur zu verschönern.

Ich möchte hier nur zwei Aspekte dieser, seiner biosozialen Natur hervorheben, die nach dem in früheren Kapiteln dieses Buches Gesagten freilich keineswegs überraschend kommen – und unseren Willen zum Guten nun doch wieder etwas relativieren.

Erstens sind wir nicht bedingungslos bereit, anderen Menschen (oder gar Tieren) unsere Hilfe angedeihen zu lassen. Zweifellos spielt der Altruismus in der Evolution unserer Gattung eine wichtige Rolle, aber unsere Hilfe haben wir nie beliebig ausgedehnt. Ungeachtet aller Gebote zur Nächstenliebe gilt, was Trivers (1983, S. 1196) wie folgt zum Ausdruck bringt: „One is more altruistic toward those one likes and one tends to like those who are more altruistic." („Wir verhalten uns zu jenen Menschen, die wir mögen, mehr altruistisch, und wir bevorzugen diejenigen, die mehr hilfsbereit sind.") Demnach ist die Hoffnung, ein Mensch könnte *alle* anderen Menschen sozusagen ins Herz schließen, durchaus unbegründet. Aber jeder von uns weiß aus eigener Erfahrung, daß ihm manche Menschen sympathischer sind als andere. Und wir helfen gern, gewiß, wenn sich unsere Hilfeleistung zumindest über Umwege rentiert.

Zweitens ist der Begriff der Menschheit abstrakt. Mohr (1987) betont, „Menschheit" sei und bleibe eine Fiktion, die in der politischen Realität nicht vorkommt. In der Tat kann sich keiner von uns wirklich mit „der Menschheit" identifizieren. Wir alle sind auf *bestimmte* Menschen „fixiert". Selbstverständlich können wir im Laufe unseres Lebens sehr viele Menschen kennen- und schätzenlernen, stets neue Freunde gewinnen, aber wir gehen dabei durchaus selektiv vor. Politiker schaffen es manchmal, den Eindruck zu erwecken, für *alle* Menschen dazusein, aber natürlich sind sie nur für ihre Wähler da, und das insbesondere dann, wenn sie die Wählerstimmen dringend benötigen. Und welchen Politiker oder Regierenden kümmern schon die Menschen, die seinem militärischen Anschlag in einem anderen Land zum Opfer fallen?! (Für militärische Anschläge gibt es praktisch immer irgendeine moralische Rechtfertigung. Selbst die „eigenen" gefallenen Soldaten werden daher sozusagen verschmerzt, weil ihr Tod einem angeblich höheren moralischen Ziel dient. Beispiele dafür liefert praktisch jeder Krieg.)

Daß es in unserer Geschichte moralischen Fortschritt gegeben habe, ist eine Illusion. Selbst wenn wir beispielsweise die Menschenrechtsdeklaration berücksichtigen, welche ohne Frage eine großartige Leistung unserer Kulturgeschichte ist, werden wir enttäuscht, wenn wir zur Kenntnis nehmen, wie oft diese Rechte – selbst in angeblich „fortschrittlichen" Ländern – in der Praxis buchstäblich mit Füßen getreten werden, wie häufig Menschen polizeilicher und behördlicher Willkür zum Opfer fallen, wie viele Menschen nach wie vor aus politischen Gründen inhaftiert sind usw.

Wir neigen dazu, frühere Phasen unserer Geschichte entweder zu verherrlichen oder – eher noch – als „barbarisch" zu charakterisieren. *Wir* sind, so mögen wir denken, längst der Barbarei entflohen. Nun haben die beiden Weltkriege mit ihren vielen Millionen toten, verwundeten und verkrüppelten Menschen nicht im Altertum oder Mittelalter (oder gar in prähistorischer Zeit) stattgefunden, sondern im 20. Jahrhundert. Auch die Atombombe wurde erst in diesem Jahrhundert erfunden. Tote, verwundete und verkrüppelte Menschen waren die Bilanz aller Kriege zu allen Zeiten. Warum hat gerade im 20. Jahrhundert ihre Zahl so dramatisch zugenommen? Am moralischen Fortschritt kann das ja wohl nicht liegen. Vielmehr liegt die Tragödie darin begründet, daß sowohl die Entwicklung der Waffentechnik als auch die Komplexität politischer Systeme in unserer Welt in diesem Jahrhundert ein Stadium erreicht haben, das in allen anderen, früheren Epochen der Menschheitsgeschichte undenkbar war. Damit erfuhr auch das Böse sozusagen neue Qualitäten.

Aber in allen Epochen unserer Geschichte geschah etwas, was uns Menschen – vor allem uns angeblich so zivilisierten – mit keinem Ruhmesblatt auszeichnet. Stets haben technisch

„hochentwickelte" Völker die anderen, „weniger entwickelten" mit ziemlicher Brutalität behandelt. Es ist eine bemerkenswerte wie traurige Tatsache, daß „Eroberer jedesmal, wenn sie auf technisch rückständige Menschen stießen, diese abknallten, ihre Populationen durch eingeschleppte Krankheiten dezimierten und ihren Lebensraum zerstörten oder in Besitz nahmen" (Diamond 1998, S. 275 f.).[11] Bis in die Gegenwart hat sich daran nichts geändert. Wollen wir also weiterhin ernsthaft vom moralischen Fortschritt reden? So gut wie jede Technologie wurde – ihrer positiven Wirkung auf viele Menschen eingedenk – auch dazu verwendet, Menschen zu beschädigen und zu beseitigen. Die Erkenntnisse der Physik, der Chemie und der Biologie wurden und werden stets auch in den Dienst der Vernichtung von Menschen gestellt – man denke an Dynamit, nukleare Waffen, Nervengas oder was auch immer. In der Waffenindustrie gibt es in der Tat „Fortschritte", aber nicht in der moralischen Entwicklung des *Homo sapiens*, der jede seiner eigenen Erfindungen begierig aufgreift, ohne zu wissen, ob sie ihm Fluch oder Segen sein wird.

---

11 Diamond führt diese Tatsache in einem interessanten Zusammenhang an, nämlich der Suche nach außerirdischem Leben. Wir senden kostspielige Signale in den Weltraum aus, um mit möglicherweise existierenden extraterrestrischen Zivilisationen in Kontakt zu kommen. Dabei huldigen wir dem naiven Glauben, daß diese Zivilisationen – so es sie gibt und sie unsere Signale verstehen – friedlich sind. Nach allen Erfahrungen auf der Erde müßten wir aber äußerst skeptisch sein. Sollte es in der Tat eine technisch hochentwickelte außerirdische Zivilisation geben, dann besteht die Gefahr, daß uns ihre „Träger", falls sie uns entdecken, genauso behandeln werden wie wir beispielsweise die Indianer Nordamerikas oder unsere nächsten Verwandten in der Tierwelt, die Schimpansen, behandelt haben. Wollen wir also hoffen, daß wir unentdeckt bleiben!

Jede technische Errungenschaft fördert auch jeweils neue Formen der Kriminalität. Die blühen in jüngster Zeit besonders üppig, weil unsere technische Evolution mit geradezu atemberaubendem Tempo „fortschreitet". Die Einführung der Kreditkarte schuf den Kreditkartenbetrüger und der Vormarsch der Computer fördert die „Computerkriminalität". Das sind freilich harmlose Vergehen verglichen mit den Verbrechen, die Schnellfeuerwaffen, Bomben und Giftgase ermöglichen. Der menschlichen Phantasie war jedenfalls bisher keine Grenze gesetzt, wenn es darum ging, sich eigener Artgenossen und anderer Spezies zu entledigen. Und es bleibt zu befürchten, daß der Mensch auch in Zukunft alles tun wird, um jede seiner technologischen Innovationen – zwar nicht ausschließlich, aber auch – in den Dienst der Vernichtung von Artgenossen und Angehörigen anderer Arten zu stellen.

Wo bleibt dabei der Wille zum Guten? Jonas (1984) rief nach einer Ethik, die den Menschen durch freiwillige Zügel davor zurückhält, seine Macht zu vergrößern und sich selbst zum Unheil zu werden. Dieser Ruf ist, glaube ich, schnell verhallt. So wie alles, was einzelne Menschen an moralischen Ansprüchen formuliert haben, nie nachhaltig und langfristig befolgt worden ist – es sei denn, der moralische Anspruch hatte (oder hat) den Charakter politischer bzw. religiöser Dogmen, die unter Androhung drakonischer Strafen durchgesetzt werden konnten (und können). Hitler brauchte sich nicht um die Konsistenz seiner Weltanschauung zu kümmern. Er konnte die haarsträubendsten Dummheiten verbreiten, weil Millionen von Menschen darauf vorbereitet waren, sie zu schlucken, und weil sie eines „Führers" bedurften, ganz gleich, welche Greueltaten dieser im Sinn hatte (und dann auch in die Tat umsetzen sollte). Der Wille zum Guten ist also, so gesehen, ein sehr schwacher Wille. Er mag zwar einige Menschen zu einem moralisch einwandfreien Leben inspirieren, ist aber zu schwach, um die Menschheit insgesamt vom Bösen zu befreien. Deviantes Verhalten einzelner Menschen – vom Lustmord über die Sodomie bis zur Nekrophilie – kann er ebensowenig verhindern wie die Machtgelüste von Politikern, die sich in blutigen Konflikten und Kriegen äußern, oder die kollektiv verordnete Gewalt, die einzelne Gruppen, von Fußballfans bis zu ausländerfeindlichen Schlägertrupps, auszuüben bereit sind. Dieser Wille zum Guten hat bisher auch (von wenigen Ausnahmen abgesehen) niemanden daran gehindert, seine eigenen, egoistischen Interessen zu verfolgen und andere Menschen zu übervorteilen, zu beschwindeln und – im Extremfall – zu töten.

Andererseits pflegen doch viele von uns jenen „fernethischen Illusionismus" (Becker 1989), der sich in der Hoffnung auf eine unbegrenzte Ausweitung unserer – mit Darwin (1871) gesprochen – sozialen Instinkte und Sympathien und auf eine weltweite Kooperation zwischen allen Menschen äußert. Nun ist die evolutionstheoretische Perspektive dazu eigentlich ambivalent.

Zum einen ist unsere Kleingruppenmoral der Kern jedes sozialen und moralischen Handelns und unsere Moralfähigkeit daher grundsätzlich begrenzt. Niemand ist in der Lage, buchstäblich die Welt zu umarmen. Zum zweiten aber erkennt gerade der Evolutionstheoretiker, daß *alle* heute lebenden Menschen – ungeachtet ihrer Hautfarbe und ihrer jeweiligen Kultur und Tradition – Angehörige *einer* Spezies sind und sozusagen auf demselben Ast des Stammbaums sitzen. Daher kann der evolutionäre Ansatz zur Erklärung des Menschen und seines Verhaltens, wenn er wirklich strikt eingehalten und nicht ideologisch uminterpretiert wird, keine rassistischen Blüten treiben und keinen Nationalismus begünstigen. Aber das sind rationale Argumente.

Aus unterschiedlichen Gründen dürfen wir annehmen, daß sich die meisten der auf unserem Planeten lebenden Menschen nicht für die Evolutionstheorie und ihre eigene stammesgeschichtliche Verbindung mit den anderen Angehörigen ihrer Spezies (oder mit Schimpansen und Gorillas) interessieren. Das heißt, sie handeln völlig unberührt von solchen Argumenten. Die noble Forderung mancher Evolutionstheoretiker, die Evolution sei (durch den Menschen) voranzutreiben und daher „rohe Gewalt und die Wertung der Menschen rein nach ihrer Zahl und Tüchtigkeit ebenso [abzulehnen] wie ihre materielle Ausbeutung" (Huxley 1964, S. 16), muß daher im wesentlichen ungehört bleiben. Aber sie ist auch schon eine Interpretation der Evolution nach dem Muster von *wishful thinking*. „In unserer Zeit", schrieb auch Erikson (1964, S. 181), „kann man sich zum ersten Mal *eine* menschliche Spezies vorstellen, mit *einer* gemeinsamen Technik auf *einem* Erdball – und in einem kleinen Stückchen Weltraum." Daher könnten alle überlebten moralischen Alternativen „endlich einer Ordnung weichen, in der eine bewußt geförderte und schöpferische *Vielfalt* fest verankert ist in einer gemeinsamen *Verantwortung* für die gesamte psychosoziale Evolution". Das klingt nicht nur schön – jeder Mensch mit humaner und humanistischer Gesinnung (mich eingeschlossen!) wird sich davon angesprochen fühlen und selbst Ähnliches schon gedacht haben. Allein, es ist nicht so einfach, sich „gemeinsam verantwortlich" zu fühlen für den Fortgang unserer Entwicklung als Spezies. Eben auch deshalb nicht, weil unsere Zivilisation dieses Gefühl keineswegs fördert. Der harte Wettbewerb auf dem Arbeitsmarkt, das Geschäft an der Börse, der internationale Waffenhandel, der allgegenwärtige Kampf um Profit – alles das und vieles mehr führt den Menschen in den Dschungel zurück, aus dem er einst gekommen war, nur daß er dort keine Bäume und mit ihm konkurrierende Raubtiere mehr vorfindet, sondern die künstlichen Rahmenbedingungen seiner Zivilisation, die aber der Härte des ursprünglichen Dschungels um nichts nachsteht, sie sogar in vieler Hinsicht noch übertrifft. Die Moral wurde, kaum war sie einmal geschaffen, freilich nie aufgegeben.

In jener „verrückten Situation", in die sich der Mensch durch seine Zivilisation hineinmanövriert hat, mußte es aber zu einer Doppelmoral kommen. Der Mensch

möchte zu Hause seinen Frieden haben, hat jedoch Freude an Raubzügen und beherrscht gern andere. So braucht er zwei Moralkodizes, einen individuell-privaten für den Hausgebrauch, einen kollektiv-öffentlichen für seine Raubzüge. Beide stehen einander diametral entgegen. Was im ersten ein Verbrechen bedeutet, heißt Ruhm im anderen, und umgekehrt. Während wir für unerlaubten Waffenbesitz bestraft werden können, investiert der gleiche Staat, der uns bestraft, einen großen Teil unserer Einnahmen in die widerwärtigsten Mordinstrumente wie Giftgas, Napalm sowie Atemgase und Laubvernichtungskampfstoffe (Szent-Györgyi 1971, S. 35f.).

Der prinzipielle Konflikt zwischen unserer Kleingruppenmoral und den auf abstrakten Grundsätzen basierenden Regulationsmechanismen von Großgesellschaften konnte in der kurzen Zeit seit der Gründung der Hochkulturen nicht beigelegt werden. Er wurde in dieser Zeit, mit der zunehmenden Komplexität der Großgesellschaften, vielmehr noch verstärkt.

Daher war es möglich, daß sich selbst die humanitären Ziele der Aufklärung und der demokratischen Bewegung in ihr schieres Gegenteil verkehren ließen (Meyer 1990). Denn selbst in aufklärerischer Absicht und im Dienste der Demokratie kann man Menschen töten – eben jene Menschen, die andere Ziele verfolgen. Da es kein weltweit anerkanntes Werte- und Normensystem gibt, bleibt unser Wille zum Guten immer zwiespältig und von dem Makel behaftet, daß „wir" allen „anderen" *unsere eigenen* Vorstellungen vom Guten aufzwingen wollen und mit diesem „Zwang zum Guten" doch wieder nur auf das Böse zurückgreifen.

Nun gibt es Ereignisse, die die sogenannte Weltöffentlichkeit zu schockieren vermögen – als ob doch weltweit ein Konsens über das Gute und das Böse bestünde. 1993 wurde in England ein dreijähriger Bub von zwei älteren Buben in einem Einkaufszentrum entführt, zu einem Eisenbahndamm geschleppt und dort zwei Stunden lang zu Tode gequält. Die beiden minderjährigen Entführer bewarfen ihr Opfer mit Ziegelsteinen und schlugen es mit einer Eisenstange. Seine Leiche legten sie schließlich so auf ein Schienengleis, daß sie der nächste vorbeifahrende Zug zerschneiden mußte. Die beiden Täter waren erst zehn Jahre alt. Diese grausige Begebenheit, die damals weltweit alle Medien beschäftigte, schildert übrigens Watson (1997) in seiner umfassenden Abhandlung über die Naturgeschichte des Bösen sehr detailreich, unter Berücksichtigung verschiedener Hintergründe auf seiten der Täter und im Hinblick auf die öffentliche Reaktion.

Wenn zwei Zehnjährige einen Dreijährigen auf eine derart brutale Weise töten, sind wir natürlich sehr schockiert – viel mehr als über einen professionellen Killer, der im Auftrag seiner Verbrecherorganisation einen unliebsamen Konkurrenten liquidiert (das Opfer wie sein Mörder handeln in einer Sphäre des Verbrechens, die für die meisten von uns ohnehin undurchschaubar ist, so daß wir das Opfer im Grunde genommen auch nicht sonderlich bedauern). Kinder erwecken in uns allerdings ganz andere Erwartungen. Wir sind mehr oder weniger bereit, ihre dummen Streiche zu akzeptieren, und wir legen an sie keine hohen moralischen Maßstäbe. Allenfalls vermissen wir ihre „Kinderstube", wenn wir sie beim Lügen oder beim Stehlen ertappen, oder wenn sie uns ihre Zunge zeigen und sich überhaupt nicht sehr artig benehmen. Wenn jedoch Kinder ein anderes Kind grausam martern und ermorden, ist unsere Toleranzgrenze eindeutig überschritten. Sehen wir davon ab, daß nach christlicher Auffassung jeder Mensch bereits mit einer Erbsünde behaftet ist, so ist wohl jeder Mensch davon überzeugt, daß Kinder grundsätzlich einmal unschuldige Wesen sind.

Das Weltbild des Kindes (vgl. Piaget 1977) sollte nach unserer Auffassung dem wirklich Bösen mit seinen manifest grausamen Formen noch keinen Platz bieten. So wie wir von Kindern im Alter von zehn Jahren in der Regel weder die geistigen Leistungen von Nobelpreisträgern, noch das Verantwortungsbewußtsein eines Fluglotsen erwarten, so erwarten wir auf dieser Entwicklungsstufe auch keinen kaltblütigen Mord. Zwar vollbringen nur verhältnismäßig wenige Erwachsene nobelpreiswürdige oder -verdächtige Leistungen, und die meisten von uns führen ihr tägliches Leben keineswegs mit dem Verantwortungsbewußtsein, das von einem Fluglotsen in seiner Arbeit vorausgesetzt wird – aber auch nur die wenigsten von uns begehen einen Mord. Da wir Kinder bis zu einem gewissen – von Gesellschaft zu Gesellschaft allerdings verschieden hohen oder niedrigen – Alter auch nicht für ehemündig halten, und da wir von ihnen ebsnsowenig Geschlechtsverkehr erwarten (alles soll schließlich zur „richtigen" Zeit, biologischen und psychologischen Entwicklungsabläufen gemäß geschehen), empfinden wir auch Erwachsene, die sich an Kindern sexuell vergreifen, als pervers. Kinder soll man Kinder sein lassen, ihre dummen Streiche verzeihen wir ihnen – und im übrigen sollten sie eben unfähig sein, sich wirklich böse zu verhalten und einen Mord zu begehen.

Zugleich ist Kinder- bzw. Jugendkriminalität, die sich sehr wohl auch in einer Mordtat äußern kann (und immer wieder äußert), ein Faktum, das wir nicht übersehen dürfen. Das Problem ist sehr vielschichtig. Die Ursachen der von Kindern bzw. Jugendlichen begangenen Verbrechen sind komplex und stellen ein dichtes Gewebe von biologischen, (entwicklungs-) psychologischen und sozialen Faktoren dar. Zerstörerische Erfahrungen von Kindern in ihren Familien sind sicher ein besonders wichtiger Faktor in der Entwicklung kriminellen Verhaltens (vgl. z. B. Moser 1987). Jeder Mensch ist von Anfang an Teil eines sozialen Beziehungsgefüges und zugleich darauf programmiert, als Individuum zu überleben. Er ist sozusagen gezwungen zu lernen, was die Welt so alles treibt, und wie er sich dabei selbst behaupten kann. „Offenbar ist es so, daß wir alle voneinander lernen und einander lehren, wie es in der Welt zugeht – und damit fangen wir schon an, kaum daß wir geboren sind" (Watson 1997, S. 291). So gesehen sind kindliche und jugendliche Mörder immer auch Spiegel der (sozialen) Welt, in die sie hineingeboren werden.

Ein Kind, das von seiner Mutter vernachlässigt, von seinem Vater geschlagen und von seinem Onkel sexuell mißbraucht wird, kann einen Willen zum Guten nicht erkennen. Er erfährt eine böse Welt, die ihm gleichsam zur Normalität wird, und verhält sich dann selbst dieser Welt entsprechend. Aber auch der Erwachsene kann sich der „Vorbildwirkung" des Bösen nicht ganz entziehen, wenn er bestimmte Erfahrungen machen muß. Als kleines Beispiel ist mir ein Student in Erinnerung, der mir einmal erzählte, daß er eine Brieftasche mit einem bestimmten Geldbetrag gefunden und im nächsten Polizeirevier abgegeben hatte. Am nächsten Tag wurde er wieder ins Polizeirevier gerufen. Der Besitzer der Brieftasche behauptete, ein größerer Geldbetrag sei in seinem Portemonnaie gewesen, der Finder müsse also das fehlende Geld gestohlen haben. Der Student wurde stundenlang verhört und als Tatverdächtiger – wenn nicht schon als Täter – behandelt. Zu seinem Glück verwickelte sich der Besitzer der Brieftasche selbst in Widersprüche. Wie leicht kann also ein ehrlicher Mensch zum „Täter" werden. Und was soll er jetzt denken? Daß sich Ehrlichkeit und moralisch korrektes Verhalten immer auszahlen?

Jene moralischen Imperative, die uns vorschreiben, uns stets so zu verhalten, wie wir es von anderen erwarten, verlieren ihre Wirkung in einer Welt, in der wir von den anderen nichts mehr zu erwarten haben. Das Kind, das in seiner Familie nur Brutalität erlebt und in der Gewalt im Fernsehen die Bestätigung für die „Normalität" dieser Situation findet, hat keine Chance zu erkennen, daß es auch Gutes geben und man sich ganz anders verhalten kann (und soll). Aber natürlich kann man nur den einzelnen, und nicht „die Gesellschaft" zur Verantwortung ziehen und bestrafen. Jugendlichen Straftätern wird daher ein Denkzettel verpaßt (der nicht unbedingt eine positive Wirkung hat), sie werden von „der Gesellschaft" für ihr deviantes Verhalten bestraft, ohne daß sich in „der Gesellschaft" selbst etwas ändert. Man darf nicht übersehen, daß nicht alle (jugendlichen) Straftäter aus zerrütteten Familien der sozialen Unterschicht stammen. (Zumindest was Wirtschafts- und Drogendelikte betrifft, zieht sich heute offenbar quer durch alle sozialen Schichten eine Neigung zum Bösen, das in diesen Bereichen jedoch oft und gern banalisiert wird.) Allerdings kann für ein Kind, das in einer zerrütteten und gewalttätigen Umgebung aufwächst, mit einer höheren Wahrscheinlichkeit kriminelles Verhalten vorausgesagt werden.

Der Wille des Gesetzgebers, *jede* Form unseres sozialen Verhaltens zu regeln, wurde in diesem Buch schon mehrfach erwähnt, und ich habe auf S. 154 zu verstehen gegeben, daß sich dieser Wille aus biologischen und sozialen Gründen sozusagen moralisch kontraproduktiv äußert. Diese Behauptung läßt sich jederzeit belegen. Hauptmann (1998) gibt dafür schöne Beispiele. Ich verweise hier nur darauf, daß ein österreichischer Jurist – nach Berechnungen, die schon vor geraumer Zeit durchgeführt wurden – pro Woche 47 Stunden damit verbringen müßte, den Zuwachs an Bundesrecht nur zu lesen, also noch nicht einmal genau zu studieren und zu verstehen. Inzwischen hat sich die Lage freilich verschlimmert. Dabei handelt es sich um keine österreichische Eigenart (auch wenn man zu dem Glauben neigt, daß sich in Österreich die Blüten der Bürokratie und Justiz besonders bizarr entfalten). Wenn aber die Gesetze selbst die Juristen überfordern, wie soll man dann auch nur daran denken, daß juristische Laien begreifen könnten, was rechtens ist? Der Bürger kann zwischen drei Methoden wählen, um seine eigenen sozialen Probleme (im weitesten Sinn) zu lösen: zwischen der (juristisch) richtigen, der (juristisch) falschen – und der *üblichen*. Ich meine das gar nicht als Witz.

Aufgrund unserer biosozialen Neigungen, die sich in Jahrmillionen der Evolution unserer Gattung entwickelt haben, tendieren wir im allgemeinen dazu, stets so zu handeln, daß wir einen Nutzen für uns gewinnen und jedenfalls keinen Schaden erleiden. Wir sind aufgrund dieser Neigungen durchaus bereit, mit anderen zu kooperieren und wollen nicht alle anderen Menschen beseitigen – weil wir davon gar nichts hätten, weil wir andere Menschen brauchen. Wir brauchen sie nicht nur in einem pragmatischen, ökonomischen Sinn, sondern wir genießen mit ihnen auch unser Dasein. Dazu bedürfen wir keiner moralischen

Imperative und schon gar keiner Gesetze. Nun gibt es offensichtlich Menschen, die diesen Genuß nicht kennen, schon früh gewalttätig werden und andere Menschen töten. Es ist klar, daß man die anderen vor solchen Menschen schützen muß. Aber es ist auch wichtig, die Ursachen gewalttätigen Verhaltens zu ergründen, um präventive Maßnahmen treffen zu können.

Homo sapiens ist gewiß keine besonders friedliche Spezies. Das war in der Evolution wohl auch Teil ihres Erfolgs. Aber evolutiver Erfolg sagt über Gut und Böse natürlich nichts aus. Morris (1968) sagt, daß unsere animalische Natur eine völlige Kontrolle unserer alten Triebe durch die Vernunft niemals erlauben wird. Das würde also bedeuten, daß uns die Evolution mit unserem Willen zum Guten auch in Zukunft allein lassen wird. Gut und Böse waren in der Evolution nicht vorgesehen – wir Menschen haben sie (erst sehr spät in unserer Entwicklung) erfunden. Damit haben wir selbst uns ein schwerwiegendes Problem aufgebürdet. Wie unsere ganze Geschichte zeigt, sind wir bisher damit nicht fertiggeworden.

Kein Lebewesen hat so subtile Formen des Altruismus entwickelt wie der Mensch (in der Tat so subtil, daß er damit seine egoistischen Verhaltensantriebe vor sich selbst verstecken kann). Jedoch vernichtet auch keine andere Spezies „den eigenen Artgenossen so grausam und kaltblütig unter Wegfall jeder Tötungshemmung wie der Mensch" (Oeser 1987, S. 49). Die Folgen davon sind uns allen hinreichend aus der Geschichte bis in die Gegenwart bekannt:

Stammeskriege, Religionskriege, Bürgerkriege, Erbfolgekriege, Nationalkriege, Revolutionskriege, Kolonialkriege, Eroberungs- und Befreiungskriege, Kriege zur Verhütung und Beendigung aller Kriege folgen einander wie in einer Kette zwanghafter Wiederholung, und es besteht aller Grund zu der

Annahme, daß diese Kette auch in Zukunft nicht abreißen wird (Koestler 1978, S. 11).

Menschen haben andere Menschen unterdrückt, versklavt, verfolgt, gefoltert, getötet. Daran hat sich bis heute nichts geändert. Selbstverständlich dürfen wir dabei nicht übersehen, daß keineswegs *alle* Menschen andere unterdrücken, versklaven, verfolgen, foltern oder töten. Aber die, die es tun, können wir nicht ignorieren, weil die Folgen ihres Tuns besonders dramatisch sind und sie in gewissem Sinn unserer ganzen Spezies ihren Stempel aufdrücken.

Wenn man sich vor Augen führt, was Menschen anderen Menschen schon alles angetan haben, dann ist es andererseits wiederum erfreulich zu sehen, daß sich einzelne Menschen auch erstaunlich friedlich verhalten und sozusagen sehr gesittet benehmen können. In den öffentlichen Verkehrsmitteln unserer Großstädte wird man aufgefordert, die Sitzplätze alten und gebrechlichen Menschen zu überlassen. Viele folgen dieser Aufforderung mit größter Selbstverständlichkeit. Sie würden ihren Sitzplatz auch dann einem alten oder behinderten Menschen überlassen, wenn sie niemand ausdrücklich dazu auffordern würde. Das ist ja auch eine Frage der guten Erziehung und des Mitleids. Aber gerade die öffentlichen Verkehrsmittel unserer Großstädte verdeutlichen jedem von uns auch die Grenzen seiner Sympathien und lassen Darwins bereits auf S. 212 erwähnte Hoffnung verblassen. Wer kennt die Situation nicht: Man steht während der Hauptverkehrszeit in einer überfüllten Straßenbahn, gleichsam zusammengepfercht mit anderen Fahrgästen, die einem auf die Füße treten, man wird gestoßen, man fühlt sich beengt und bedrängt. Seien wir doch ehrlich: Was empfinden wir üblicherweise in einer solchen Situation? Freuen wir uns, daß so viele unserer Artgenossen auf so engem Raum beisammen sind? Wollen wir sie alle brüderlich umarmen? Wollen wir noch andere Menschen einladen, mit uns zu fahren, damit wir auch ihre Nähe spüren? Wohl kaum. Ich gestehe, daß ich für meinen Teil in einer derartigen Situation stets die Hoffnung hege, daß möglichst viele Fahrgäste der Straßenbahn diese an der nächsten Haltestelle verlassen werden, damit ich mich hinsetzen und in Ruhe eine Zeitung oder ein Buch lesen kann. Der Leser möge selbst darüber nachdenken, wie die Dinge in seinem Fall liegen.

Autofahrer im Großstadtverkehr sind in einer grundsätzlich ähnlichen Lage, obwohl sie eine „äußere Hülle" vor der direkten Berührung mit anderen Menschen schützt. In gewissem Sinne sind sie freilich schlimmer dran als die Benutzer von Straßen- oder Untergrundbahnen. Sie wollen sich mit ihrem Vehikel *aktiv* und möglichst schnell fortbewegen, werden daran aber einerseits von anderen Autofahrern – die naturgemäß das gleiche Ziel vor Augen haben – und andererseits von Verkehrsampeln und Polizisten gehindert. In südlichen Ländern nimmt man die Dinge erfahrungsgemäß gelassener, weil Verkehrsampeln ohnedies nur als unverbindliche Alternativen angesehen werden. Die eigene und die Lebenseinstellung anderer Menschen der Kultur, in der man lebt, können sich dabei günstig auswirken. Aber das grundsätzliche Problem ist damit nicht vom Tisch. Vor allem in den sich häufenden und immer größeren Ballungszentren auf unserem Planeten ist der Konflikt zwischen unserer Kleingruppenmoral und der Realität des Lebens in großen, anonymen Massengesellschaften programmiert. Wenn dazu noch große soziale Gegensätze aufgetürmt werden, Gegensätze zwischen Arm und Reich – die heute tatsächlich praktisch weltweit ein immer deutlicheres Phänomen darstellen –, dann liegt ein Konfliktpotential vor, das unseren Willen zum Guten, wo er vorhanden ist, stark strapaziert. Kategorische Imperative, welcher Art auch immer, werden dabei – wie zu befürchten bleibt – keine große Hilfe sein.

Wir können uns nicht einfach auf die „Naturhaftigkeit des Bösen" in unserer Spezies ausreden – so wenig, wie wir ernsthaft annehmen können, daß der Mensch im „Naturzustand" gut gewesen sei. Durch unsere Zivilisation haben wir uns Lebensbedingungen geschaffen, die sowohl das Gute, als auch das Böse (oder jedenfalls alles, was wir darunter jeweils verstehen) fördern können. Es scheint, daß diese Zivilisation eine Vorliebe für das Böse hat.

Plädoyer für eine illusionslose Ethik

Ein Lebewesen wie *Homo sapiens*, das auf der einen Seite alle Spuren seiner Vergangenheit mit sich herumträgt, auf der anderen Seite aber eben mehr sein will als alle anderen Lebewesen (weil es sich seiner eigenen Existenz bewußt ist und Böses vom Guten trennen möchte), ist für *Illusionen* anfällig (vgl. Topitsch 1979, Wuketits 1998a). Es ist „von Natur aus ein verwirrtes Lebewesen. Seine Rationalität, seine Politik, seine Wissenschaft, seine Überzeugungen, seine Engagements sind verwirrte Versuche, seiner Verwirrung Herr zu werden" (Bartley 1975, S. 64). Dieses Lebewesen ist auf dem Planeten Erde nur einmal aufgetreten (was schon recht unwahrscheinlich war) und wird (mit an Sicherheit grenzender Wahrscheinlichkeit) kein zweites Mal auftreten. Ob ähnliche Lebewesen irgendwo im Universum existieren oder existiert haben, entzieht sich unserer Kenntnis. Möglich ist vieles.

Unser primäres Anliegen braucht nicht die Frage nach intelligenten (und vielleicht moralischen) außerirdischen Lebewesen zu sein. Wir haben mit unserem eigenen Verhalten genug zu tun. Wir könnten uns glücklich preisen, wenn wir Licht ins Dunkel unserer eigenen moralischen Verwirrungen und Verirrungen bringen könnten. Nach allem, was im vorliegenden Buch bisher gesagt wurde, dürften diese Verwirrungen und Verirrungen allerdings nicht ganz überraschend kommen. Unser Grundproblem – im Zusammenhang mit ethischen Fragen – liegt darin, daß

– unser ganzes Leben auf *Überleben* programmiert ist (worin wir uns von den anderen Arten nicht unterscheiden),

– wir aber unser eigenes Überleben nach moralischen Kriterien beurteilen oder uns jedenfalls gezwungen sehen, solche

Kriterien unserem Verhalten zugrunde zu legen (was uns sehr wohl von den anderen Spezies trennt).

Wie schon gesagt: Diese Bürde haben wir uns selbst auferlegt, daher stehen wir auch vor größeren Problemen als all die restlichen Arten, die diesen Planeten bewohnen oder einst bewohnt haben. Ein Wildschwein beispielsweise verteidigt einfach seine Brut, wenn es diese bedroht fühlt. Ob es dabei andere Tiere oder Menschen tötet, steht nicht zur Debatte. Niemand kann ein Wildschwein moralisch zur Verantwortung ziehen.

Nun haben für gewisse Fälle, für gewisse Formen der Tötung von Menschen durch andere Menschen selbst die striktesten unserer Moral- und Rechtssysteme „mildernde Umstände" vorgesehen, und eine Mutter, deren Kind von einem Lustmörder angegriffen wird, kann, falls sie diesen tötet, vor jedem Gericht Milde für ihre Tat erwarten. Man verstehe mich nicht falsch: Ich ziehe hier keine Parallelen zwischen Wildschweinen und Menschen (auch wenn sich einem Zyniker solche Parallelen aufdrängen mögen). Ich meine – und das ist biologisch trivial –, daß jedem Lebewesen der Drang innewohnt, genetisch zu überleben und daher seine eigene Brut zu verteidigen. Das geschieht zwar – von Art zu Art – mit ganz unterschiedlicher Intensität (keineswegs alle Arten betreiben Brutpflege!), aber gerade die brutpflegenden Spezies dienen uns Menschen in vieler Hinsicht als Vorbild. Wir sind emotional so beschaffen, daß wir Tiermütter, die ihren Nachwuchs schützen und vor Feinden verteidigen, gleichsam ins Herz schließen. Weil wir daraus auch die für uns Menschen „normale" Situation ableiten. Wenn sich auch Väter um den eigenen Nachwuchs kümmern (was etwa bei Füchsen der Fall ist), dann sind wir um so zufriedener (vor allem heutzutage, da in unserem Kulturkreis jetzt auch Vätern ein größerer Beitrag zur Sorge um die Nachkommen abverlangt wird).

Andererseits können uns – aus den bereits auf S. 26ff. erwähnten Gründen – Tiere nicht gut als moralische Vorbilder dienen. Wir bleiben also mit unseren moralischen Problemen auf uns allein gestellt.

Diese Probleme begannen bereits früh in unserer Stammesgeschichte, auch wenn die längste Zeit niemand in der Lage war, sie zu Papier zu bringen. Im Gegensatz zur Auffassung von Thomas Hobbes (vgl. S. 110), war schon der Mensch im „Naturzustand" nicht völlig moral- und rechtlos (Oeser 1990). Er besaß zwar keine ausdrücklichen Gebote und Verbote und natürlichen keinen geschriebenen Moral- oder Gesetzeskodex. Aber seine paläolithischen Horden kannten gewisse Verhaltensregeln, die auch streng zu befolgen waren. Nach innen war Kooperation geboten, nach außen Konkurrenz (oft genug verbunden mit Mord und Totschlag). Daraus erklären sich die Grundmerkmale des „archaischen" Rechts, das im wesentlichen auf Regeln der Schadensabwehr und der Vergeltung beruht (Oeser 1990) und in der Erwartungshaltung des Menschen bis heute in Sippenhaftung, Rache und Bestrafung zum Ausdruck kommt. Von Anfang an kamen daher Aggression und Gewalt sowohl auf der Seite der Unmoral, als auch auf der Seite der Moral vor, dort, wo Unrecht geschah ebenso wie dort, wo Recht gesprochen wurde. Daran hat sich auch in modernen Rechtssystemen kaum was geändert. Die Todesstrafe ist ein Gewaltakt wie ein Mord und die Konfiszierung von Privateigentum durch eine Finanzbehörde ein Gewaltakt wie ein Einbruch oder Raub – mit dem Unterschied, daß Henker und Finanzbeamte die Justiz auf ihrer Seite haben.

Die Grundmuster unserer Moral und unseres Rechtsempfindens sind Resultate des sozialen Lebens des Menschen in der Steinzeit und gehen konform mit der Ausstattung unseres ebenfalls damals durch natürliche Auslese entstandenen Wahrnehmungssystems. So verrechnen wir Kausalität – den Zusammenhang von Ursache und Wirkung – *linear*, ohne eine mögliche Rückkoppelung zu berücksichtigen (vgl. Riedl 1980, Wuketits 1981). Konkret bedeutet das, daß wir keine Intuition für die möglichen (und tatsächlichen) Folgen unseres Handelns haben. Seit grauer Vorzeit beuten wir daher die natürlichen Ressourcen aus, ohne die Folgen dieses Verhaltens zu ahnen. Und selbst in unserer Zeit, die uns – durch unsere mittlerweile gewonnenen ökologischen Erkenntnisse – die verheerenden Konsequenzen unseres Handelns allmählich vor Augen führt, bleiben wir im wesentlichen unbelehrbar. Analog dazu verhalten wir uns in Fragen der Moral und des Rechts. Gemäß dem Muster der linearen Kausalität fragen wir nicht, warum ein Mensch eine Straftat begangen hat, sondern sehen nur, daß er etwas moralisch Verwerfliches oder Illegales getan hat – und wollen ihn dafür hängen, erschießen oder steinigen. Selbst die komplexen Formen der Wirtschaftskriminalität meinen wir, effektiv bekämpfen zu können, indem wir *einzelne* Leute zur Verantwortung ziehen und bestrafen. Aber, wie schon weiter oben gesagt wurde: „Die Gesellschaft“, „das System“ können wir nicht konkret verurteilen, so daß wir stets punktuell nach einzelnen Schuldigen suchen, getreu dem Motto: Der Mörder war der Gärtner oder der Butler.

Ich habe schon auf S. 209 darauf hingewiesen, daß uns in unserer ganzen Geschichte als Maßnahme gegen das Böse offenbar nichts Besseres eingefallen ist als wiederum nur das Böse. Wir haben jeweils bloß sozusagen die Vorzeichen gewechselt, so daß das Böse durchaus auch in Gestalt des Guten in Erscheinung treten kann.

Wenn aber hier nochmals von Aggression und Gewalt die Rede ist, muß auch bemerkt werden, daß sie beim Menschen einzigartig subtile Formen annehmen können. Gewalt muß nicht notwendigerweise *physische* Gewalt bedeuten, sie kann sich auch sprachlich auf sehr vielfältige Weise äußern, indem ein Mensch grob beleidigt und in seiner Würde verletzt wird (vgl. Garver 1988). Das Gegenteil davon ist die sprachliche Verschönerung von an sich ebenso gewaltsamen Aktionen. Die beherrschen vor allem Politiker im allgemeinen recht gut. Der Euphemismus (die Verschleierung, Verschönerung durch Worte) ist in der Politik weit verbreitet und kommt dabei der absoluten Lüge oft sehr nahe (vgl. Leinfellner 1971). Recht gruselige Beispiele dafür bietet uns das Vokabular der Nationalsozialisten, die mit „betreuen" *ermorden* meinten, mit „Abwanderung" oder „Verlegung des Wohnsitzes" *Deportation* und mit „Aktion" *Massenmord*. Harmlosere, aber dennoch bedenkliche Beispiele finden sich etwa in Ausdrücken wie „Sparpaket", der seit ein paar Jahren von Mitgliedern der österreichischen Regierung ständig gebraucht wird und den wahrscheilich niemand mehr hören will. Denn es geht dabei darum, daß Menschen für die Fehler ihrer Regierung büßen sollen – sie sollen „den Gürtel enger schnallen", damit Politiker und hohe Beamte ihr eigenes Versagen und ihre ökonomische Inkompetenz vertuschen und weiterhin in ihren Ämtern bleiben können, die ihnen viele Privilegien und jedenfalls einen angenehmen Lebensabend garantieren. Unsere Sprache bietet uns offensichtlich viele Möglichkeiten der Beschwichtigung, Verschleierung und Verschönerung. In ihrer Vielfalt zeigen uns die *Sprachen* auch deutlich die kulturelle und soziale Vielfalt der Menschen. Zweifellos drücken sie auch moralische Werte und Normen in jeweils sehr spezifischer Weise aus.

Kulturelle bzw. sprachliche Relativität darf aber, wie Agar (1994) betont, nicht die *moralische Relativität* garantieren. Die

Sünden eines Adolf Hitler sind unverzeihlich und können daher auch nicht vergeben werden. Es werden sich wenige Menschen finden, die dem widersprechen. Keines der Monster der Weltgeschichte verdient Vergebung, keinem von ihnen dürfen wir verzeihen, bloß weil sie „vor einem anderen Hintergrund" gehandelt, „einen anderen Weg" gewählt und ihre (Un-)Taten mit ihren eigenen Vorstellungen von Moral gerechtfertigt haben. Das wäre gewiß zu einfach. Zu einfach wäre es aber auch, eine Gestalt wie Hitler sozusagen als Phänomen für sich zu sehen, losgelöst aus dem wirren Geflecht politischer, sozialer und ethischer Vorstellungen des 20. Jahrhunderts und früherer Zeiten. Hitler kam nicht als Massenmörder zur Welt, seine Macht wurde nicht zuletzt durch jene Millionen Menschen ermöglicht, die ihm begeistert zujubelten und ihrerseits einen Führer brauchten. Dieser „Führerbedarf" wiederum half ihm, seine demagogischen Fähigkeiten zu entwickeln und perfekt einzusetzen.

Erich Fromm lehnte den verhaltensbiologischen Ansatz zur Erklärung menschlicher Aggression leider ab und stand auch der Evolutionstheorie Darwins reserviert gegenüber. Aber man muß ihm im Folgenden beipflichten:

Die naive Annahme, daß ein bösartiger Mensch leicht zu erkennen ist, birgt eine schwere Gefahr in sich. Man ist nicht in der Lage, ihn als solchen zu erkennen, bevor er sein Zerstörungswerk begonnen hat. Ich glaube, daß die meisten Menschen keinen so intensiv destruktiven Charakter haben wie Hitler. Aber selbst wenn man schätzungsweise annimmt, daß derartige Personen 10 Prozent unserer Bevölkerung ausmachen, bedeutet diese Zahl eine große Gefahr, wenn sie Einfluß und Macht gewinnen. Natürlich wird nicht aus jedem destruktiven Menschen ein Hitler, da ihm Hitlers Talente abgehen werden. Er könnte nur zu einem tüchtigen Mitglied der SS werden. Aber andererseits war Hitler kein Genie, und seine Talente waren nichts Außergewöhnliches. Einzigartig war nur die sozio-politische Situation, die ihm seinen Aufstieg ermöglichte. Unter uns gibt es Hunderte von Hitlern, die hervortreten würden, wenn ihre historische Stunde gekommen wäre (Fromm 1977, S. 486).

Es bleibt allerdings zu befürchten, daß jene sozialpolitische Situation nicht so *einmalig* war und gelegentlich zumindest in ähnlicher Weise wieder eintreten könnte.

In jedem von uns steckt wahrscheinlich ein Bösewicht. Wahrscheinlich könnte – allerdings nur unter ganz bestimmten Bedingungen – jeder von uns sogar zum Mörder werden. Ich denke aber, daß keineswegs jeder einen anderen Menschen auf jede beliebige Art und Weise töten könnte. Es dürfte nicht einfach sein, jemandem ein Messer in den Leib zu rammen. Aus der Distanz zu töten, von einem Flugzeug eine Bombe auf ein Dorf zu werfen (ohne die fatalen Konsequenzen unmittelbar wahrzunehmen), ist schon etwas anderes. Ob und wie das in uns - in jedem Lebewesen – vorhandene aggressive Potential zur Entladung kommt, hängt von vielen Faktoren ab. Unsere Zivilisation hat den paläolithischen Jäger in uns jedenfalls nicht „abgewürgt", im Gegenteil, sie bietet ihm in vieler Hinsicht sogar neue Impulse und neue Entfaltungsmöglichkeiten.

Wenngleich nun über die von einzelnen Menschen begangenen Greueltaten durchaus ein weithin akzeptierter ethischer Konsens erwartet werden darf, erscheint ein „globales Moralsystem" nach wie vor so gut wie unmöglich. Ich glaube, daß die Biologie eine viel größere ethische Relevanz besitzt als selbst einige Vertreter der evolutionären Ethik heute schon zuzugeben bereit sind. Der (evolutions-)biologische Ansatz zur Beschreibung und Erklärung von Moralsystemen und ihrer Entstehung läßt der Hoffnung auf eine universelle Moral wenig Raum, so daß auch Darwins diesbezügliche Vorstellungen (vgl. S. 212) im wesentlichen ein frommer Wunsch bleiben. Aber selbstverständlich dürfen wir fragen, ob es nicht *Grundnormen* geben könnte, die – vielleicht in ferner Zukunft – doch zu einem für *alle* Menschen befriedigenden Moralsystem führen würden. Vollmer (1986, S. 65) gibt als mögliche Beispiele dafür die folgenden Normen zu bedenken:

„Die Menschheit soll überleben."

„Unseren Enkeln soll es nicht schlechter gehen als uns."

„Die Evolution soll weitergehen."

„Das *durchschnittliche* Wohlergehen der Menschen soll optimiert werden."

„Die Lebensqualität der (jeweils) *Ärmsten* soll gehoben werden."

Man kann freilich weitere solcher Grundnormen erfinden, etwa: „Das Leid von Menschen und Tieren soll vermindert werden" oder „Kein Mensch (ungeachtet seiner Hautfarbe, seiner sozialen Herkunft, seiner religiösen Überzeugung usw.) soll von einem anderen Menschen getötet werden".

Diese und ähnliche Normen existieren ja in den Köpfen praktisch aller Menschen mit humaner bzw. humanistischer Gesinnung. Einige davon werden von Organisationen für die Verteidigung von Menschenrechten ständig eingemahnt, Entwicklungshelfer sind davon überzeugt, daß die Lebensqualität der Ärmsten verbessert werden muß usw. Persönlich würde ich jede dieser Grundnormen unterschreiben. Ich bin dafür, daß es zukünftigen Generationen nicht schlechter geht als uns, ich bin gegen den Hunger in der Welt, ich bin gegen das Töten von Menschen ... Aber ich sehe enorme Schwierigkeiten in der Realisierung solcher Normen. Um sie zu realisieren, müßten wir in einer anderen Welt leben, einer Welt, wie sie Utopisten immer wieder erträumt haben – einer Welt ohne soziale Gegensätze, ohne Egoismus, ohne Habgier und Profitsucht usw.

Jaspers (1961, S. 292) meinte, es wäre trügerisch, „die Ordnung der Welt von einigen vernünftigen Menschen, die dafür sorgen werden, zu erwarten." Da er dies im Zusammenhang mit dem Problem der Atombombe und der Zukunft des Menschen schrieb, wird man ihm kaum widersprechen können. Allein die Existenz von Atombomben läßt den Menschen nicht gerade im Licht der Vernunft erscheinen. Aber jene utopische Welt wäre frei von allen Atombomben, auch frei von allen anderen Waffen, überhaupt frei von jeder Form der Gewalt. Menschen ohne jede Aggression, ohne Rachegefühle (es gäbe ja nichts zu rächen), ohne Führungsansprüche (man bräuchte niemanden mehr zu „führen") und ohne Angst (man bräuchte sich vor anderen Menschen nicht mehr fürchten) würden die Erde bevölkern. Diesen „paradiesischen" Zustand hat es in der Geschichte der Menschheit niemals gegeben. Selbst nach biblischer Überlieferung lebten Adam und Eva doch wohl nur recht kurz im „Paradies". Sehr bald schon wurden sie aus dem Garten Eden vertrieben und bebürdeten uns alle mit der Erbsünde. Das Böse in der Welt war den Autoren des Alten Testaments offenbar durchaus gegenwärtig, da sie es selbst durch allerlei böse und grausame Gebote aus der Welt schaffen wollten (vgl. S. 141). Sie formulierten einige Grundnormen, die aber nur ihren eigenen, engen Welthorizont bekunden und die Kleingruppenmoral des prähistorischen Menschen zum Ausdruck bringen. Selbstverständlich sollten wir mittlerweile ein großes Stück vorangekommen sein. Aber so, wie sich uns die Situation heute präsentiert – bewaffnete Konflikte, Bürgerkriege, unterdrückte Völker, Terrorismus – läßt der moralische Fortschritt offensichtlich auf sich warten.

Mein Plädoyer für eine illusionslose Ethik kann nun freilich nicht bedeuten, daß wir diese Situation achselzuckend akzeptieren sollten. Aber es bedeutet die Aufforderung, die moralischen Normen in einem vernünftigen Rahmen anzusetzen. Aus meiner Sicht bedeutet das im wesentlichen dreierlei.

Zum einen ist es geboten, sich weniger damit zu beschäftigen, wie der Mensch sein *sollte*, und nicht an utopischen Menschenbildern zu basteln. Vorrangig ist die Frage zu untersuchen wie der Mensch *ist*. Bei dieser Untersuchung helfen uns heute verschiedenen Disziplinen, vor allem Evolutionsbiologie, Verhaltensforschung, Soziobiologie und Neurobiologie, aber selbstverständlich auch Fächer wie Psychologie und Kulturanthropologie. Die Ethik bedarf einer starken Untermauerung durch empirische Resultate. In diesem Sinne ist eine strikte Trennung von Sein und Sollen unhaltbar.

Zum zweiten müssen wir mit einer begrenzten Moralfähigkeit rechnen. Unser Verhalten und Handeln kommen nicht aus dem Nichts, sie werden von einer Vielzahl von Faktoren, die uns – im Augenblick des jeweils konkreten Verhaltens und Handelns – oft nicht bewußt sind, beeinflußt. Im Vordergrund steht dabei immer unser individuelles Überleben, unser Egoismus, der in der Evolution unserer (und aller anderen) Spezies stets eine sehr wichtige Funktion hatte und durch kein Verbot aus der Welt zu schaffen ist. Diesen Egoismus dürfen wir daher nicht als etwas Negatives sehen. Er ist – wenn man einmal absieht von Fanatikern, die sich selbst mit Benzin übergießen und anzünden, oder von den Verzweifelten, die nur im Suizid ihre „Lösung" sehen – grundlegender Bestandteil des Verhaltens und Handelns aller Menschen (und aller aneren Arten).

Schließlich haben wir zu erkennen, daß *Homo sapiens* von seiner Veranlagung her nicht einfach böse ist, sondern einige

Züge in sich trägt, die auch im ethischen Sinne als positiv, als gut zu bewerten sind. Zu erwähnen sind dabei wiederum die Bereitschaft zur Kooperation und die Freude am sozialen Leben. Wir müssen uns nach Kräften bemühen, diese Merkmale durch Erziehung, durch Tradition, durch Kultur zu verstärken. Statt abstrakte Normen, Gebote und Verbote zu erschaffen, müssen wir unsere Moralsysteme genau dort ansetzen, wo schon unsere ureigene biosoziale Natur einen fruchtbaren Boden dafür geschaffen hat. Daraus wird zwar kein „neuer Mensch" entstehen, aber der „alte" vielleicht neue moralische Kräfte sammeln.

Wir sitzen, um ein beliebtes Bild aufzugreifen, alle in einem Boot (bei ziemlich stürmischer See), und sollten erkennen, daß wir nur gemeinsam überleben werden. Aber inzwischen gibt es schon sechs Milliarden von uns, und „die Befürchtung liegt nahe, daß jeder nur seine eigene Haut zu retten versuchen wird" (Wuketits 1994c, S. 36). (Was bei weniger als sechs Milliarden ja wohl auch nicht viel anders wäre.) Wenn wir daher – in unserem eigenen Leben, auf der Basis unserer eigenen Bedürfnisse und Wünsche – auch in Zukunft nicht mit dem Konzept der Menschheit im Hinterkopf handeln werden, so bliebe zumindest die Hoffnung, daß wir noch lernen werden, etwas stärker zu kooperieren als bisher, und daß unser individuelles Leben nicht das Leben anderer Menschen kosten darf.

Dabei dürften uns einige unserer Anlagen zugute kommen. Ich denke dabei noch einmal an die Fähigkeit zum Mitgefühl und an das Gewissen. Insbesondere derjenige, der Abschied genommen hat von allen rassistischen Vorstellungen und Vorurteilen anderen Völkern gegenüber, wird selbstverständlich erkennen, daß *alle* Menschen leidensfähig sind. Die Vergrößerung von menschlichem Leid auf diesem Planeten kann niemand wollen, dessen Mitgefühl und Gewissen „normal" ausgeprägt sind. Wer eine Disposition zum Mitleid besitzt, wird Grausamkeiten jeglicher Form ablehnen (und sich höchstens noch an einem guten Kriminalroman delektieren). Tyrannen, Auftragskiller, Aufseher in Konzentrationslagern, Sadisten und Lustmörder müssen wir davon allerdings ausnehmen. Die Aufgabe jeder „gesunden" Sozietät besteht daher darin, zu gewährleisten, daß sich möglichst wenige Menschen in diese Richtung entwickeln (am besten wäre es natürlich, wenn sichergestellt werden könnte, daß sich überhaupt kein Mensch so entwickeln kann, aber das ist unrealistisch). Im Sinne eines humanen Daseins, müßte die Verminderung von menschlichem Leid als überaus wichtiges Ziel angestrebt werden. Auf der Grundlage unserer Fähigkeiten zur Empathie erscheint dieses Ziel ebensowenig imaginär wie eine mögliche Begründung von Moral aus der schlichten Tatsache, daß Menschen einander bedürfen und daß für sie daraus eine Reihe von Verpflichtungen erwächst. Ganz in diesem Sinne haben allerdings schon die französischen Aufklärungsphilosophen Moral gesehen (vgl. z. B. Ewald 1924). Sicher, die Zeiten haben sich seither geändert, und wir leben heute in einer Zeit, die durch eine besonders rasante Entwicklung in allen Bereichen unseres (sozialen) Lebens gekennzeichnet ist.

Alles wird letztlich davon abhängen, wie wir unsere Zivilisation in Zukunft gestalten werden – ob unsere Zivilisation die Kluft zwischen Arm und Reich, so wie bisher, vergrößern oder doch noch verkleinern wird, ob *jedem* Menschen sozusagen ein artgerechtes Leben gegönnt sein wird und ob sich die Träger unterschiedlicher Kulturen entscheiden können, (unter Beibehaltung der jeweils eigenen Tradition) einander zu tolerieren, miteinander zu leben und nicht einander zu bekriegen. Diese moralischen Minimalforderungen an die Zivilisation bräuchten unserer biosozialen Natur nicht zu widersprechen und müßten im Rahmen unserer natürlichen Anlagen zu erfüllen sein.

Anstelle einer Überregulierung des sozialen Lebens durch Normen und Gesetze, die jeden spontanen Antrieb des Individuums erdrücken, müßte dabei freilich gewährleistet sein, daß der einzelne einem „gesunden Egoismus" gemäß zu einem befriedigenden Leben findet. Nur der mündige Mensch kann Verantwortung für sich selbst und für andere übernehmen; nur von ihm kann man überhaupt erwarten, daß er zu moralischen Handlungen befähigt ist.

Eine evolutionäre Ethik, so möchte ich an dieser Stelle festhalten, zeigt sich mithin als praktisch sehr relevant. Sie bleibt nicht bei der Rekonstruktion und Beschreibung der Evolution von moralisch bedeutsamen Verhaltensweisen stehen, sondern hilft uns auch zu sehen, wie diese Verhaltensweisen nach wie vor in die „moralische Praxis" umgesetzt werden können. Insoweit verdient sie in der Tat die Bezeichnung *Ethik*. Sie muß aber all jene enttäuschen, die meinen, einer Ethik ein idealisiertes Bild vom Menschen zugrunde legen zu müssen und dem Menschen Moral – d. h. die Moral, die sie meinen – sozusagen von außen einimpfen zu können. Damit kann aber auch eine gefährliche Moral gemeint sein. Daher kann ich meine Überlegungen hier noch nicht beenden; einige weitere, abschließende Bemerkungen sind vonnöten.

Nachwort:
Warum Moral nicht immer gut ist

Alles ist in den Grund hinein verlogen
und verbogen durch die Guten.
FRIEDRICH NIETZSCHE

Moral ist eine feine Sache, vor allem, wenn man selbst meint, ein reines Gewissen zu haben und davon überzeugt ist, moralisch richtig zu handeln. Allerdings kann Moral oft als Vorwand für Böses genommen werden, wobei das Böse sich oft erst nachträglich als solches entpuppt. Beispiele dafür wurden in diesem Buch mehrere genannt, der „Heilige Krieg" (vgl. S. 78) ist nur eines davon. Wir haben triftige Gründe, uns vor Mördern und Totschlägern zu fürchten, vor Psycho- bzw. Soziopathen, vor Menschen, die gegen Bezahlung andere Menschen zu töten bereit sind, vor Kinderschändern, Vergewaltigern usw. Diese Menschen gibt es in großer Zahl, sie leben oft in unserer Nachbarschaft und sind häufig genug in der Lage, ihre bösen Taten zu verbergen. Wir haben aber ebenso triftige Gründe, Angst zu haben vor einem *moralischen Fundamentalismus*, der unter dem Deckmantel des Guten zu nicht minder bösen Taten anstiftet.

Der moralische Fundamentalismus ist an keine bestimmte Kultur gebunden. Er trat in jüngster Zeit beispielsweise in dem Verfahren (*impeachment*) gegen den amerikanischen Präsidenten Bill Clinton deutlich zum Vorschein. Geradezu „faszinierend" war dabei die Rolle des „Sonderermittlers" gegen Clinton. Was, frage ich mich, geht im Kopf eines Menschen vor, der über viele Monate nichts anderes tut, als mit Übereifer im Privatleben eines anderen Menschen herumzuwühlen und darüber Hunderte von Seiten zu verfassen, und das mit dem fanatisch verfolgten Ziel, dem anderen moralische Verfehlungen nachzuweisen? Clinton hat die Sache (einstweilen?) überstanden, aber das Ganze zeigt, welche Peinlichkeiten und Absurditäten in einem sittenstrengen Land möglich sind.

Ich begann das vorliegende Buch mit der Frage, wozu Ethik gut sein soll. Sie soll uns als philosophische Disziplin Einsichten in unser Leben vermitteln, zeigen, welches Verhalten von Menschen im allgemeinen bevorzugt oder abgelehnt wird (vgl. S. 11), um zu Schlußfolgerungen über Moral und Unmoral zu gelangen. Um aber noch zu präzisieren, muß festgehalten werden, daß diese Disziplin nur deshalb möglich und sinnvoll ist, weil

– Menschen darüber hinaus, was sie einfach tun, ihr Tun auch kritisch reflektieren und sich fragen können, ob sie richtig handeln,

– aus ihrem Handeln und dessen kritischer Reflexion allgemeine Normen ableiten

– und dabei ständig erkennen müssen, daß sich manche Menschen ganz anders (nicht den jeweiligen Normen entsprechend) verhalten.

Mit anderen Worten, Ethik setzt das Böse voraus, genau gesagt, sie setzt im weitesten Sinn „abweichendes Verhalten" voraus; nur so kann sie wirklich zum Einsatz kommen. Jede Zielvorstellung betreffend das Gute bedarf des Bösen, der Erfahrung, daß sich Menschen auch ganz anders verhalten als ihre jeweilige Sozietät es eigentlich erwartet.

Nicht zufällig trägt dieses Buch den Titel „Warum uns das Böse fasziniert". Daß es uns fasziniert, darf ungefragt vorausgesetzt werden. Natürlich sind wir von vielen bösen Taten auch einfach angewidert – aber zumindest in der virtuellen Welt (vor allem im Fernsehen und im Kino) schätzen dann doch die meisten von uns einen „guten" Kriminalfilm. Gelegentlich identifizieren wir uns sogar mit dem Täter, oft aber sind wir froh, daß er überführt oder – wenn er eine wirklich ekelhafte Figur ist – beseitigt wird. Möglicherweise hat Eco (1986) ja recht, wenn er meint, daß Krimis den meisten Menschen deshalb gefallen, weil sie Geschichten sind, in denen es um das Abenteuer der Mutmaßungen geht, um das Aufstellen von Hypothesen in Anbetracht eines scheinbar unerklärlichen, dunklen Sachverhalts oder Tatbestands. Um das Abenteuer der Mutmaßungen geht es aber auch bei ungelösten wissenschaftlichen Problemen; dennoch darf man jede Wette eingehen, daß die meisten Menschen einen Krimi einer heiklen wissenschaftlichen Fragestellung vorziehen würden. Denn im Kriminalfilm oder -roman hat ein Mensch etwas Böses getan, und diese Tat aufzuklären ist für die meisten wohl doch um einiges interessanter als etwa die Frage, wie bestimmte chemische Substanzen auf andere reagieren (was allerdings im Zusammenhang mit einem Mordfall auch relevant sein kann).

Seit Jahrtausenden kämpfen zumindest diejenigen Menschen, die zu wissen meinen, was Gut und Böse ist, gegen das Böse an. In der heutigen Zeit wird oft ein allgemeiner *Werteverlust* beklagt, und mancher fragt ernsthaft, woran er sich denn halten soll, worin die verbindlichen Werte bestehen (vgl. z. B. Holzhausen 1997). *Verbindliche* Werte sind aber heute ebenso schwer zu finden wie in früheren Zeiten – nein, viel schwerer sogar. In dem Maße, in dem sich Wirtschaft, Wissenschaft und Technik heute in allen ihren Bereichen rasant entwickeln, steigt unsere moralische Ratlosigkeit. Daher sind „die Zeiten, in denen feststand und auf der Hand lag, was das moralisch Richtige ist, unwiederbringlich dahin" (Bayertz 1991, S. 44). Nur innerhalb einer bestimmten Sozietät gibt es nach wie vor mehr oder weniger allgemein anerkannte Werte (und Normen), und die werden oft genug übergangen.

Ein schwerwiegendes Problem im vorliegenden Zusammenhang besteht aber darin, daß der Ruf nach einer verbindlichen Moral zu jenem moralischen Fundamentalismus führen kann, der dann seinerseits wieder alles erlaubt, was – unter anderen Prämissen – eben als moralisch verwerflich gilt. Will man dafür Beispiele haben, dann denke man nur noch einmal an fanatische

Abtreibungsgegner, denen – angeblich – der Schutz des Lebens als oberstes Anliegen gilt, die aber nicht davor zurückschrecken, Ärzte zu töten, die einen Schwangerschaftsabbruch vorgenommen haben. Vonwegen „Schutz des Lebens" ...

Könnten wir uns darauf einigen – es wäre eine ethische Minimalforderung –, daß das Leben des Menschen, jedes einzelnen Menschen, einen supremen Wert darstellt, dann wäre der Schutz *jedes einzelnen Menschen* leider noch immer nicht gewährleistet. Stets würden sich, wie zu befürchten bleibt, einige Fundamentalisten finden, die bestimmte Menschen – welche noch nicht einmal andere getötet haben, sich aber ihren (den fundamentalistischen) Erwartungen nicht konform verhalten – zu ermorden bereit wären. Insoweit ist Moral in der Tat nicht immer gut, sie kann sich ins Gegenteil dessen verkehren, was sie anstrebt.

Wilson (1978) gebraucht den Ausdruck *moralische Aggression*, um deutlich zu machen, wie stark die Erwartung von Gegenleistungen auf der Seite des Altruisten im allgemeinen ist. In der Tat reagieren wir auf Leute, die zwar stets unsere Hilfe in Anspruch nehmen, selbst aber nie zu irgendeiner Gegenleistung bereit sind, verärgert bis aggressiv. Zumindest auf indirekte Weise wollen wir von denen, auf die sich unser Altruismus erstreckt, etwas haben, wenigstens ein Zeichen der Dankbarkeit. Ich greife Wilsons Ausdruck gerne auf, um damit aber auch die Haltung des Fundamentalisten zu kennzeichnen, der seine moralischen Vorstellungen um jeden Preis durchsetzen will. Eine humane Einstellung, meint Mackie (1981), gehöre zum Kern der Moral. Aber sie befindet sich, wie wir ergänzen müssen, nicht im Kern *jeder* Moral. Menschen können bestimmte Moralvorstellungen verfolgen, ohne wirklich humane Anliegen zu haben.

Die Nazis hatten ihre Moral, aber selbst mit größter Anstrengung werden wir bei ihnen nichts finden, was an Humanität erinnert. Fundamentalistische Sittenwächter in aller Welt folgen einer bestimmten Moral – sie sind beispielsweise gegen die Abtreibung oder gegen vorehelichen Geschlechtsverkehr –, aber da sie den Wert menschlichen Lebens auch mißachten, kann man ihnen keine grundsätzlich humane Einstellung attestieren. Der Sonderermittler gegen den amerikanischen Präsidenten handelte nach bestimmten Moralprinzipien, da er jedoch alles daran setzte, einen anderen Menschen zu vernichten, kann er nicht human sein. Kurz gesagt, Moralität und Humanität sind nicht identisch, sie können sogar Gegensätze bedeuten. Im Extremfall kann ein Moralist den Tod anderer Menschen befürworten und andere Menschen sogar selbst töten. Leider tritt dieser Extremfall, wie Geschichte und Gegenwart überdeutlich zeigen, nicht gerade selten auf.

Moral ist also nicht immer *gut*, sie ist jedenfalls nicht immer für *alle* Menschen gut. Wird ein Lustmörder verhaftet und lebenslang in eine Anstalt für abnorme Rechtsbrecher eingewiesen, dann wird er zwar verschiedener Möglichkeiten beraubt, die er in Freiheit hatte, aber schließlich sollen andere Menschen vor seinen Exzessen geschützt werden. In diesem Fall wird man das „Wegsperren" eines Menschen im allgemeinen nicht als inhuman betrachten. Aber es gibt viele andere Fälle. Beispielsweise die Steinigung eines Mädchens oder einer Frau wegen unerlaubten Geschlechtsverkehrs (vgl. S. 37). Wem soll dieser grausame Akt dienen? Wen will man dadurch schützen? Moral rechtfertigt also nicht alle Mittel, sie darf nicht auf Kosten der Humanität ausgeübt werden.

Zu den großen Gefahren der Menschheit zählt seit jeher der Umstand, daß sich die jeweiligen „Führer" auf eine „höhere

Ordnung" berufen, den *status quo* als gottgewollt hinstellen und im Namen Gottes, der Natur, des Vaterlandes, einer geschichtsimmanenten Gesetzlichkeit usw. jede ihrer Taten (moralisch) rechtfertigen. Aufgrund der Fähigkeit von Demagogen, Massen von Menschen für ihre „heilige Sache" zu mobilisieren, und aufgrund der Anfälligkeit der Menschen für Demagogie, hat „Moral" in der Geschichte bis in die Gegenwart fortgesetzt zu kollektivem Wahnsinn geführt, der sich in den nüchternen Zahlen der in Kriegen getöteten und verwundeten Menschen zeigt. Die *genaue* Zahl der Menschen, die den Wahnsinnstaten von Führern, Propheten und Weltverbesserern schon zum Opfer gefallen sind, ist niemandem bekannt. Zu jedem beliebigen Zeitpunkt der Geschichte hat sich irgendein Land im Krieg mit einem anderen – oder im Bürgerkrieg – befunden, wurden ungezählte Menschen auf unterschiedliche Weise umgebracht, verwundet, verstümmelt. Und das geschah und geschieht – wenn auch nicht immer, so doch sehr häufig – im Namen einer „höheren Gerechtigkeit". Diese hat auch schon wiederholt unschuldige Menschen zum Schafott geführt. Hauptsache war und ist, daß sich die Moral, die jeweils gemeint war (und gemeint ist), durchsetzen kann.

Der moderne Staat will „seinen" Bürgern Sicherheit garantieren. Umgekehrt erwarten die Bürger, von „ihrem" Staat beschützt zu werden. Gefragt sind also *law and order*. In dem Maße aber, in dem ein Staat vor den wirklich großen Verbrechern und Verbrechen (internationale Drogenkartelle, Waffenhandel, Wirtschaftskriminalität im großen Stil usw.) resigniert, demonstriert er das Prinzip *law and order* sozusagen im Kleinen. Jede noch so harmlose Verfehlung des einzelnen wird rigoros verfolgt, gegen alles werden Gesetze erfunden, jeder, der in einem öffentlichen Park seine Notdurft verrichtet, wird ebenso bestraft wie jeder, der sein Auto an einer dafür nicht vorgesehenen Stelle parkt. Doch es ist verhältnismäßig einfach, solche Dinge in den Griff zu kriegen (jedenfalls viel einfacher als z. B. einen internationalen Drogenring zu zerschlagen); einfacher auch, als internationalen Waffengeschäften einen Riegel vorzuschieben (weil von solchen Geschäften auch Leute profitieren, die wichtige Staatsämter bekleiden). Die „Macht des Geldes" trägt hier auch noch das Ihre bei.

Sehr ermutigend ist das alles zugegebenerweise nicht. Aber die evolutionstheoretische Perspektive in der Betrachtung unseres sozialen – und mithin auch moralischen – Verhaltens hilft uns einerseits, mit all diesen Dingen sozusagen etwas lockerer umzugehen, andererseits auch, die Doppelmoral vieler unserer Mitmenschen und Institutionen zu durchschauen und uns vor ihnen zu schützen. Watson (1997) hat dazu einige praktische Ratschläge parat, die in der Tat sehr hilfreich sind und dem Leichtgläubigen die Augen öffnen sollen. Diese Ratschläge lauten sinngemäß folgendermaßen:

– Hüten Sie sich vor Ihrer eigenen intuitiven Eingebung, es müsse so etwas wie eine höhere, objektive Gerechtigkeit geben.

– Nehmen Sie sich in acht vor allen Leuten, die an Ihren Nepotismus appellieren, mit dem Sie ihre „patriotischen" Ziele unterstützen sollen.

– Hüten Sie sich vor allen Bewegungen, die als „Bruderschaften" (oder neuerdings auch als „Schwesternschaften") auftreten. Sie sind meist nur institutionelle Formen des alten genetischen Feindes.

Ergänzend dazu möchte ich noch eine Regel formulieren: „Nehmen Sie sich in acht vor allen Leuten und Institutionen, die Ihnen versichern, daß sie ausschließlich für *Sie* da sind."

Ein ganz allgemeines Prinzip könnte lauten: „Hüten Sie sich vor Leuten, die etwas zu laut und zu oft an die Moral anderer, die öffentliche Moral usw. appellieren und zu offen zeigen, daß sie selbst nach festen moralischen Grundsätzen leben." Diese Menschen sind vielleicht sehr unzufriedene und unglückliche Menschen und wollen eigentlich nur, daß die anderen auch nicht zufrieden und glücklich leben. Wie Russell (1961) meinte, besteht das Geheimnis des Glücklichseins für einen Menschen darin, möglichst breit gefächerte Interessen und die Fähigkeit zu entwickeln, die Dinge und Menschen der eigenen Umgebung, so weit es nur eben geht, mit Freundlichkeit und nicht mit Feindseligkeit zu begegnen. Das ist sehr weise gesagt. Menschen aber, die diese Fähigkeiten nicht besitzen, stattdessen stets auf die Einhaltung sittenstrenger Prinzipien pochen, sind immer etwas gefährlich.

So wie es in keiner Kultur wirklich für alles, für jede auch nur theoretisch denkbare Handlungsweise eines Menschen verbindliche moralische Kochrezepte gibt, so gibt es schon gar keine derartigen Kochrezepte, auf die sich die ganze Menschheit verlassen könnte. Moral und Unmoral bleiben letztlich doch nur das, was wir dafür halten. Es muß uns aber klar sein, daß moralische Imperative nicht mit Engelszungen artikuliert werden und der „moralisch richtig" handelnde Mensch nicht in Engelsgestalt daherkommt – weil eben Menschen keine Engel sind.

Vor Jahrmillionen sind unsere stammesgeschichtlichen Vorfahren von den Bäumen herabgestiegen und haben, ohne jedes Bewußtsein darüber, einen Weg in der Evolution „eingeschlagen", der schließlich *Homo sapiens* ermöglichte. Dieser war nicht vorgesehen; daß er entstanden ist, lag nicht in der Absicht der Natur – weil die Natur keine Absicht kennt. Der Mensch selbst aber ist in der Lage, absichtsvoll zu handeln und neigt oft zu dem Glauben, daß die Welt als solche absichtsvoll geplant und von einer zweckgerichteten Ordnung durchflutet sein müsse. Dieser Glaube ist, wie Lorenz (1983) richtig bemerkte, gefährlich, weil er den einzelnen von der Eigenverantwortung entlastet. Wenn ohnehin alles buchstäblich in den Sternen steht, braucht man sich ja eigentlich um nichts mehr zu kümmern. Besonders gefährlich ist der Glaube an eine gegebene, höhere *Werteordnung,* worauf sich Demagogen und Scharlatane so oft berufen und wofür schon Millionen Menschen unter grausamen Umständen ihr Leben lassen mußten.

Es gibt, das ist wahr, unbeschreiblich viel Unmoral in unserer Welt (ganz gleich, welche moralischen Maßstäbe wir anlegen), und selbstverständlich sollten wir uns damit nicht abfinden. Auf eine Moral aber, die Menschenopfer fordert, sollten wir verzichten!

Literatur

Adam, A. (1993): Die Bekämpfung des Bösen. Eine Anmerkung zur Lehre vom gerechten Krieg. In: Schuller, A. und Rahden, W. v. (Hrsg.): Die andere Kraft. Zur Renaissance des Bösen, S. 303–310. Berlin (Akademie Verlag).

Agar, M. (1994): Language Shock. Understanding the Culture of Conversation. New York (Morrow).

Alexander, R. D. (1987): The Biology of Moral Systems. New York (Aldine de Gruyter).

Alexander, R. D. (1988): Über die Interessen der Menschen und die Evolution von Lebensabläufen. In: Meier, H. (Hrsg.): Die Herausforderung der Evolutionsbiologie, S. 129–171. München, Zürich (Piper).

Allot, R. (1992): Evolutionary Aspects of Love and Empathy. Journal of Social and Evolutionary Systems 15: 353–370.

Antweiler, Ch. (1994): Eigenbilder, Fremdbilder, Naturbilder. Anthropologischer Überblick und Auswahlbibliographie zur kognitiven Dimension interkulturellen Umganges. Anthropos 89: 137–168.

Ardrey, R. (1972): Adam und sein Revier. Der Mensch im Zwang des Territoriums. München (Deutscher Taschenbuch Verlag).

Axelrod, R. (1987): Die Evolution der Kooperation. München (Oldenbourg).

Ayala, F. J. (1987): The Biological Roots of Morality. Biology & Philosophy 2: 235–252.

Barash, D. P. (1980): Soziobiologie und Verhalten. Berlin, Hamburg (Parey).

Bartley, W. W. (1975): Wissenschaft und Glaube: Die Notwendigkeit des Engagements. In: Gadamer, H.-G. und Vogler, P. (Hrsg.): Neue Anthropologie. Band 7: Philosophische Anthropologie (Zweiter Teil), S. 64–102. Stuttgart, München (Thieme / Deutscher Taschenbuch Verlag).

Baruzzi, A. (1996): Philosophie der Lüge. Darmstadt (Wissenschaftliche Buchgesellschaft).

Bateson, P. (1989): Does Evolutionary Biology Contribute to Ethics? Biology & Philosophy 4: 287–301.

Bayertz, K. (1991): Praktische Philosophie als angewandte Ethik. In: Bayertz, K. (Hrsg.): Praktische Philosophie. Grundorientierungen angewandter Ethik, S. 7–47. Reinbek (Rowohlt).

Becker, W. (1989): Der fernethische Illusionismus und die Realität. In: May, H. und Striegnitz, M. (Hrsg.): Kooperation und Wettbewerb. Zu Ethik und Biologie menschlichen Sozialverhaltens. Loccumer Protokolle 75/88, S. 194–201. Evangelische Akademie Loccum.

Birnbacher, D. (Hrsg., 1980): Ökologie und Ethik. Stuttgart (Reclam).

Bischof, N. (1978): On the Phylogeny of Human Morality. In: Stent, G. S. (ed.): Morality as a Biological Phenomenon, pp. 53–73. Berlin, Heidelberg, New York (Springer).

Bischof, N. (1985): Das Rätsel Ödipus. Die biologischen Wurzeln des Urkonfliktes von Intimität und Autonomie. München, Zürich (Piper).

Bischof-Köhler, D. (1991): Jenseits des Rubikon. Die Entstehungsgeschichte menschlicher Erkenntnisformen und ihre Auswirkung auf das Sozialverhalten. Mannheimer Forum 90/91, S. 143–193. München, Zürich (Piper).

Bolte, Ch. und Dimmler, K. (1997): Schwarze Witwen und Eiserne Jungfrauen. Geschichte der Mörderinnen. Leipzig (Reclam).

Brehm, A. E. (1869 [1926]): Brehms Tierleben (herausgegeben von Meyer, A.). Säugetiere Band 4. Wien (Gutenberg).

Brittnacher, H.-R. (1993): Der Leibhaftige. Motive und Bilder des Satanismus. In: Schuller, A. und Rahden, W. v. (Hrsg.): Die andere Kraft. Zur Renaissance des Bösen, S. 167–192. Berlin (Akademie Verlag).

Büchner, L. (1872): Der Mensch und seine Stellung in der Natur in Vergangenheit, Gegenwart und Zukunft. Oder: Woher kommen wir? Wer sind wir? Wohin gehen wir? Leipzig (Thomas).

Byrne, R. W. and Whiten, A. (1992): Cognitive Evolution in Primates: Evidence from Tactical Deception. Man 27: 609–627.

Campbell, D. T. (1975a): On the Conflicts Between Biological and Social Evolution and Between Psychology and Moral Tradition. American Psychologist 30: 1103–1126.

Campbell, D. T. (1975b): The Conflict Between Biological and Social Evolution and the Concept of Original Sin. Zygon 10: 234–249.

Campbell, D. T. (1978): Social Morality Norms as Evidence of Conflict Between Biological Human Nature and Social System Requirements. In: Stent, G. S. (ed.): Morality as a Biological Phenomenon, pp. 75–92. Berlin, Heidelberg, New York (Springer).

Camus, A. (1968): Der Fall. Reinbek (Rowohlt).

Camus, A. (1969): Der Fremde. Reinbek (Rowohlt).

Carneri, B. (1871): Sittlichkeit und Darwinismus. Drei Bücher Ethik. Wien (Braumüller).

Caspari, O. (1877): Die Urgeschichte der Menschheit mit Rücksicht auf die natürliche Entwicklung des frühesten Geisteslebens. Band 1. Leipzig (Brockhaus).

Cela-Conde, C. (1987): On Genes, Gods and Tyrants. The Biological Causation of Morality. Dordrecht, Boston, Lancaster (Reidel).

Literatur

Childs, J. R. (1960): Giacomo Casanova de Seingalt in Selbstzeugnissen und Bilddokumenten. Reinbek (Rowohlt).

Clary, E. G. (1994): Altruism and Helping Behavior. In: Encyclopedia of Human Behavior. Volume 1, pp. 93–102. New York (Academic Press).

Cobb, J. B. (1988): Befriending an Amoral Nature. Zygon 23: 431–436.

Cube, F. v. (1998): Moral und Moralerziehung. Verhaltensbiologische Grundlagen. In: Neumann, D., Schöppe, A. und Treml, A. K. (Hrsg.): Die Natur der Moral. Evolutionäre Ethik und Erziehung, S. 117–125. Stuttgart, Leipzig (Hirzel).

Dahl, E. (1991): Im Anfang war der Egoismus. Den Ursprüngen menschlichen Verhaltens auf der Spur. Düsseldorf, Wien, New York (Econ).

Dahl, E. (1995): Jenseits von Gut und Böse. Zum Dilemma des ethischen Naturalismus. Aufklärung und Kritik 2 (1): 2–7.

Darwin, Ch. (1871 [1966]): Die Abstammung des Menschen. Stuttgart (Kröner).

Dawkins, R. (1994): Das egoistische Gen (2. Aufl.). Heidelberg, Berlin, Oxford (Spektrum Akademischer Verlag).

Dawkins, R. (1998): Und es entsprang ein Fluß in Eden. Das Uhrwerk der Evolution. München (Goldmann).

Dehner, K. (1994): Erst kommt die Lüge und dann die Moral. Ein theoretisch-rekonstruktiver Ansatz zur Phylogenese der Moral. Aufklärung und Kritik 1 (2): 96–116).

Denzler, G. (1998): Die verbotene Lust. 2000 Jahre christliche Sexualmoral. In: Kanitscheider, B. (Hrsg.): Liebe, Lust und Leidenschaft. Sexualität im Spiegel der Wissenschaft, S. 189–198. Stuttgart, Leipzig (Hirzel).

Diamond, J. (1998): Der dritte Schimpanse. Evolution und Zukunft des Menschen. Frankfurt/M. (Fischer).

Diercks, G. (1881): Entwicklungsgeschichte des Geistes der Menschheit. In gemeinverständlicher Darstellung. Band 1. Berlin (Hofmann).

Ditfurth, H. v. (1989): Innenansichten eines Artgenossen. Meine Bilanz. Düsseldorf (Claassen).

Dobzhansky, T. (1958): Die Entwicklung zum Menschen. Evolution, Abstammung und Vererbung. Ein Abriß. Hamburg, Berlin (Parey).

Dorsey, G. A. (1925): Why We Behave Like Human Beings. New York, London (Harper & Brothers).

Driesch, H. (1927): Die sittliche Tat. Ein moralphilosophischer Versuch. Leipzig (Reinicke).

Dubos, R. (1968): So Human an Animal. New York (Scribner).

Dugatkin, L. A. (1997): The Evolution of Cooperation. Four Paths to the Evolution and Maintenance of Cooperative Behavior. BioScience 47: 355–362.

Eco, U. (1986): Nachschrift zum ,Namen der Rose'. München (Deutscher Taschenbuch Verlag).

Eibl-Eibesfeldt, I. (1984a): Die Biologie des menschlichen Verhaltens. Grundriß der Humanethologie. München, Zürich (Piper).

Eibl-Eibesfeldt, I. (1984b): Krieg und Frieden aus der Sicht der Verhaltensforschung. (2. Aufl.). München, Zürich (Piper).

Eibl-Eibesfeldt, I. (1998): Universalien im menschlichen Sozialverhalten und ihre Bedeutung für die Normenfindung. In: Neumann, D., Schöppe, A. und Treml, A. K. (Hrsg.): Die Natur der Moral. Evolutionäre Ethik und Erziehung, S. 99–111. Stuttgart, Leipzig (Hirzel).

Erikson, E. H. (1964): Die Wurzeln der Tugend. In: Huxley, J. (Hrsg.): Der evolutionäre Humanismus. Zehn Essays über die Leitgedanken und Probleme, S. 155–182. München (Beck).

Ewald, O. (1924): Die französische Aufklärungsphilosophie. München (Reinhardt).

Flew, A. (1984): Darwinian Revolution. London (Granada Publishing).

Ford, C. S. und Beach, F. A. (1954): Das Sexualverhalten von Mensch und Tier. Berlin (Colloquium Verlag).

Fox, R. (1973): Kinship and Marriage. An Anthropological Perspective. Harmondsworth (Penguin Books).

Fromm, E. (1977): Anatomie der menschlichen Destruktivität. Reinbek (Rowohlt).

Furley, W. (1995): Zum Egoismus der griechischen Götter. In: Heck, T. L. (Hrsg.): Das Prinzip Egoismus, S. 82–90. Tübingen (Nous Verlag).

Garver, N. (1988): Violence and Social Order. In: Proceedings of the 12th International Wittgenstein Symposium, pp. 218–223. Wien (Hölder-Pichler-Tempsky).

Geiger, G. (1992): Why There Are No Objective Values: A Critique of Ethical Intuitionism from an Evolutionary Point of View. Biology & Philosophy 7: 315–330.

Gervet, J. and Soleilhavoup, M. (1997): Darwinism and Ethology. The Role of Natural Selection in Animals and Humans. Acta Biotheoretica 45: 195–220.

Gigerenzer, G. (1997): The Modularity of Social Intelligence. In: Whiten, A. and Byrne, R. W. (eds.): Machiavellian Intelligence II, pp. 264–288. Cambridge (Cambridge University Press).

Gödtel, R. (1994): Sexualität und Gewalt. Die dunklen Seiten der Lust. Reinbek (Rowohlt).

Goldschmidt, R. (1963): Im Wandel das Bleibende. Mein Lebensweg. Hamburg, Berlin (Parey).

Grabner-Haider, A., Weinberger, O. und Weinke, K. (Hrsg., 1987): Fanatismus und Massenwahn. Quellen der Verfolgung von Ketzern, Hexen, Juden und Außenseitern. Graz, Wien (Leykam).

Greene, J. C. (1963): Darwin and the Modern World. An Exploration of the Impact of Darwin's Evolutionary Biology on the Religious and Intellectual Thought of the Past Century. New York (The New American Library).

Gruter, M. (1993): Rechtsverhalten. Biologische Grundlagen mit Beispielen aus dem Familien- und Umweltrecht. Köln (Schmidt).

Hacker, F. (1974): Materialien zum Thema Aggression. Reinbek (Rowohlt).

Hassenstein, B. (1972): Das spezifisch Menschliche nach den Resultaten der Verhaltensforschung. In: Gadamer, H.-G. und Vogler, P. (Hrsg.): Neue Anthropologie. Band 2: Biologische Anthropologie (Zweiter Teil), S. 60–97. Stuttgart, München (Thieme / Deutscher Taschenbuch Verlag).

Hassenstein, B. (1979): Willensfreiheit und Verantwortlichkeit. Naturwissenschaftliche und juristische Aspekte. In: Hassenstein, B., Mohr, H., Osche, G., Sander, K. und Wülker, W.: Freiburger Vorlesungen zur Biologie des Menschen, S. 202–221. Heidelberg (Quelle & Meyer).

Hastedt, H. und Martens, E. (Hrsg., 1994): Ethik. Ein Grundkurs. Reinbek (Rowohlt).

Hauptmann, W. (1996): Kriminologie und Ethik evolutionär gesehen. In: Riedl, R. und Delpos, M. (Hrsg.): Die Evolutionäre Erkenntnistheorie im Spiegel der Wissenschaften, S. 364–373. Wien (WUV-Universitätsverlag).

Hauptmann, W. (1998): Recht als Produkt der kulturellen Evolution. In: Schwind, H.-D., Kube, E. und Kühne, H.-H. (Hrsg.): Festschrift für Hans Joachim Schneider, S. 483–509. Berlin, New York (de Gruyter).

Helsper, H. (1989): Die Vorschriften der Evolution für das Recht. Köln (Schmidt).

Herbig, J. (1984): Im Anfang war das Wort. Die Evolution des Menschlichen. München, Wien (Hanser).

Heschl, A. (1998): Das intelligente Genom. Über die Entstehung des menschlichen Geistes durch Mutation und Selektion. Berlin, Heidelberg, New York (Springer).

Heyes, C. M. (1994): Social Learning in Animals: Categories and Mechanisms. Biological Reviews 69: 207–231.

Hinde, R. A. (1991): Konrad Lorenz's Views on Human Behavior. Evolution & Cognition 1: 57–70.

Hobbes, T. (1651 [1980]): Leviathan. Stuttgart (Reclam).

Holzhausen, W. (1997): Woran soll ich mich halten? Auf der Suche nach verbindlichen Werten. Mainz (Grünewald).

Hunold, G. (1970): Das Inzest-Tabu. Anatomie der Blutschande. München (Heyne).

Huxley, J. (1953): Evolution in Action. New York (Harper & Brothers).

Huxley, J. (1964): Die Grundgedanken des evolutionären Humanismus. In: Huxley, J. (Hrsg.): Der evolutionäre Humanismus. Zehn Essays über die Leitgedanken und Probleme, S. 13–69. München (Beck).

Jaspers, K. (1961): Die Atombombe und die Zukunft des Menschen. München (Deutscher Taschenbuch Verlag).

Jesionek, U. (1996): Ethik und Politik: Reflexionen über Ethik und Gerechtigkeit – Recht – Justiz. In: Sommerakademie Kapfenberg 1995, S. 191–232.

Jonas, H. (1984): Das Prinzip Verantwortung. Versuch einer Ethik für die technologische Zivilisation. Frankfurt/M. (Suhrkamp).

Kadlec, E. (1976): Realistische Ethik. Verhaltenstheorie und Moral der Arterhaltung. Berlin (Duncker & Humblot).

Kanitscheider, B. (1998): Sexualität und Philosophie. Ein vergessenes Kapitel praktischer Ethik. In: Kanitscheider, B. (Hrsg.): Liebe, Lust und Leidenschaft. Sexualität im Spiegel der Wissenschaft, S. 37–60. Stuttgart, Leipzig (Hirzel).

Kant, I. (1785 [1972]): Grundlegung zur Metaphysik der Sitten. Stuttgart (Reclam).

Kant, I. (1787 [1974]): Kritik der praktischen Vernunft. Hamburg (Meiner).

Kant, I. (1795 [1987]): Zum ewigen Frieden. Berlin (Verlag der Nation).

Kerner, G. C. (1966): The Revolution in Ethical Theory. Oxford (Clarendon Press).

Knapp, A. (1987): Biologisches Menschenbild und Moral. Scheidewege 17: 147–168.

Koch, H. W. (1973): Der Sozialdarwinismus. Seine Genese und sein Einfluß auf das imperialistische Denken. München (Beck).

Koestler, A. (1978): Der Mensch. Irrläufer der Evolution. Die Kluft zwischen unserem Denken und Handeln – eine Anatomie menschlicher Vernunft und Unvernunft. Bern, München (Scherz).

König, B. (1997): Cooperative Care of Young in Mammals. Naturwissenschaften 84: 95–104.

Kraft, V. (1968): Die Grundlagen der Erkenntnis und der Moral. Berlin (Duncker & Humblot).

Kropotkin, P. (1910): Gegenseitige Hilfe in der Tier- und Menschenwelt. Leipzig (Thomas).

Leinfellner, E. (1971): Der Euphemismus in der politischen Sprache. Berlin (Duncker & Humblot).

Leinfellner, W. (1974): A New Epitheoretical Analysis of Social Theories; A Reconstruction of Their Background Knowledge Including a Model of Statistical Decision Theory. In: Leinfellner, W. and Köhler, E. (eds.): Developments in the Methodology of Social Science, pp. 3–43. Dordrecht, Boston (Reidel).

Leinfellner, W. (1993): Ein Plädoyer für die Evolutionäre und die Sozialethik. In: Lütterfelds, W. (Hrsg.): Evolutionäre Ethik zwischen Naturalismus und Idealismus, S. 32–64. Darmstadt (Wissenschaftliche Buchgesellschaft).

Leinfellner, W. (1998): Game Theory, Sociodynamics, and Cultural Evolution. In: Leinfellner, W. and Köhler, E. (eds.): Game Theory, Experience, Rationality, pp. 197–210. Dordrecht, Boston, London (Kluwer Academic Publishers).

Léry, J. de (1557 [1967]): Unter Menschenfressern in Brasilien. Tübingen, Basel (Erdmann).

Lester, D. (1994): Homicide. In: Encyclopedia of Human Behavior. Volume 2, pp. 529–533. New York (Academic Press).

Leyhausen, P. (1974): The Biological Basis of Ethics and Morality. Science, Medicine & Man 1: 215–235.

Leyton, E. (1989): Hunting Humans. The Rise of the Modern Multiple Murderer. London (Penguin Books).

Lindauer, M. (1991): Auf den Spuren des Uneigennützigen. Nutzen und Risiko des Zusammenlebens in der Natur. München, Zürich (Artemis & Winkler).

Lipps, T. (1905): Die ethischen Grundfragen. Zehn Vorträge. (2. Aufl.). Hamburg, Leipzig (Voß).

Löbsack, T. (1992): Unterm Smoking das Bärenfell. Was aus der Urzeit noch in uns steckt. (2. Aufl.) München (Deutscher Taschenbuch Verlag).

Lorenz, K. (1963): Das sogenannte Böse. Zur Naturgeschichte der Aggression. Wien (Borotha-Schoeler).

Lorenz, K. (1973): Die acht Todsünden der zivilisierten Menschheit. München, Zürich (Piper).

Lorenz, K. (1974): Das wirklich Böse. Involutionstendenzen in der modernen Kultur. In: Schatz, O. (Hrsg.): Was wird aus dem Menschen?, S. 287–305. Graz (Styria).

Lorenz, K. (1983): Der Abbau des Menschlichen. München, Zürich (Piper).

Mackie, J. L. (1981): Ethik. Auf der Suche nach dem Richtigen und Falschen. Stuttgart (Reclam).

Malinowski, B. (1942): Sitte und Verbrechen bei den Naturvölkern. Bern (Francke).

Masters, R. (1988): Evolutionsbiologie, menschliche Natur und Politische Philosophie. In: Meier, H. (Hrsg.): Die Herausforderung der Evolutionsbiologie, S. 251–289. München, Zürich (Piper).

Mayr, E. (1979): Evolution und die Vielfalt des Lebens. Berlin, Heidelberg, New York (Springer).

Mayr, E. (1993): Proximate and Ultimate Causations. Biology & Philosophy 8: 93–94.

McGuire, M. T., Fawzy, F. I., Spar, J. E., Weigel, R. M., and Troisi, A. (1994): Altruism and Mental Disorders. Ethology and Sociobiology 15: 299–321.

Meyer, P. (1981): Evolution und Gewalt. Ansätze zu einer bio-soziologischen Synthese. Berlin, Hamburg (Parey).

Meyer, P. (1982): Soziobiologie und Soziologie. Eine Einführung in die biologischen Voraussetzungen sozialen Handelns. Darmstadt, Neuwied (Luchterhand).

Meyer, P. (1990): Der Krieg als Gegenstand der Sozialtheorie: Evolutionäre Perspektiven. Ethik und Sozialwissenschaften 1: 525–535.

Mohr, H. (1987): Natur und Moral. Ethik in der Biologie. Darmstadt (Wissenschaftliche Buchgesellschaft).

Mohr, H. (1992a): „Schuster bleib bei deinem Leisten." Retrospektiven eines Grenzgängers. In: Ebbinghaus, H.-D. und Vollmer, G. (Hrsg.): Denken unterwegs. Fünfzehn metawissenschaftliche Exkursionen, S. 63–75. Stuttgart (Hirzel / Wissenschaftliche Verlagsgesellschaft).

Mohr, H. (1992b): Biologische Wurzeln der Moral. Ethos in evolutionärer Perspektive. Universitas 47: 1046–1056.

Mohr, H. (1993): Evolutionäre Ethik als biologische Theorie. In: Lütterfelds, W. (Hrsg.): Evolutionäre Ethik zwischen Naturalismus und Idealismus, S. 19–31. Darmstadt (Wissenschaftliche Buchgesellschaft).

Mohr, H. (1996): Biologische Wurzeln des Orientierungswissens. In: Riedl, R. und Delpos, M. (Hrsg.): Die Evolutionäre Erkenntnistheorie im Spiegel der Wissenschaften, S. 349–353. Wien (WUV-Universitätsverlag).

Mohr, H. (1998): Triebkräfte des Verhaltens. In: Neumann, D., Schöppe, A. und Treml, A. K. (Hrsg.): Die Natur der Moral. Evolutionäre Ethik und Erziehung, S. 65–73. Stuttgart, Leipzig (Hirzel).

Morris, D. (1968): Der nackte Affe. München, Zürich (Droemersche Verlagsanstalt).

Morris, R. (1983): Evolution and Human Nature. New York (Avon Books).

Moser, T. (1987): Jugendkriminalität und Gesellschaftsstruktur. Zum Verhältnis von soziologischen, psychologischen und psychoanalytischen Theorien des Verbrechens. Frankfurt/M. (Suhrkamp).

Mottram, V. H. (1944): The Physical Basis of Personality. Harmondsworth (Penguin Books).

Müller. F. (1998): Streitfall Todesstrafe. Düsseldorf (Patmos).

Ng, Y-K (1995): Towards Welfare Biology: Evolutionary Economics of Animal Consciousness and Suffering. Biology & Philosophy 10: 255–285.

Nida-Rümelin, J. (1996): Tierschutz und Menschenwürde. Zu den ethischen Grundlagen des Tierschutzes. Aufklärung und Kritik 3 (2): 2–10.

Nietzsche, F. (1923): Also sprach Zarathustra. Ein Buch für alle und keinen. Leipzig (Kröner).

Nuber, U. (1994): Die Egoismus-Falle – Von der individuellen Freiheit zur individuellen Einsamkeit. In: Heck, T. L. (Hrsg.): Das Prinzip Egoismus, S. 374–376. Tübingen (Nous Verlag).

Oeser, E. (1987): Psychozoikum. Evolution und Mechanismus der menschlichen Erkenntnisfähigkeit. Berlin, Hamburg (Parey).

Oeser, E. (1990): Evolution und Selbstkonstruktion des Rechts. Rechtsphilosophie als Entwicklungstheorie der praktischen Vernunft. Wien, Köln (Böhlau).

Orwell, G. (1949 [1976]): Neunzehnhundertvierundachtzig. Frankfurt/M., Berlin, Wien (Ullstein).

Patzig, G. (1995): Kann die Natur Quelle moralischer Normen sein? In: Daecke, S. M. und Bresch, C. (Hrsg.): Gut und Böse in der Evolution. Naturwissenschaftler, Philosophen und Theologen im Disput, S. 85–96. Stuttgart (Hirzel/ Wissenschaftliche Verlagsgesellschaft).

Paulsen, F. (1913): System der Ethik mit einem Umriß der Staats- und Gesellschaftslehre. Band 1. (9. Aufl.). Stuttgart, Berlin (Cotta).

Paxton George, K. (1992): Moral and Nonmoral Innate Constraints. Biology & Philosophy 7: 189–202.

Pennock, R. T. (1995): Moral Darwinism: Ethical Evidence for the Descent of Man. Biology & Philosophy 10: 287–307.

Pfennig, D. W. (1997): Kinship and Cannibalism. BioScience 47: 667–675.

Piaget, J. (1973): Das moralische Urteil beim Kinde. Frankfurt/M. (Suhrkamp).

Piaget, J. (1977): The Child's Conception of the World. St. Albans (Paladin)

Pieper, A. (1997): Gut und Böse. München (Beck).

Pugh, G. E. (1978): The Biological Origins of Human Values. London, Henley (Routledge & Kegan Paul).

Remane, A. (1950): Die biologischen Grundlagen des Handelns. Abhandlungen der Akademie der Wissenschaften und Literatur (Mathematisch-naturwissenschaftliche Klasse) Mainz, Nr. 18, S. 545–582.

Rensch, B. (1979): Gesetzlichkeit, psychophysischer Zusammenhang, Willensfreiheit und Ethik. Berlin (Duncker & Humblot).

Reynolds, V., Falgar, V. S. E. and Vine, I. (eds., 1987): The Sociobiology of Ethnocentrism. Evolutionary Dimensions of Xenophobia, Discrimination, Racism and Nationalism. Athens, GA (The University of Georgia Press).

Richards, R. (1986): A Defense of Evolutionary Ethics. Biology & Philosophy 1: 265–293.

Ridley, M. (1997): The Origins of Virtue. Harmondsworth (Penguin Books).

Riedl, R. (1980): Biologie der Erkenntnis. Die stammesgeschichtlichen Grundlagen der Vernunft. Berlin, Hamburg (Parey).

Riedlinger, H. (1995): Zur Herkunft des Bösen in der evolutionären Welt des guten Gottes. In: Daecke, S. und Bresch, C. (Hrsg.): Gut und Böse in der Evolution. Naturwissenschaftler, Philosophen und Theologen im Disput, S. 121–136. Stuttgart (Hirzel / Wissenschaftliche Verlagsgesellschaft).

Ruse, M. (1984): The Morality of the Gene. The Monist 67: 167–199.

Ruse, M. (1986a): Taking Darwin Seriously. A Naturalistic Approach to Philosophy. Oxford (Basil Blackwell).

Ruse, M. (1986b): Evolutionary Ethics: A Phoenix Arisen. Zygon 21: 95–112.

Ruse, M. (1988): Response to Williams: Selfishness is not Enough. Zygon 23: 413–416.

Ruse, M. (1989): What Can Evolution Tell Us about Ethics? In: May, H. und Striegnitz, M. (Hrsg.): Kooperation und Wettbewerb. Zu Ethik und Biologie menschlichen Sozialverhaltens. Loccumer Protokolle 75/88, S. 203–225. Evangelische Akademie Loccum.

Ruse, M. (1991): Human Sociobiology: An Interim Report. In: Pointek, J. and Wiercinski, A. (eds.): The Peculiarity of Man: Sociobiological Perspectives and Other Approaches, pp. 13–52. Poznan (Adam Mickiewicz University Press).

Ruse, M. and Wilson, E. O. (1986): Ethics as Applied Science. Philosophy 61: 173–192.

Russell, B. (1961): The Conquest of Happiness. London (Allen & Unwin).

Russell, B. (1976): Unpopular Essays. London (Allen & Unwin).

Safranski, R. (1997): Das Böse oder Das Drama der Freiheit. München, Wien (Hanser).

Sartre, J. -P. (1983): Wider das Unrecht. Die Affäre Henri Martin. Reinbek (Rowohlt).

Schmidt, H. (1911): Epikurs Philosophie der Lebensfreude. Leipzig (Kröner).

Schopenhauer, A. (1980): Sämtliche Werke (herausgegeben von Löhneysen, W. F. v.). Band 3. Darmstadt (Wissenschaftliche Buchgesellschaft).

Schröder, I. (1995): Freiwillige, gezielte Reproduktionsbeschränkung beim Menschen – ein Widerspruch zur modernen Evolutionsbiologie? Anthropologischer Anzeiger 53: 277–284.

Schubert, G. (1983): Soziobiologie und politisches Verhalten. In: Flohr, H. und Tönnesmann, W. (Hrsg.): Politik und Biologie. Beiträge zur Life-Sciences-Orientierung der Sozialwissenschaften, S. 111–126. Berlin, Hamburg (Parey).

Schuller, A. (1993): Gräßliche Hoffnung. Zur Hermeneutik des Horror-Films. In: Schuller, A. und Rahden, W. v. (Hrsg.): Die andere Kraft. Zur Renaissance des Bösen, S. 341–354. Berlin (Akademie Verlag).

Schüßler, R. (1995): Kooperation unter Egoisten. In: Heck, T. L. (Hrsg.): Das Prinzip Egoismus, S. 80–81. Tübingen (Nous Verlag).

Settle, T. (1983): Evolution of Moral and Ethical Behaviour. What Biology Cannot Tell Us About Ethics. In: Proceedings of the 11th International Conference on the Unity of The Sciences. Volume 2, pp. 1209–1231. New York (The International Cultural Foundation Press).

Simpson, G. G. (1951): The Meaning of Evolution. New York (The New American Library).

Simpson, G. G. (1972): Biologie und Mensch. Frankfurt/M. (Suhrkamp).

Singer, P. (1984): Praktische Ethik. Stuttgart (Reclam).

Smith, A. (1759 [1926]): Theorie der ethischen Gefühle. Band 1. Leipzig (Meiner).

Sommer, V. (1993): „Der nackte Affe" – erneut betrachtet. Paarungssysteme der Primaten und Sexualbiologie des Menschen. In: Eifler, G., Saame, O. und Schneider, P. (Hrsg.): Tier und Mensch. Unterschiede und Ähnlichkeiten, S. 215–234. Studium Generale der Johannes Gutenberg-Universität Mainz.

Sommer, V. (1994): Lob der Lüge. Täuschung und Selbstbetrug bei Tier und Mensch. München (Deutscher Taschenbuch Verlag).

Spencer, H. (1886): Principien der Psychologie. Band 2. Stuttgart (Schweizerbart).

Spinney, L. (1997): The Unselfish Gene. New Scientist, October 25, pp. 28–32.

Stäblein, R. (Hrsg., 1993): Moral. Erkundungen über einen strapazierten Begriff. Darmstadt (Wissenschaftliche Buchgesellschaft).

Storr, A. (1968): Human Aggression. London (The Penguin Press).

Szent-Györgyi, A. (1971): Der fehlentwickelte Affe oder Die Unfähigkeit des Menschen mit seinen Problemen fertig zu werden. Gütersloh (Bertelsmann).

Tiger, L. and Fox, R. (1971): The Imperial Animal. New York (Holt).

Tinbergen, N. (1968): Über Kampf und Drohen im Tierreich. In: Friedrich, H. (Hrsg.): Mensch und Tier, S. 13–30. München (Deutscher Taschenbuch Verlag).

Topitsch, E. (1979): Erkenntnis und Illusion. Grundstrukturen unserer Weltauffassung. Hamburg (Hoffmann und Campe).

Treml, A. K. (1998): Die Erziehung zum Weltbürger. In: Neumann, D., Schöppe, A. und Treml, A. K. (Hrsg.): Die Natur der Moral. Evolutionäre Ethik und Erziehung, S. 177–191. Stuttgart, Leipzig (Hirzel).

Trivers, R. (1971): The Evolution of Reciprocal Altruism. The Quarterly Review of Biology 46: 35–57.

Trivers, R. (1983): The Evolution of a Sense of Fairness. In: Proceedings of the 11th Conference on the Unity of The Sciences. Volume 2, pp. 1189–1208. New York (The International Cultural Foundation Press).

Verbeek, B. (1993): Fremdenhaß: biologisch verwurzelt? Universitas 48: 642–654.

Verbeek, B. (1998): Die Anthropologie der Umweltzerstörung. Die Evolution und der Schatten der Zukunft. (3. Aufl.). Darmstadt (Wissenschaftliche Buchgesellschaft).

Vivelo, F. R. (1988): Handbuch der Kulturanthropologie. Eine grundlegende Einführung. München (Deutscher Taschenbuch Verlag).

Vogel, Ch. (1988): Gibt es eine natürliche Moral? Oder: wie widernatürlich ist unsere Ethik? In: Meier, H. (Hrsg.): Die Herausforderung der Evolutionsbiologie, S. 193–219. München, Zürich (Piper).

Vogel, Ch. (1989): Vom Töten zum Mord. Das wirklich Böse in der Evolutionsgeschichte. München, Wien (Hanser).

Vogel, Ch. (1992): Der wahre Egoist kooperiert. In: Ebbinghaus, H.-D. und Vollmer, G. (Hrsg.): Denken unterwegs. Fünfzehn metawissenschaftliche Aufsätze, S. 169–182. Stuttgart (Hirzel / Wissenschaftliche Verlagsgesellschaft).

Voland, E. (1992): Die Evolution des menschlichen Sozialverhaltens. Veröffentlichungen des Übersee-Museums (Naturwissenschaften) 11: 119–135.

Voland, E. (1993): Grundriß der Soziobiologie. Stuttgart, Jena (Fischer).

Voland, E. und Voland, R. (1993): Schuld, Scham und Schande: Zur Evolution des Gewissens. In: Voland, E. (Hrsg.): Evolution und Anpassung. Warum die Vergangenheit die Gegenwart erklärt, S. 210–228. Stuttgart (Hirzel).

Voland, E. und Voland, R. (1998): Die Evolution des Gewissens. Oder: Wem nützt das Gute? In: Neumann, D., Schöppe, A. und Treml, A. K. (Hrsg.): Die Natur der Moral. Evolutionäre Ethik und Erziehung, S. 195–205. Stuttgart, Leipzig (Hirzel):

Vollmer, G. (1986): Über die Möglichkeit einer Evolutionären Ethik. Conceptus 20 (49): 51–68.

Vollmer, G. (1995): Wollen – Können – Dürfen. Aspekte einer Evolutionären Ethik. In: Daecke, S. M. und Bresch, C. (Hrsg.): Gut und Böse in der Evolution. Naturwissenschaftler, Philosophen und Theologen im Disput, S. 69–82. Stuttgart (Hirzel / Wissenschaftliche Verlagsgesellschaft).

Voltaire, F. M. (1764 [1985]): Philosophisches Wörterbuch. Frankfurt/M. (Insel Verlag).

Voorzanger, B. (1994): Bioaltruism Reconsidered. Biology & Philosophy 9: 75-84.

Vos, H. de and Zeggelink, E. (1997): Reciprocal Altruism in Human Social Evolution: The Viability of Reciprocal Altruism With a Preference for „Old-Helping-Partners". Evolution and Human Behavior 18: 261–278.

Vowinckel, G. (1995): Verwandtschaft, Freundschaft und die Gesellschaft der Fremden. Grundlagen menschlichen Zusammenlebens. Darmstadt (Wissenschaftliche Buchgesellschaft).

Waal, F. de (1983): Unsere haarigen Vettern. Neueste Erfahrungen mit Schimpansen. München (Hárnack).

Waal, F. de (1993): Wilde Diplomaten. Versöhnung und Entspannungspolitik bei Affen und Menschen. München (Deutscher Taschenbuch Verlag).

Watson, L. (1997): Die Nachtseite des Lebens. Eine Naturgeschichte des Bösen. Frankfurt /M. (S. Fischer).

Watzlawick, P. (1983): Anleitung zum Unglücklichsein. München, Zürich (Piper).

Wickler, W. (1989): Die Irrlehre vom moralanalogen Verhalten der Tiere. Universitas 44: 644–653.

Wickler, W. (1991): Die Biologie der Zehn Gebote. Warum die Natur für uns kein Vorbild ist. (7. Aufl.). München, Zürich (Piper).

Williams, G. C. (1988): Huxley's Evolution and Ethics in Sociobiological Perspective. Zygon 23: 383–407.

Wilson, E. O. (1975): Sociobiology: The New Synthesis. Cambridge/Mass., London (Harvard University Press).

Wilson, E. O. (1978): On Human Nature. Cambridge/Mass., London (Harvard University Press).

Wimmer, M. (1995): Biologisch-ethologische Komponenten von Emotionalität. In: Nissen, G. (Hrsg.): Angsterkrankungen, Prävention und Therapie, S. 89–108. Bern, Göttingen, Toronto (Huber).

Windelband, W. (1905): Über Willensfreiheit. Zwölf Vorlesungen. (2. Aufl.). Tübingen (Mohr).

Wolf, J.-C. (1993): Ist Ehrfurcht vor dem Leben ein brauchbares Moralprinzip? Freiburger Zeitschrift für Philosophie und Theologie 40: 359–383.

Wuketits, F. M. (1981): Biologie und Kausalität. Biologische Ansätze zur Kausalität, Determination und Freiheit. Berlin, Hamburg (Parey).

Wuketits, F. M. (1990a): Gene, Kultur und Moral. Soziobiologie – pro und kontra. Darmstadt (Wissenschaftliche Buchgesellschaft).

Wuketits, F. M. (1990b): Moral – eine biologische oder biologistische Kategorie? Ethik und Sozialwissenschaften 1: 161–168.

Wuketits, F. M. (1993a): Verdammt zur Unmoral? Zur Naturgeschichte von Gut und Böse. München, Zürich (Piper).

Wuketits, F. M. (1993b): Moral Systems as Evolutionary Systems: Taking Evolutionary Ethics Seriously. Journal of Social and Evolutionary Systems 16: 251–271.

Wuketits, F. M. (1994a): Der Mensch – zum Bösen verurteilt? Kosmos, Heft 5 (Mai), S. 38–39.

Wuketits, F. M. (1994b): Zur Biologie von Gut und Böse. Biologie in der Schule 43: 232–237.

Wuketits, F. M. (1994c): Von der Hilfsbereitschaft des Egoisten. Plädoyer für eine illusionslose Ethik. Aufklärung und Kritik 1 (2): 30–38.

Wuketits, F. M. (1995a): Evolution des Egoismus – Egoismus der Evolution? In: Heck, T. L. (Hrsg.): Das Prinzip Egoismus, S. 402–410. Tübingen (Nous Verlag).

Wuketits, F. M. (1995b): Die Entdeckung des Verhaltens. Eine Geschichte der Verhaltensforschung. Darmstadt (Wissenschaftliche Buchgesellschaft).

Wuketits, F. M. (1995c): Biosocial Determinants in Moral Behavior: An Evolutionary Approach. Homo 46: 113–124.

Wuketits, F. M. (1997a): Soziobiologie. Die Macht der Gene und die Evolution sozialen Verhaltens. Heidelberg, Berlin, Oxford (Spektrum Akademischer Verlag).

Wuketits, F. M. (1997b): „Wie du mir, so ich dir." Zur Evolution von Egoismus und Hilfsbereitschaft. Universitas 52: 1092–1102.

Wuketits, F. M. (1997c): L'utopia di Darwin e la ricerca di un'etica globale. Pluriverso 2 (4): 7–11.

Wuketits, F. M. (1998a): Naturkatastrophe Mensch. Evolution ohne Fortschritt. Düsseldorf (Patmos).

Wuketits, F. M. (1998b): Sind wir zur Unmoral verurteilt? In: Neumann, D., Schöppe, A. und Treml, A. K. (Hrsg.): Die Natur der Moral. Evolutionäre Ethik und Erziehung, S. 51–59. Stuttgart, Leipzig (Hirzel).

Wuketits, F. M. (1998c): Naturalisierte Ethik. In: Wimmer, M. (Hrsg.): Freud, Piaget, Lorenz. Von den biologischen Grundlagen des Denkens und Fühlens, S. 298–311. Wien (WUV-Universitätsverlag).

Wuketits, Maria (1998): Die Frau als Täterin. Frauen und Kriminalität. In: Sommerakademie Kapfenberg 1997, S. 129–144.

Wurm, W. (1995): Jugend, Gewalt und das Versagen der Öffentlichkeit. Universitas 50: 25–42.

Ziehen, T. (1914): Leitfaden der Physiologischen Psychologie in 16 Vorlesungen. (10. Aufl.). Jena (Fischer).

Zimmer, D. E. (1982): Unsere erste Natur. Die biologischen Ursprünge menschlichen Verhaltens. Frankfurt/M., Berlin, Wien (Ullstein).

Literatur

Sachregister

Namensregister

A

Adam, A. 115
Agar, M. 233
Alexander, R. D. 22, 54, 64 f., 95, 184
Allot, R. 66
Antweiler, Ch. 71, 81
Ardrey, R. 137
Aristoteles 89
Augustinus 115
Axelrod, R. 113, 131
Ayala, F. J. 9

B

Barash, D. P. 92, 98, 131
Barrow, C. 157
Bartley, W. W. 229
Baruzzi, A. 57, 61
Bateson, P. 143
Baudelaire, Ch. 43
Bayertz, K. 246
Beach, F. A. 101
Becker, W. 217
Birnbacher, D. 179
Bischof, N. 17, 52
Bischof-Köhler, D. 66
Bolte, Ch. 207
Brecht, B. 147
Brehm, A. E. 22
Brittnacher, H.-R. 205
Büchner, L. 150
Busch, W. 10
Byrne, R. W. 28

C

Campbell, D. T. 107, 126
Camus, A. 70, 192

Carneri, B. 135
Casanova, G. 45
Caspari, O. 77, 111, 113
Cela-Conde, C. 114
Childs, J. R. 45
Clary, E. G. 121
Clinton, B. 244
Cobb, J. B. 195
Comte, A. 161
Cube, F. v. 65

D

Dahl, E. 101, 148, 151
Darwin, Ch. 14, 26, 72, 77, 87-90, 111, 113 f., 119, 184 f., 211 f., 227, 234, 236
Dawkins, R. 62, 93-97, 124, 142, 149
Dehner, K. 58
Denzler, G. 9, 45
Diamond, J. 26 f., 50, 87, 215
Diercks, G. 212
Dimmler, K. 207
Ditfurth, H. v. 71, 79, 117
Dobzhansky, T. 182
Dorsey, G. A. 50
Dostojewski, F. M. 109
Driesch, H. 50
Dubos, R. 194
Dugatkin, L. A. 126
Dumas, A. 157

E

Eastwood, C. 48
Eco, U. 199, 245
Eibl-Eibesfeldt, I. 18, 77, 196
Epikur 191
Erikson, E. H. 218
Ewald, O. 240